学习动机的激发与培养

王林发　陈秀凤◎编著

向名师借智慧丛书　　丛书主编：刘海涛

教育科学出版社

·北京·

出 版 人　所广一
责任编辑　何　蕴
责任校对　贾静芳
责任印制　曲凤玲

图书在版编目(CIP)数据

学习动机的激发与培养 / 王林发，陈秀凤编著. —
北京：教育科学出版社，2013.3
　　(向名师借智慧丛书 / 刘海涛主编)
　　ISBN 978-7-5041-7292-1

Ⅰ. ①学… Ⅱ. ①王… ②陈… Ⅲ. ①学习动机
Ⅳ. ①G442

中国版本图书馆 CIP 数据核字(2013)第 007662 号

向名师借智慧丛书
学习动机的激发与培养
XUEXI DONGJI DE JIFA YU PEIYANG

出版发行	教育科学出版社		
社　　址	北京·朝阳区安慧北里安园甲 9 号	市场部电话	010—64989009
邮　　编	100101	编辑部电话	010—64989443
传　　真	010—64891796	网　　址	http://www.esph.com.cn
经　　销	各地新华书店		
印　　刷	莱芜市东方彩印有限公司		
开　　本	177 毫米×240 毫米　16 开	版　　次	2013 年 3 月第 1 版
印　　张	14.75	印　　次	2013 年 3 月第 1 次印刷
字　　数	230 千	定　　价	34.00 元

向名师借智慧丛书编委会

那些名师经典教育中闪闪发亮的智慧

在当今教育改革与转型的大背景中,对教师职业的全面理解和对名师教育智慧的深刻挖掘,是这套向名师借智慧丛书的追求和编撰理想。

何谓教师?《中华人民共和国教师法》说:"教师是履行教育教学职责的专业人员。"教师承担着教书育人、培养社会主义事业建设者和接班人、提高民族素质的使命,教师应当忠诚于人民的教育事业。何谓名师?按通俗的说法,名师就是出了名的教师,就是在社会上有着较高的知名度并得到了同行认可的杰出教育工作者,是具有先进的教育理念、娴熟的教育艺术的教育精英。研究、总结名师的教学方法、教育策略以及他们的教育智慧,可以让我们更深刻地理解新时期新阶段的教育目标和教师的任务,更全面、更充分地运用教育规律,实现教育改革的理想和目标。

教师不能仅仅限于做知识的传递工作,实际上,教师是在从事着培育人的事业。名师不仅在知识的传递过程中进行研究性的、创造性的工作,并且从事着培养具有创造精神和创新能力的优秀学生的事业,同时也在这个育人的过程中育己,将外在的知识、外在的文化、前人的创造成果转化为自己发展和成长的养分。他们努力地追求并实现着教师职业的快乐境界。教师不能只做知识的"二道贩子"和把自身职业看作是无奈选择的"生存型教师",教师应把学生的成长看作是自己最大的快乐和成果,体验到教育的成就感,做一名真正的"享受型教师",在全身心地投入到研究性、创造性的教育教学工作中收获幸福的体验,成为一名"发展型教师"。

教师在职业生涯中有师德规范的要求,而名师在这个方面用自己的师德形象、自己的教学境界、自己的工作业绩实践着、弘扬着教师的高尚师德。他们在一点一滴的教育生活中用高尚的思想品德熏陶感染学生,用自己的激情来激活学生,用自己的心灵来唤醒学生,用自己的大爱来滋养学生,用自己的人格来影响学生。他们引导和告诉学生怎样学做人、学做事。他们在追求和实现着一种"不教之教"的境界,教的是人生经验和人生智慧。这就是名师,他们不是被动地落实师德规范,而是主动地、创造性地塑造着师德形象,闪烁着符合教育本质和本义的师德光辉。

一个合格的教师应该有自己教书育人的方法和技能,而一个优秀的名师让平凡的、技术性很强的教学工作呈现一种美的教育智慧。他们可以让专业性很强的课堂贯穿一种类似游戏般的自由自在的快乐精神;他们可以通过有声的和无声的方式、借助于多媒体的、包括自己的体态、口语和文字等方式来开展一种具有审美性质的课堂教学和课外实践。他们课堂内的教师语言、课堂外的文字语言已上升为一种悦耳悦目的语言艺术和教育艺术。他们在课堂内外绝不把学生看作是被动的接受者,而是努力让学生们用主动的精神、积极的情绪来参与教学活动和科研活动。他们使学生在主动参与中成长,在愉快的研讨中飞翔,在自主自立的发展中成熟。他们像苏步青那样,以教出超过自己的学生而感到荣耀。这就是名师的教育智慧。

这套向名师借智慧丛书,就是以各个层次、各个领域的名师的教育智慧为研究对象,彰显、推广他们富有艺术性的教育理念、教育策略和教育人生。读者将从名师的经典教育中发现许多对自己的专业成长富有教益的专业智慧,并且获得许多使自己不断进步的人生智慧以及不断创新的职场智慧。"独乐无乐",我们历经艰辛向名师们借得智慧,不敢独享,特与教育战线的同行分享。让我们都能从中获得成长的智慧和创新的智慧!

刘海涛

目 录
Contents

导语　让学习动机成为一种生活惯性

何谓学习动机？有研究者认为，学习动机是推动学生进行学习活动的内在原因，是激励、指引学生学习的强大动力。学习动机指的是学习活动的推动力，又称"学习的动力"。它并不是某种单一的结构。学生的学习活动是由各种不同的动力因素组成的整个系统所引起的。其心理因素包括：学习的需要，对学习的必要性的认识及信念，学习兴趣、爱好或习惯等。从事学习活动，除要有学习的需要外，还要有满足这种需要的学习目标。由于学习目标指引着学习的方向，可把它称为学习的诱因。学习目标同学生的需要一起，成为学习动机的重要构成因素。

随着信息时代的到来，人们的学习方式正在经历着一场历史性的巨大变革，为求得生存与发展，社会要求我们必须学会学习。联合国教科文组织在《学习——内在的财富》(1996)中指出，学会学习(Learn to Know)将是21世纪每一个人掌握认识世界的必需工具。信息化下的学习，使人类对知识、能力、竞争等概念产生了新的认识。对于学校教育来说，重要的不是让学习者掌握多少现成的知识，而是要让其学会获得新知识的方法，提高创造新知的能力(钟启泉，2004)。信息化下的学习强调把学习者置于一种动态、主动、开放、多元的学习环境中，以养成学习者主动探究的习惯和能力。传统化下的学习习惯于机械灌输与静态练习，学习环境封闭、单一，其结果往往是学习者的实践能力很难生成，创新的灵光更是难以闪现；信息化下的学习要求学习者具有动态的学习资源、主动的学习地位、开放的学习时空和多元的思考方向，这些都需要强烈的学习动机作为动力。

一、知识学习与时代要求

社会的规模正以前所未有的张力发展，时代的步伐正以越来越快的速度前进。人类社会发展的历史证明，奴隶社会的进程大约用了3000年，封建社会的进程大约用了2000年，而资本主义社会的进程大约只用了300年(诸巍，2001)；历史学家研究表明，

人类完成农业时代的历程需用 5000 多年,完成工业时代的历程需用 100 多年,而完成信息时代的历程仅需用 20 多年(比尔·盖茨,1995)。信息革命以后,科学技术更是一日千里,生产力突飞猛进,人们的生产方式、生活方式等发生了巨大变化。桑新民教授指出:①信息时代的降临不仅改变着人们的生产方式和生活方式,而且改变着人们的思维方式和学习方式,这是对教育的严峻挑战,也为教育的改革发展提供了千载难逢的机遇,在迎接挑战的各种对策中,最有效且最紧迫的对策是:尽快在教育系统中确立和传播信息时代的文化价值观念,并据此改革教育模式,在新一代人身上塑造未来社会所必需的品格、能力、思维与行为方式,加速我国基础教育信息化的程度、水平和效益,实现中华民族在 21 世纪的腾飞。

这就意味着,一个民族如果不想被历史潮流所淘汰,就必须紧跟时代的步伐,先于时代的步伐。当今社会已进入信息时代,学习已成为重要的生活方式。信息化下的学习追求的是以培养人的创造能力和创新意识为核心的多维性思维能力、拓展式实践能力、原发型创造能力,而这些能力的培养,关键取决于学习动机的激发与培养。因此,有效学习,就必须激发与培养学习动机,让学习者通过自身内在动力进行主动的探索、发现和体验,积极分析、研究和判断事物,从而增进思考力和创造力。学习的本身既是一种过程,也是一种结果,挑战的是毅力,考验的是恒心,这就要求学习者必须具有强烈的学习动机作为内驱力。

二、学习动机与学习方式

长期以来,封闭式学习占领着统治的地位。封闭式学习强调教师讲授、学习者听从;教师是教学过程的主体,发挥主导作用,学习者是教学过程的客体,围着教师转;教师有权选择教学内容,学习者则要适从这些教学内容。被誉为"拉丁美洲的杜威"、巴西教育家的保罗·弗莱雷(Paulo Freire,1970)直斥这种教学方式的弊端:②这种教育方式剥夺了或压制了学习者的创造权。在传统的课堂教学中,学习者发展的是一种依附权威的思想,他们所受的教育就是听老师告诉他们应该怎样想和怎样做。结果,未来的他们只能成为被动的、没有创造力的劳动者。

---

① 桑新民.信息革命人类文化:教育发展中的第三个里程碑[J].上海教育,1999(3).
② 黄志成,王俊.弗莱雷的"对话式教学"述评[J].全球教育展望,2001(6):57-60.

封闭式学习主要依靠"填鸭""满堂灌""题海战术"进行,学习内容多数是书本知识和简单经验。封闭式学习表明,教学中教师的主要任务是用讲授的内容来"填满"学习者,学习者的主要任务是把教师所讲的东西"储存"起来。在这种学习方式中,师生之间没有对话,没有交流,教师与学生是一种单向关系,未能达成一种和谐的双向关系,学生的学习动机也难以获得创生。

在农业时代、工业时代,封闭式学习固然有其一定的合理性,但在信息时代,这种学习方式的弊端日见其深。以知识经济为主要核心的信息时代要求每一个岗位胜任者都必须具备创新的精神和实践的能力,而这一点显然不是以"知识教育"为核心的封闭式学习所能完成的。在封闭式学习中,一切从本本、经验出发,所有知识要求学习者被动接受,学习者的全部积极性、主动性只能体现在对原有知识体系的复制上,这些很不利于创新思维培养。研究表明,在长期的封闭式学习中,学习者多听少思、机械模仿、唯师唯书,思维容易形成僵硬的模式,而其后果则是智力得不到开发,思维得不到拓展。因此,为了培养学习者的创新能力,摆脱那种僵硬的思维、被动的学习、肤浅的知识,如何激发与培养学习者学习的动机就成为必须解决的问题。

三、学习动机与思维方式

当创新作为学习的一种要求后,学习动机就成为培养创新思维方式的重要因素。随着科技的发展和社会的进步,对思维的创新性的要求越来越高。在学习目标上,已经不再把经典、权威、传统、结果作为衡量一个学习者的重要标准,而是把思维的严密性、深刻性、批判性和敏感性作为学习的首要任务。严密性要求建立在实事求是的基础上,深刻性要求抓住事物的本质,批判性要求坚持独立见解,敏感性要求能具有先见之明。在这些之中,敏感性最具核心价值。"提出一个问题往往比解决一个问题更重要。因为解决一个问题也许仅是一个数学或实验上的技能问题,而提出新的问题、新的可能性,从新的角度去看旧问题,却需要有创造性的想象力,而且标志着科学的真正进步。"(爱因斯坦)一般认为,在农业社会,人们凭老经验即可办事,其思维方式是面向过去的;在工业社会,由于社会发展进程的加快,许多新的问题凭老经验已应付不了,必须见机行事,其思维方式是面向现实的;在信息社会,事情瞬息万变,由于从现实出发制定的对策在实施中往往会落后于迅速发展的现实,其思维方式必须面向未来。这种面向未来的思维方式,其核心就是要求思维富有独创性、富有预见性。可以说,如果把如何培养创新精神、实践能力作为一个首要的目标来追求,那么学习动机将是通达这个目标的重要保证。

四、学习动机与成长意义

(一)学习动机为个体能力形成提供条件

这主要是基于学习动机的特点。其一,信息化下的学习必须利用丰富的网络资源,通过网络收集、分析与总结资料,才能得出一定的结论。在这里,学习动机是学习者发现知识、解决问题的重要力量。而学习者在完成这些工作的过程中,将促进分析与归纳、总结与概括能力的形成,这有利于学习者的研究与探究能力的生成。其二,信息化下的学习必须通过分工协作来完成。分工协作既是一种相互竞争,又是一种相互协助,在这种充满竞争性、协助性的环境中,有益于学习者促进学习、获取知识。这对于培养研究能力和合作品质有着重要的意义。

(二)学习动机为个体创新发展提供基础

一项针对成都市重点学校大弯中学 574 个学习者创新意识的调查表明,我国学习者的创新存在障碍,不在于智力因素,而在于学习方式,原因有如下方面。①

(1)从发展的目标来看,缺乏对学习者探究精神和批判精神的培养。缺乏对学习者想象力和发散思维能力的培养。

(2)从教学组织和教学方法上看,对教学控制得很严,教学组织形式、教学方法单一化。多以教师讲解为主,很少组织学习者交流、讨论,学习者自由活动的时间、空间很少。

(3)从训练上来看,教师很少有意识地训练学习者的想象力、发散思维能力,也很少给学习者讲解一些思维的方法和技巧。强调的多的是思维的集中性和答案的统一性。

(4)从教学观念上看,以教师为中心,权威主义盛行,很少对个别学习者的异议或不同于其教师答案的认识作出鼓励。

(5)从认识上讲,许多教师对创新、创新教学的认识是很贫乏的,甚至是错误的。

近年来的研究表明,由于学习动机的自主性和持久性,有强烈学习动机的学习者

---

① 任万洪.中学课堂教学实施创新教育的研究与实践[J].教育科学论坛,2000(2):44-46.

表现出的创新人格不同于一般学习的保守人格。它们依次是(薛海兵,2003):①具有好奇心,能不断地提出问题;②思维和行动具有独创性;③思维和行动具有独立性,有个人主义和自足倾向;④想象力丰富,喜欢叙述;⑤不随大流,不依赖集体的公认;⑥探索各种关系;⑦主意多,思维流畅;⑧耽于幻想;⑨具有灵活性;⑩顽强,坚韧;⑪喜欢虚构;⑫对事物的错综性感兴趣,喜欢用多种思维方式探讨复杂的事物。而且,在经验性的调查中,创造型学习者表现出如下特征:①内倾多于外倾;②反应很少受暗示,有自己的价值标准;③不完全依赖于一个集体;④高分数不及某些学习者那么多;⑤提问多于非创造型学习者;⑥思维极其灵活;⑦诙谐幽默;⑧在同学面前经常表现出不善交际,不乐于助人的举止;⑨宁愿一个人独立地工作;⑩觉得自己与父母、教师和同学之间有距离和隔阂;⑪倾向傲慢,觉得自己胜过其他同学;⑫从社会关系上看,不属于那种惹人喜欢的人。

学习动机之所以促使学习者获得更多创新因素,是因为它能给学习者提供富有批判性的思维动力。威廉斯(Williams,2002)指出,学习者具备下述的倾向越明显,创造力就越强:

(1)冒险性(勇于面对失败或批评,勇于猜测,在杂乱的情境下完成任务,为自己的观点辩护)。

(2)好奇心(富有追根问底的精神,主意多,乐意接触暧昧迷离的情境,肯深入思索事物的奥妙,能把握特殊的现状,观察结果)。

(3)想象力(视觉化和建立心像,幻想尚未发生过的事情,直觉的推测,能够超越感官及现实的世界)。

(4)挑战性(寻找各种可能性,了解事情的可能与现实间的差距,能够从杂乱中理出秩序,愿意探究复杂的问题或主意)。

显然,上述倾向与探究性相关,这些倾向反映在学习者的学习动机上就是持久性、兴趣性和自主性。

(三)学习动机为个性发展提供可能

一般而论,每一个人的智能是多元的,所以每一个人各具长短,也各具个性。美国哈佛大学教育研究所的加德纳(Howard Gardner)教授在《心智的结构》(*Frames of Mind*,1983)提出,人类的智能是多元化的,每一个人都拥有包含语言文字智能(有效运用口头语言或书写文字的能力)、数学逻辑智能(有效运用数字和推理的能

力)、视觉空间智能(准确感觉视觉空间,并把所知觉到的表现出来)、身体运动智能(善于运用整个身体来表达想法和感觉,以及运用双手灵巧地生产或改造事物)、音乐旋律智能(察觉、辨别、改变和表达音乐的能力)、人际关系智能(察觉并区分他人的情绪)、情绪智能、自我认知智能(有自知之明,并据此做出适当行为的能力)。

具有强烈学习动机者在学习活动中往往以主动探索、积极实践为显著特点。由于学习动机常常是自发的,在学习过程中能克服很多困难,这保持了与学习目标的一致性。同时,学习动机是依据学习者的自我需要产生,因而,它能很好地契合学习者所具有的坚韧不拔、意志坚强的个性特征。

第一讲　走进心灵,激励奋进

苏联教育家苏霍姆林斯基说:"教育技巧的全部奥妙就在于如何爱护儿童。走进孩子的心灵,要多观察孩子,给予孩子无限的爱。"我国教育家陶行知也说:"真的教育是心心相印的活动,唯独从心里发出来,才能达到心的深处。走进学生的心灵,我相信每一个孩子都会变成闪闪发光的金子。"作为教师,要懂得了解学生,关注学生,走进学生的心灵世界,做学生心灵的导航人,激励学生在人生的大道上奋进。学生的心灵世界是丰富多彩的,每个学生都希望被关注。教育是心灵与心灵的沟通,教育是生命与生命的对话,教育是思维与思维的碰撞,教育是智慧与智慧的启迪,教育是以智慧之"笔"饱蘸情感之"墨"创作的优美动人的诗。① 因此,打开学生的心灵之门,走进学生的心灵世界,激发学生奋发向上的动力,是每一个教师都应该做的。

钱梦龙②:路,是这样走出来的

1980 年,我成为中国第一批特级教师,一时成为人们热烈关注的对象。

"钱梦龙是谁? 怎么从来没听说过?"不少老师发出了这样的疑问。也难怪,同批表彰的特级教师中,大多在教育界早已享有盛名,只有名不见经传的钱老师是个例外。"钱梦龙也成了特级教师? 是不是搞错了?"有些稍稍了解钱老师的人这样说。也难怪,仅有初中毕业学历的钱老师,怎么会和"特级教师"这个标志着教师最高荣誉的称号扯到了一块儿?

---

① 柯静.走进学生的心灵[J].新课程(教研),2011(11).
② 钱梦龙,特级教师,全国教育系统劳动模范,现任上海市民办桃李园实验学校校长,兼任语文教育艺术研究会会长。

我的路究竟是怎样走出来的？

我不是学师范的，当教师完全是出于个人的选择。我初中毕业以后，因母亲病逝，家道中落，只读了三个多月的高一就失学了。在家待了半年左右，上海解放，翻天覆地的变化激起了我投身社会的热情。

可是我能为这个新生的社会做些什么呢？

当时我第一个想到、也是唯一能想到的，就是当教师。因为我的心中装着一位教师的完美形象，是他使我切身感受到了教师工作的崇高和不同寻常的意义。我从小智力平平，生性顽皮，不爱学习，到小学五年级的时候已创下了三次留级的"纪录"。老师送给我的评语是"聪明面孔笨肚肠"。自卑的阴影笼罩着我，使我完全丧失了进步的信心。但在我五年级留级后，遇到了一位终生难忘的好老师——武钟英老师，这是我一生的幸运。

武老师教我们国语课兼级任教师，上课的第一天就把我叫到办公室，拿出一本四角号码小字典，对我说："现在我教你四角号码查字法，如果你能学会，就可以证明你不是什么'聪明面孔笨肚肠'。你想证明一下自己吗？"我当然很想知道自己究竟是笨还是不笨。结果在武老师的指点下我很快学会了这种查字法，这使我自己的信心大增。接着武老师又给我布置了一项任务：在他每教新课之前，由我把课文里的生字从字典里查出来抄在黑板上，供同学们学习。一个长期被同学们看不起的"老留级生"，居然还能承担如此光荣的任务，自然感到从未有过的自豪！我由于爱武老师，也爱上他的课，对他布置的作业都能认认真真、一丝不苟地完成，于是又不断在国语课上受到表扬。到六年级时，武老师又把我的一篇作文推荐给县里的一份报纸，居然发表了。当我看到自己的名字变成了铅字，清清楚楚地印在报纸上时，真比登台领奖还要风光十倍！

最难忘的是领小学毕业证书和成绩单的那一天。记得武老师在把成绩单发到我手里的时候，亲切地拍着我的肩膀说："钱梦龙，看看我给你写的评语吧。"我至今对打开评语栏时看到的第一句话仍然保持着强烈的印象，这句话是："该生天资聪颖！"我知道，这是武老师两年来帮助我一步步克服自卑、自弃心理的最后一步。至此，"聪明面孔笨肚肠"那句话投在我心灵上的阴影，已被自信的阳光驱散得无影无踪了。当我进入初中的时候，已经是一个酷爱读书的少年郎了。

今天，我可以毫不夸张地说，正是武老师，用他真挚的爱心和出色的教育艺术，把我从"差生"的路上拉了回来，乃至改变了我的一生。

1949年当我决定投身社会、面临选择的时候，又是武老师的形象坚定了我当一名教师的决心。于是我到县城西门外的一所初级小学去毛遂自荐，居然感动了校长，让我当了一名义务教师。这就是我教师生涯的开始。

从我走上讲台的那一刻起，五十多年来，武老师始终是树立在我心中的一根高高的标尺，是他，不断地鞭策、鼓舞着我努力做一个像他那样对学生充满爱心的教育艺术家。

我也懂得了一个道理：人的能力暂时低一些不要紧，但心中的标尺不能低。

【资料来源：钱梦龙.路，是这样走出来的[J].人民教育，2003(5).】

有人说："一切最好的教育方法，一切最好的教育艺术，都产生于教师对学生无比热爱的炽热心灵中。"是的，教师应该真心实意地为学生的成长着想，深入他们的内心，理解他们的难处，热爱、关心和善待他们，使他们都能够在师爱的阳光下茁壮成长。

一、以责任心去善待学生

教师的责任心是师德的灵魂。教师缺乏责任心，是师德不正的表现。教师这个职业的神圣，在于所面对的对象是正在成长中的学生，负责着他们德、智、体、美、劳全方面素质的培养。教师的责任心影响着学生的成长，决定着学生全方面素质的培养。因此，教师必须以强烈的责任心去善待每位学生。那么，教师就要做到四个尊重：尊重学生的人格，尊重学生的自尊，尊重学生的个性，尊重学生的情感。对于全体学生，应不分性别男女、相貌美丑、智力高低、成绩优劣、出身好坏、关系亲疏都一视同仁、公正平等地对待。这样，教师才能真正博得学生的尊敬，真正促进学生进行自我教育，使学生主动地、积极地学习，取得切实的进步和发展。

二、以爱心去温暖学生

苏霍姆林斯基说："一个好老师意味着什么？首先意味着他是这样一个人，他热爱孩子，感到和孩子在一起交往是一种乐趣，相信每个孩子都能成为好人，善于跟他们交朋友，关心孩子们的快乐和悲伤，了解孩子的心灵。"教育是心灵的艺术，是爱的艺术。我们的教育对象是活生生的人，教育的过程是充满人情味的心灵交融。教育的每个环节都应该体现对人的尊重、关心和爱护。"亲其师,信其教。"人与人之间的情感态度是相互作用的。教师用爱心去温暖学生,对学生给予尊重、关心和爱护,那么必然受到学生的亲近、拥护和爱戴,从而形成融洽的师生关系,为教育工作打好基础。特别是对于后进生,教师不能放弃或冷落他们,任其自暴自弃,而更要对他们付出爱心,多鼓励和表扬他们,多关爱和帮助他们。这样,他们的心灵深处就会受到莫大的鼓舞和激励,增强自信心,逐渐改正身上的缺点,养成良好的习惯,并产生奋发向上的动力。爱是一把万能钥匙,它能开启任何学生的心灵之门,使教师真正融入学生的情感世界。教师要时时提醒自己用爱心去温暖每位学生,让他们感到教师是一个热情和蔼的人、一个平易近人的人、一个值得信赖的人。

三、以诚心去打动学生

教师对学生的诚心,是一种真实的感情,是一种发自内心的对学生无私的爱。教师在学生面前不摆架子、不高高在上、不自以为是,而与学生平等交往,对学生真诚相待。这样,教师才能赢得学生的尊重、信任和理解,才能真正成为学生的朋友,自己的工作也才会得心应手。当学生犯错误时,教师不仅要真诚地指出他的错误,还要给他希望。无论是亲切的交谈,还是严厉的批评;无论是满意的微笑,还是恼怒的生气,甚至是伤心的泪水,都应该是真实的、诚挚的。如果教师用诚心打动学生的心灵,就会引起他们情感的共鸣,激发他们学习的动机,从而达到教育的目的。

四、以耐心去感化学生

"冰冻三尺,非一日之寒",解冻之术再高明也需要一定的时间。只有教师的真诚关心、持久热爱,才能融化学生心中的"坚冰",激励他们内在的前进动力,点燃他们积极进取的自信之火。千万不能因为行为上的反复就放弃教育,或采取抱怨、讽刺、挖苦的态度,否则会前功尽弃。每一个人都有渴望得到别人尊重和关爱的需要。后进生尤其渴望得到别人的尊重、赞赏和关爱,当他们受到老师和同学的称赞时,会获得精神上的愉悦,从而促进自信心的建立。教师要善于使用"放大镜"寻找后进生身上的每一个哪怕是十分微小的闪光点。当他们有了点滴进步,就及时予以肯定和表扬,让其产生"成功感",提升自信心。

策略一 投入真情，呵护心灵

教育的基础是什么？是爱；教育的本质是什么？也是爱；教育的体现是什么？还是爱。从事教育工作，必须用心，给学生细致的关心；用情，给学生真情的爱护；用爱，给学生真诚的呵护。无爱，则不教育。

教师职业选择了我

我(李镇西①)在教育实习时遇到了一件至今想起来都很惭愧的事情。

一天，我正在批阅学生交来的作文《人物肖像描写练习》，刚翻开第一本作文，没看几行就感到不对：这不是在写我吗？"语文实习老师，二十多岁，中等个子，戴着黑边眼镜……"文章虽然病句成堆、错字连篇，但作者用上了许多调侃的词句与不伦不类的比喻和夸张，以嘲讽和挖苦的态度，对我进行丑化和侮辱——至少当时我是这么认为的。

我看作文本封面的名字：刘江。虽然我还叫不出所有学生的名字，但对"刘江"这个名字非常熟悉。这个男生成绩差不说，行为习惯也很差，上课时常常违反纪律，我批评过他几次。就在那天上午大家都在写作文时，他居然哼起了流行歌！我毫不客气地狠狠批评了他，叫他认真写作文；当时，他很不服气，写作文时还气呼呼的。没想到，他当时正把对我的仇恨发泄到作文中。

我气愤地把本子一扔。看来这个刘江正是想以作文练习的方式来侮辱我。想让我难堪，哼，你小子还嫩了点儿！我决定把这篇作文在班上公开，让他知道我是谁！于是，在作文评讲课上，我对大家说："今天，我要念一篇奇文。这篇文章奇在何处呢？同学们听了就明白了。"

"他戴着 X 光做成的镜片……"我一边念，一边"评讲"，"哎呀，了不起！我原来只知道 X 光是一种穿透力很强的电磁波，可以用于照相技术、医疗透视等方面，可是想不到，这种光还可以被制成镜片。妙！想必是作者自己发明的吧。由此可见，作者还是一位业余科学家，他的这一最新科研成果，对人类贡献之大，绝不会亚于爱因斯坦！"

全班学生哈哈大笑起来！

---

① 李镇西，教育哲学博士，语文特级教师，曾荣获"四川省成都市优秀专家"称号，2000 年"全国十杰中小学中青年教师"提名奖。现任成都市武侯实验中学校长。

这正是我要达到的效果。于是我更加亢奋了,不仅抓住文章的病句进行无情的嘲讽,还把文中的错字一个一个地写在黑板上。在学生们的哄笑声中,我说:"你们笑什么? 这些并不是错字,人家是在进行大胆的创新。在短短的文章中,作者便创造出这么多新的汉字,为丰富祖国的文字,作出了不可磨灭的贡献!"

刘江开始还故作镇静,甚至还附和着大家的笑声皮笑肉不笑地咧咧嘴。慢慢地,他的脸色越来越难看,后来已经把头低下去了。我得意极了,立刻乘胜追击:"如此美妙的文章,真应该拿去发表,那样既能得稿费,又能出名,可谓名利双收。然而作者把它交给我,唉,真遗憾! 我现在是身无半文,实在无稿费奉送,深表歉意。不过,利虽然没有,名倒可以让他出出,总要占到一头嘛! 因此,让我在这里公布作者的大名。"我停了一下,朝刘江看去,他简直要哭了,正在用眼光哀求我口下留情。我装作没看见,一字一顿,极为庄严地说道:"这位天才的业余科学家,未来的爱因斯坦,杰出的文字学家,优秀的杂文家,当代的鲁迅,就是我们高一一班学生——刘江!"

教室里再次响起暴风雨般的笑声……

"李老师,真痛快!""刘江太不像话了! 就应该这样收拾他一下!""平时他总喜欢欺负我们,现在遇到李老师了,太让人开心了!"下课后,许多学生都对我这样说。学生们的话,极大地满足了我的虚荣心。但也有学生说:"看不出来,李老师还有那么大的脾气! 其实,李老师没必要和他计较的。"这话却使我心里一跳:看来,并不是所有学生都认为我是对的。

这使我"胜利的喜悦"大打折扣,心里甚至有些隐隐不安。特别自那堂作文评讲课以后,刘江看见我就躲,上课也无精打采,像霜打过的叶子,我感到一种虚脱般的疲惫。

那几天,我常坐在办公室发呆,手里捧着语文书却很久看不完一页。我心里特别难受:你以为你胜利了吗? 一个堂堂的语文教师,对付一个小小的中学生,究竟为什么呢? 在大庭广众之下,你以一种自以为巧妙的方式收拾了一个对你"大不敬"的人。可这个人是谁呢? 仅仅是一个写文章"丑化"了你的学生,对他,你用得着这么煞费苦心地调动所有挖苦之语来冷嘲热讽吗? 你还算是老师吗? 还算是男子汉吗? 从实习的第一天起,你就立志要做热爱学生的好老师,然而,对待有缺点的学生,你不是怀着教师的责任心去帮助他,而是出于个人的狭隘心胸去报复他,这岂不是太自私、太虚伪吗?

一阵阵无情的鞭子抽在我的身上……

我的指导老师冯老师——他的名字我忘记了，但我至今非常感谢他——显然看出了我的情绪变化，问我有什么心事，我便把"刘江事件"告诉了他。他严肃而真诚地对我说："做老师一定要有博大的胸襟，对学生要有宽容心。你一定要主动找刘江谈谈，向他道歉！最好能在全班表示你的歉意！"我感到为难，他说："向学生认错，只会赢得学生真正的尊敬。"

那个周末下午放学后，我主动找到刘江，向他表示歉意。整个谈心过程中，我一句批评他的话都没有说，只说我因为顾及自己的面子而伤了他的面子……最后我说："我不是一个好老师，请你原谅！"他开始很惊讶，后来表现出很感动的样子。那天我们谈了很久很久，直到天色渐渐黑下来，他才挂着泪水回家去了。

至今让我想起来惭愧的是，尽管我在实习中犯了这样的错误，可在实习结束离开郫县一中时，淳朴的学生记住我的全是我如何对他们好！我也承认，短短的一个月实习，无论是上课还是课余和学生一起活动，我都非常投入。因此，他们真诚地欢送我，当我坐在了回学校的汽车上时，窗外的学生还在下面久久不愿离开。车终于开动了，我回望窗外，看到一群学生正跟着汽车跑，一边跑一边哭喊："李老师再见！"——追逐汽车的学生中竟有刘江的身影！

这个我永远难忘的场面，让坐在车里的我一路想了很多很多。想得最多的，还不是学生如何挥泪送别我，而是觉得自己不配享受学生这样的送别。学生多么单纯而可爱，老师犯了这么大的错误，他们却依然尊敬老师；刘江作为一个"差生"，被我那样当众羞辱，可时间一长（其实并不长）他却忘得干干净净，记住老师的全是好！换了我，我做得到吗？肯定做不到——如果哪个校长当众让我难堪，我可能会记恨他一辈子！然而学生就是这么纯真！

在我的性格里是有喜欢孩子的天性，"喜欢孩子"和"爱学生"当然有联系，但不完全是一回事儿——前者更多的纯粹是一种天然的感情倾向，和品德没有多大关系；而后者虽然也属于一种情感，但更蕴含有一种教育者的责任，它与师德直接相关。还可以从另一个角度推敲这二者的区别："喜欢孩子"可能是凭个人的好恶只喜欢那些自己认为"可爱"的孩子，而"爱学生"则意味着怀着一种责任把欣赏与期待投向每一个学生，包括刘江那样的"差生"，包括善待这类学生的缺点，包括宽容他对教师的"大不敬"！如果这个分析站得住脚，那么回首"刘江事件"，我实在不敢说我是真正"爱学生"

的！但因为有了这样真诚的心灵拷问，这个错误我没有白犯！我提醒自己，做教师，感情是很重要的，但不能仅仅凭感情，还有责任和对每一位学生的尊重。尽管在后来从教的岁月里，我仍然不止一次犯同样的错误——人的自我改造绝不是靠一次教训就能彻底"重新做人"，所谓"战胜自己"是一个漫长的过程甚至伴随一生——毕竟当时我开始意识到这一点了。

不管怎样，实习结束时学生追着汽车送我的场面，让我永远难忘，这个记忆成了我以后教育的情感动力，更让我对未来有了热切的希望。短短一个月的教育实习，让我把未来的职业同某种使命感联系在了一起——对于改造社会，我今后也是可以有所作为的。

【资料来源：李镇西. 做最好的老师[M]. 桂林：漓江出版社，2006：5. 本文略有改动】

人世间最能打动人的心灵是什么呢？是人的真情。一个教师之所以让学生无比喜爱和敬重，正是因为他对学生投入了真情，使学生的心灵得到呵护。当教师对学生投入了真情，师生之间的距离就会自然而然地拉近，教育中出现的诸多问题就会迎刃而解；而学生在对教师的感激中内心将会迸发出积极向上的力量，进而刻苦求学。

一、平等对待学生

人与人之间是平等的。同样，教师与学生之间是平等的。作为教师，理应懂得这点，努力做到平等对待学生。平等对待学生是关心和热爱学生的前提与基础，没有起码的平等就谈不上真正的关心和热爱。每个学生的背后都有父母期待的目光，每个学生都是家庭和社会的希望，每个学生的现在都将影响着国家的未来，其意义不可轻视。教师必须关注每个学生，不能放弃任何一个学生。苏联教育家列夫·赞科夫有句名言："漂亮的孩子人人都爱，而爱不漂亮的孩子才是教师真正的爱。"教师要做到真心地爱着自己的学生，而且要公平地爱所有学生，把每个学生视为自己的朋友，无论他是出生干部之家还是平民百姓；无论他是品学兼优的好学生或是令人头疼的问题生，都应当平等对待，让学生体会到老师的爱，从而激发学生的学习兴趣，从而主动学习，健康成长。孙敬修说："让学生爱你，亲近你，你才能赢得学生的心，才能胜任教师的崇高使命。"教师应该从高高的讲台上走下来，深入到学生中间去，俯下身来，和学生站在同一平台上，既能欣赏学生的成功，又能宽容学生的过失；既要与学生谈学习、谈理想，又要与学生拉家常、聊心事；既要是学习良师，又要是生活益友。只有这样，学生才会亲近你、热爱你；也只有这样，才能培养出有独立人格、健康心理、创新意识的一代新人。

二、勇于向学生道歉

古人云："过而能改，善莫大焉。"对于偶尔之"过"，世人往往都能接受别人的道歉或者向别人道歉。然而，在校园里，我们司空见惯的是学生犯错向教师道歉、向同学道歉，却鲜见教师向学生道歉。这是传统的师道尊严给现代教育留下的遗憾。作为新时期的教师，应该摒弃落后的师道观念，勇于向学生道歉。[①] 学生与教师发生冲突是客观存在的，也符合矛盾的规律。随着年龄的增长，学生的个性和见识也随之增长，他们有自己的想法和主张，对教师也不再盲目崇拜和顺从了，尤其是他们把自己的尊严看得很重。但是，教师往往忽视这点，对他们强加自己的观点，甚至呵斥和责骂，那样只会适得其反，招来的是他们更加的反感甚至逆反。这样，师生之间就会发生冲突，产生矛盾。因此，教师在犯错时要学会自我反思，勇于向学生道歉。这不仅能抚平给学生造成的伤害，维护学生的人格和尊严，还能迅速地消除师生之间心灵的隔阂，赢得学生的尊重和信任，激发学生的进取心，从而达到事半功倍的教育效果。其实，向学生道歉并不难，只要教师心中装着学生，为学生着想，就一定能够做到。向学生道歉，是教师的一种美德，也是教师真正爱学生的体现。

三、控制自己的情绪

教师这个职业要求教师对正在成长着的学生应该有满腔热忱的爱。教师感情世界的核心应该是爱。然而，爱和恨有时是分不开的，"恨"可能是对学生爱极了而学生的行为达不到教师的预期目标引起的结果，所谓"恨铁不成钢"就是这个道理。但作为教师应尽量不采用乱发脾气的方式来表达自己"爱"极了的"恨"，要有控制自己的能力，也就是学会控制自己的情绪。这样，受益的既是学生，也是自己。如果教师暴风骤雨般地发泄，虽然可解心头一时之气，获得心理的平衡；但是狂怒的情绪不仅会挫伤学

---

① 赵相峰，王波. 要习惯向学生"道歉"[J]. 教育艺术，2008(5).

生的自尊心,也会使自己闷闷不乐,损害身心。因此,当教师产生极其愤怒的情绪后,最好采用转移的方法冷却情绪。如搁置此事暂不处理,继续自己的正常工作;或先让学生自己反思写检查。训练有素的教师总善于用冷处理的方法保持泰然自若,使学生心悦诚服。

策略二 付出善意,关爱心灵

托尔斯泰说:"如果一个教师把热爱事业与热爱学生结合起来,他就是一个完美的老师。"热爱学生是老师的天职,严格要求学生是师德的重要表现,它们是矛盾的,但又是统一的。在教育工作中,我们只有掌握这两者之间的辩证法,才能成为学生的良师益友,收到事半功倍的教育效果。唐代诗人杜甫曾写过一首脍炙人口的诗歌:"好雨知时节,当春乃发生,随风潜入夜,润物细无声。"这用来比喻教师对学生的关爱也是十分贴切的。教师关爱学生,是一种崇高的爱的浸润,教师的爱像春雨那样,一点一滴,轻轻地洒在学生的心扉上,它施于优秀生,是锦上添花,百尺竿头更进一步;它惠及后进生,是雪中送炭,暖人心扉,催人奋进。

挽救"困难生"

苏霍姆林斯基①所在的巴甫雷什中学,形成了这样一个观念:就是相信一切孩子都能被教育好。这里没有"差生"的概念,只存在"困难学生"或"难教育学生"的说法。在教育实践中,对这类学生一般不单纯由某个教师去进行教育,对他们进行教育往往是整个集体的义务。苏霍姆林斯基一生中就教育过178名"难教育的学生",这178名学生都有一个艰难的教育过程。每周苏霍姆林斯基都要走访这些学生的家庭,以便深入了解他们道德形成的最初环境,他与家长们、家长的邻居们、教过这些孩子的老师们进行交谈。

这一天,苏霍姆林斯基来到了小学生高里亚的家庭。这个家给他留下了这样一个印象:高里亚是个非常不幸的孩子,他从小失去了父亲,母亲在他刚满周岁时,又犯了严重的罪行,被判处十年徒刑。高里亚从小住在姨母家,姨母把他看成额外的负担。高里亚成了一个典型的"难教育学生",这就是他的家庭背景。

---

① 苏霍姆林斯基,苏联著名教育实践家和教育理论家。

高里亚上学一个月后，大家就对他产生了一个鲜明的形象：这是一个懒惰成性、常会骗人的学生。在短短的一段时间里，他就表现出了"难教育"的特点。秋天，当高年级学生植树时，他有意破坏了几株树苗的根部，并向全班同学夸耀自己的"英雄行为"。有一次课间，他把手伸进别人的书包，拿出课本，用墨水把它弄脏，再放回原处，并以天真无辜、泰然自若的态度来欺骗教师审视的眼光。还有一天，他们班去森林远足考察，他一路上撞这儿打那儿。当班主任故意不理睬他，向其他学生讲解山谷、丘陵、山和冲沟的有关知识时，他走到全体学生面前，做出滑稽动作，还登上峭壁往下看。班主任旁敲侧击地提醒："同学们，不能走近冲沟边缘，跌下去十分危险！"他突然高声喊道："我不怕！这个冲沟我滚下去过！"说着就蜷起身子滚了下去……

　　苏霍姆林斯基根据家访的情况，找来班主任等有关教师共同分析高里亚上述行为产生的原因。他提出了自己的看法：高里亚对自己的行为所抱的态度，是故意装出来的、不自然的。家庭环境的影响，使高里亚对人们失去了信心。对他来说，生活中没有任何神圣的、亲切的东西。他的看法对教师们的思想触动很大。大家一致认为，高里亚之所以不好，是因为过去只看到他恶劣、放荡的一面，而没有主动关心、挖掘他身上闪光的地方。这个学生表现出来的缺点，是在向周围的人对他漠不关心、冷淡无情的态度表示抗议。这样的分析增强了教师们的同情心、关注之情、教育的敏锐性和观察力。

　　一次，苏霍姆林斯基发现这个孩子单独玩耍，好像很随便的样子。他把高里亚请进了生物实验室，要高里亚帮忙挑选苹果树和梨树的优良种子。虽然高里亚装出不屑栽培树苗的样子，可是孩子的好奇心还是占了上风，他们两人一起做了两个多钟头，直到很累为止。这件事引起了高里亚的极大兴趣，当班主任再次去高里亚家时，发现他正在施肥栽树。此后班主任因势利导，在班级栽树活动中，让高里亚指导别的孩子们，及时地发现和鼓励温暖着这个孩子的心灵。虽然后来高里亚曾多次反复出现不良倾向，教师们却着眼于长善救失、循循善诱。

　　"功夫不负有心人"，在这个教师集体的共同教育下，这个孩子在三年级时光荣地加入了少先队，以后还经常帮助有困难的其他同伴，为集体默默地做好事。高里亚好像重新变成了另一个人了。

　　【资料来源：苏霍姆林斯基.公民的诞生［M］.黄之瑞，译.北京：教育科学出版社，2002：4.有改动】

教师的善意，是对学生真切的关怀和博大的爱，是激发学生奋发向上的动力。学生的心灵是纯洁而美好的，也是丰富而敏感的。教师对学生付出善意，将会深深地感染他们的心灵，使他们的心灵感受到师爱的温暖，进而促进他们加强自我教育，重新审视学习的意义，积极主动地学习。

一、了解学生，有针对性地教育

教育从了解学生开始，了解学生是教育的基础。俄国教育家乌申斯基在《人是教育的对象》一书中指出："如果教育家希望从一切方面去教育人，那么，就必须从一切方面去了解人。"是的，没有了解的爱，是盲目的爱；没有了解的教育，是盲目的教育，不会有什么好的效果。教师要教育好学生，特别是教育转化后进生或学困生，首先要全面了解学生。教师要全面了解学生，就需要了解学生的个性特点、兴趣爱好、思维能力、行为习惯、心理状况、人际关系、家庭环境等方面的情况，以便采取有针对性的教育措施，做到有的放矢、因材施教。苏霍姆林斯基正是通过家访的方式，了解到"难教育学生"高里亚的家庭环境，找到导致高里亚变得"难教育"的症结，从而打开教育转化高里亚的突破口，最终使高里亚重新变成一个好学生。在教育过程中，教师要善于灵活应用观察法、记录法、谈话法等方法去直接了解学生，也可以通过调查法、考验法等方法去间接了解学生。

二、亲近学生，走进学生的心灵

"亲"是对待学生的态度要亲切；"近"是与学生的距离一定要接近。教师亲近学生，走近学生，才能走进学生的心灵。爱学生，就要和学生在一起，就要付出更多的时间跟他们交流，进行亲密的思想交流，并为学生多做些事情。高尔基曾说："谁最爱孩子，孩子就会爱他，只有爱孩子的人，他才可以教育孩子。"是的，教师要主动亲近孩子，体贴关心学生，让他们真正感受到教师对他们的亲近和爱，从心灵深处生发出对教师的尊敬和信任，以及对学习的热爱。这样，教育就会取得事半功倍的效果。但是，教师要注意亲近学生应有度，也就是教师要与学生保持一定的距离，达到"亲而不纵、严而有格"。亲近不等于放纵，不等于放松严格的要求。没有严格要求的亲近不是真正的爱。没有原则的亲近只会让教师丧失公平、公正、无私的立场，影响更多学生对教师的尊重、热爱与信任。因此，教师在亲近学生时应该坚持严格要求的原则，对学生"以爱动其心，以严导其行"，让学生更好地懂得爱与被爱，更好地学会爱与被爱。①

三、体贴学生，认真倾听学生的心声

面对学生倾诉心声，教师理应认真倾听。即使一个牢骚满腹、怨气冲天的人，在一个有耐心和同情心的倾听者面前，往往也会被"软化"而变得通情达理。不管面对一个怎么冲动或愤怒的场面，只要你认真地倾听，整个气氛便会缓和下来。愤怒或冲动的学生在自由地表达了自己受压抑的情绪后，心理压力会得到一定程度的缓解；而且通过教师的认真倾听，学生会觉得自己的问题已经引起老师的重视和理解，从而在精神上得到满足和安慰。在这种情况下，解决任何问题都有了良好的开端。其实，很多时候，我们不是耐心地倾听学生的诉说，而是直接地以我们自认为合理的方式来教育学生，这样就不能有效地得到学生的支持和理解。②

策略三　激发自尊，唤醒心灵

人的自尊有时就像沉睡的冰山，需要激发，才能唤醒。教育，实质也是一个唤醒心灵的活动。成功的教育重要的是激发学生的自尊心、唤醒沉睡的心灵。无动于衷，简单否定，只会使学生自尊心受损。教育的良苦用心就是给学生指明方向，促其奋进，哪怕学生很细微的进步，也应给予赞许；教育的妙处是发自内心的帮助，对学生所做的每次努力，都应给予鼓励。学生受鼓励多了，就会有愿望和信心去做好每一件事，最终会从"麻木不仁"变得"志存高远"。

自　尊

王金战③老师在沂水一中任教时，有个男生，家里是农村的。他平时老实本分，高三的时候，成绩突然急剧下滑，情绪也很不对劲。王老师是班主任，一看这个情况，就跟他谈话。

---

① 戴海荣.亲近学生应有度[J].读写算·教研版,2011(4).
② 瞿伟.如何打开学生的心灵枷锁[J].成才之路,2009(33).
③ 王金战，全国优秀教师，数学特级教师。

男生说,他爸爸给他找了一个对象(当时像这样的情况,在农村里非常普遍),对方同意了,那个女孩觉得他在一中上学,将来肯定有出息。但后来,那女孩了解到他学习成绩并不好,就不愿意了,要求退婚。这个男生情绪就非常低落,他感觉被人抛弃,被人瞧不起,自尊心很受伤害,就想退学回家,放弃学业,甚至还想到了报复。

王老师了解了事情以后,就跟这个男生讲:"你是不是一个男人?人家女孩一开始看得起你,是觉得你将来能考上大学,能有出息,她也能得到幸福。后来为什么不同意了?就是嫌你学习不好,估计你将来考不上大学。人家瞧不起你了,你就觉得不行了,还想到要报复,怎么报复?捅人家一刀?还是抱着炸药包同归于尽?那是光彩?你要真正是一个男子汉,能不能在关键时刻争口气,学个样儿给他们看看?要想让别人瞧得起你,你首先要瞧得起自己。别人瞧不起你了,你更要发愤,要奋斗,将来考一个好大学,把后悔留给她。"

王老师把这学生说了一顿,又把他的家长叫来了,说:"你这个家长太糊涂了,你的孩子本来学习上有潜力,但现在他被这件事弄得无心学习,还想去报复人家,这孩子一旦产生了报复心态,就会畸形发展,这是很危险的。"

这位家长听王老师这么说,觉得很后怕,问应该怎么办。王老师说希望家长和老师一起配合,鼓励孩子用功读书,争一口气。人活着不就是一口气吗?

后来,这个学生醒悟过来,在半年时间里,努力发愤,最后考上了一个中等专业学校,那是20世纪80年代初,在农村考个中专已经是凤毛麟角了。考上中专后,原先那个提出与他分手的女孩,又来找他,希望重续前缘,但被这个男生婉言拒绝了。

人都是有自尊心的。一个人如果为了维护自尊,而作出正确的选择,他甚至可以创造超出想象的奇迹。

【资料来源:王金战,隋永双.英才是怎样造就的[M].重庆:重庆出版社,2006:11,有改动】

自尊心是尊重自己,维护自己的人格尊严,不容许别人侮辱和歧视的心理状态。可以说,这是一种良好的心理状态。自尊心是学生进步成长的基石,是激发学生积极上进的一种内在动力。没有自尊心的学生,很难有大的成就。在教育中,教师如果能够根据学生的实际情况激发其自尊心,那么就能够很好地触动和唤醒学生的心灵,使学生迅速摆脱生活或学习上的困惑,下定改变不利状况的决心,最终克服困难,走向成功。

一、正面引导，循循善诱

苏霍姆林斯基说："人类有许多高尚的品格，但有一种高尚的品格是人性的最高峰。这就是个人的自尊心。"自尊心在人的成长过程中占有十分重要的地位，教师也肩负着培养学生自尊心的重要使命。由于中小学生还没有形成稳定成熟的个性品质，他们的自尊心还只是一株嫩芽，因此教师要小心维护学生的自尊心，多表扬、肯定和鼓励学生的成绩或进步，努力从正面引导、激发和培养学生的自尊心。面对学生在成长过程中出现的各种问题，教师应耐心地给学生讲解道理，循循善诱，动之以情，晓之以理，使学生在处世中建立自尊，树立正确的人生观、价值观和世界观。现在的学生大部分是独生子女，他们有着强烈的自我中心意识。教师应善于抓住日常生活中点滴小事，教育学生运用换位思维设身处地考虑问题，懂得人与人之间的关系应是平等的，要尊重别人，这样才能使自己得到别人的尊重，才能形成和谐的人际关系。

二、适当刺激，批评反馈

要激发学生的自尊心，教师可以从正面着手，而适当的刺激、批评反馈，也可以从反面促使他们更加努力。在一个班级里，有些优等生在各方面上都表现突出，常会产生一种优越感，这也会减弱他们上进的动力。对此，教师宜掌握时机，指出其缺点，给予适当的批评，刺激其昂扬向上的斗志和争强好胜的精神。有时在特殊环境中，教师采取一种不是批评的批评，也是适当刺激学生的好方法。如优等生在上课时"溜号"，可以让其回答问题，回答不出再叫成绩稍差的学生回答较容易的问题，造成一种对比，唤醒优等生前进的动力，使其及时在自我反省中调整心态，知耻而后勇，更积极地投入到学习之中。当然，教师使用刺激方法时应注意把握分寸，若过度则会产生负面效应。倘若教师一时不慎，判断错误，粗暴训斥，过分批评，处理不当，便会损伤为学生的自尊心，从而阻碍学生的成长。

三、激发斗志，挑战自我

法国作家安东尼·德·圣·埃克苏佩说："如果你想要修建一艘船，不要召集人们去堆积木料，也不要向他们布置任务和工作，而要激发他们对无垠的大海产生渴望。"在生活或学习中，困难和挫折并不可怕，这都只是暂时的，只要我们的心中抱有坚定的目标和昂扬的斗志，那么就能勇往直前，走向人生的成功。由于学生年纪尚小，心智还

未成熟，奋斗目标不明确，斗志不昂扬，因而需要教师的引导和帮助。教师应该做一粒点燃学生激情的火种，把鼓舞学生士气、激发学生斗志当成重中之重，让他们信心满满、斗志昂扬地快乐学习。学生一旦拥有昂扬的斗志，就会迸发出为维护自尊而奋斗的力量，进而勇于挑战自我，努力地克服各种各样的困难和挫折。

如何走进学生的心灵世界，激其奋进

要想激发学生的学习动机，全面提高学生的素质，走进学生的心灵世界是非常有必要的。值得强调的是，心灵不等于心理。心灵指人的内心、精神、思想等；而心理则指人脑对客观现实的主观反映，它类似于哲学里的意识范畴。心灵多指认知以外偏重于人的情感、志趣等非智力性因素，影响着学生的求知欲。因此，教师不仅要了解学生的认知心理水平，而且要了解他们情感、志趣等非智力因素水平。这要求教师要走进学生的心灵世界。

一、以心换心，建立师生友谊

做学生的朋友，建立师生友谊，是许多教师的美好愿望，也是教师追求的最高境界。苏霍姆林斯基说："与学生建立友谊——是用我们的力量、我们的思想、我们的智慧、我们的信念、我们的情感修养，使学生的思想和情感变得高尚起来。缔造师生友谊，需要巨大的精神财富。如果没有这种财富，友谊将会变成庸俗的亲昵。"教师不仅仅应当是老师，同时也是学生的朋友。教师以心换心，做学生的朋友，建立起真正的师生友谊。这样才能让学生由衷地喜欢教师，并"爱屋及乌"，喜欢教师的教学，从内心深处乐于学习。

教师以心换心，建立师生友谊，既体现在生活中，又体现在课堂上。在生活中，教师应放下"师道尊严"的架子，与学生打成一片，倾听学生的心声，帮助学生排忧解难，成为他们生活中的知心朋友；在课堂上，教师应发扬民主平等的精神，鼓励学生大胆发言，积极参与活动，师生互动交流，共同探讨学习知识，成为学生学习上的亲密伙伴。

从某种意义上说，陶行知的伟大正在于他对学生真诚的平易亲切。在陶行知看来，师爱的最高境界不是母爱，也不是父爱，而是朋友之爱，因为这种爱的基础是平等：以感情赢得感情，以心灵感受心灵。他说："我们希望今后办训育的人要打破侦探的技术，丢开判官的面具。他们应当与学生共生活、共甘苦，做他们的朋友，帮助学生在积极活动上行走。"正是这样真诚平等的态度，不但使陶行知赢得了他所有学生的由衷爱戴，而且使他自然而然地走进了学生的心灵世界。他也因此成为中国伟大的教育家之一，成为无数孩子及其广大的平民百姓最真诚的朋友。

二、善借谈心，融洽师生情感

何谓"谈心"？谈心就是指谈心里话，倾心交谈。在教育活动中，谈心是教师与学生之间的心灵交流，是一种情感的沟通，是教师走进学生心灵世界的有效手段。"随风潜入夜，润物细无声"，教师应深入了解学生思想的微妙变化，拨开学生心灵奥秘的纱，用真诚的语言与学生谈心。用春雨的细腻滋润那些干涸的心，循循善诱，谆谆教导，脉脉温情，了解每个学生的可塑性、创造性，使师生的心灵融为一体，进而激发学生对教师的情感回应，生发出对知识的渴望。

"横吹笛子竖吹箫"，凡事都应讲究方式和方法。谈心也是一样，如不注意方法同样很难取得效果。谈心有很多种方式和方法，如提醒式、触动式、启发式、书信式、网络式等，教师应根据学生的个性特点和具体情况，因人而异，针对不同类型的学生采取相应的谈心方式。第一，与优等生谈心，要找出其自省点。优等生一般比较自信，也容易自负，有时看不到自身的缺点。与他们谈心，教师要运用提醒式谈心，在肯定成绩的同时，委婉地指出不足，促使他们正确地评价自己，扬长避短，向新的目标奋进。第二，与中等生谈心，要挖掘其动力点。中等生感觉到自己"比上不足，比下有余"。因此拼搏精神差，缺乏前进的动力。对这类学生教师可采取触动式谈心，通过切中要害和推心置腹的谈心拨动他们的心弦，促其猛醒，激发出他们的内驱力，使他们能心悦诚服地接受教育。第三，与学困生谈心，要发现其闪光点。学困生往往比较自卑，情绪低落，对教师常表现出防御和对抗心理。教师与他们谈心，一般采用鼓励式谈心，要发现他们的闪光点，多些鼓励和表扬，使他们树立自信心，愉悦地投入学习之中。①

---

① 蔺红.班主任与学生谈心的艺术[J].中国体卫艺教育论坛,2007(6).

总之,教师与学生的谈心是一种行之有效的教育方法,也是一种内涵隽永的教育艺术。教师若能灵活地使用这一教育方法和艺术,则能融洽师生情感,激励学生积极向上。

三、感情投资,拉近师生距离

英国哲学家罗素说:"凡是教师缺乏爱的地方,无论品格还是智慧都不能充分地或自由地发展。"的确,有效的教育应当是有情的,教书育人更需要情和爱,教育离不开"感情投资"。所谓"感情投资",是对学生充满真挚的爱,用爱心去打动学生,感染学生,用爱心去升华学生的道德情操。教师应该重视感情投资,善于对学生进行感情的投入与积累。教师对学生进行感情投资,意味着教师对教育、对师生交往要投入充沛的情感,要用自己的情感去点燃学生求知的火花,引导学生学会思考,学会做人。

师爱是感情投资的关键。苏霍姆林斯基说:"教育者的关注和爱护会在学生心灵上留下不可磨灭的印象。"在教育中,教师要掌握开启学生心扉的钥匙。教师只有以友善、和蔼的爱心去创设良好的教育环境,以平等的态度去尊重学生的主体地位,以人为本的思想关爱学生的生命,建立和谐的师生关系,才能拉近师生情感的距离。师爱如春雨润物,似乎有股神奇的力量,时刻鼓舞着学生积极向上。李镇西是一个善于对学生进行感情投资的名师,他追随陶行知和苏霍姆林斯基两位教育家的爱的教育,对学生的情感是真正出自内心的爱。因此,李镇西颇受学生的信赖和亲近,而他的学生的内心也同样充满真挚的情感,懂得感恩,懂得刻苦求学。

教师对学生的感情投资,应落实在具体行动上。例如,帮助学生解决生活中的燃眉之急,跟学生一起玩游戏,在下雨时为学生撑起一把伞,在路上遇见学生时主动问候,在学生生病时上门探望,在学生生日时送上一份小礼物,在学生取得进步时给予特殊的奖励,等等。感情投资的方式和艺术其实很多,关键在于教师根据学生的实际情况灵活地把握和运用。

一个善于感情投资的教师,能够点燃学生的激情,最大限度地让学生获得成功的喜悦,从而激发他们的学习动力,增强他们的自信心,培养他们勇于创新、锐意进取、永不言败的精神。

名家锦囊

之一：魏书生（当代教育改革家，语文特级教师，全国中青年有突出贡献的专家，首届"中国十大杰出青年"）

教师应具备进入学生心灵世界的本领，不是站在这个世界的对面发牢骚、叹息，而应该在心灵世界中耕耘、播种、培育、采摘，流连忘返。心灵的大门不容易叩开，可是一旦叩开了，走进学生的心灵世界，就会发现那是一个广阔而迷人的新天地，许多百思不得其解的教育难题，都会在那里找到答案。

之二：李镇西

毋庸讳言，由于种种原因，中国封建文化的残余至今还阻碍着我们的教育走向民主与科学。在师生关系上，一些善良的教师往往不知不觉甚至是"好心"地损害着学生的尊严和感情。在某些学校，师生关系成了"我管你从"的君臣关系；在某些课堂上，不但没有师生平等交流、共同研讨的民主气氛，反而存在着唯师是从的专制色彩。如此专制的教育，焉能培养出中国未来的主人和21世纪所呼唤的新人？

之三：董旭午（中学语文特级教师，全国模范教师，省级有突出贡献的优秀专家，江苏省人民教育家培养对象，现任教于江苏省泰州中学）

传统的"好教师"形象讲究沉着稳重，不轻易激动，善于掩饰自己的真实情感，智慧要远远高于学生，知道所有问题的答案，是一个永远不犯错误的完美化身，有着神圣不可侵犯的尊严。我认为，从实际情况看，除非蓄意表演和自欺欺人，否则是很难做到这些，也不容易得到学生的好感和亲近。教师要想走入学生的内心世界，更有效地教书育人，就必须彻底走出"好教师"的神话，放下架子，坦诚真挚，宽宏大度、平等友善地与学生接触，与学生平等交往，互动合作。只有这样做，才能保证教师以本来的人性层面和个性特点与学生互动，从而更受学生的理解、信任和尊重。也只有这样做，我们的教学才会更有人情味，更人性化，更能唤醒学生沉睡的潜能，激起他们的自主意识、参与意识，鼓起他们的自尊心和自信心。

第二讲　赏识教育，重塑自信

　　赏识教育是一种重视和赞扬学生的优点或长处，增强学生自信心并促进学生积极主动学习、个性化发展的教育。心理学家威廉·詹姆斯说："人性最深切的渴望就是获得他人的赞赏，这也是人类之所以有别于动物的地方。"苏霍姆林斯基说："只有当你说他好的时候，他才会好起来。"是的，被人赏识，被人赞美，被人肯定，生活由此而变得积极。学生亦是如此。心理学研究发现，促使学生把自己的行为指向学习的内在因素主要有认知内驱力、自我提高内驱力和附属内驱力。这三种内驱力在学生身上普遍存在，但它的比重随个性心理特征、年龄、性别、家庭影响的不同而不同。一般说来，在儿童时期，附属内驱力是一种主要的学习动机，即学生为了得到家长和老师的赞许或认可，而表现出来的把学习搞好的一种需要。可见，赏识对于成长中的学生来说是至关重要的。学生需要积极的精神鼓励，新课程改革要求每一位教师着眼于学生的发展。教师应通过赏识教育来激发学生的学习动机，在教育过程中发现学生的优点或长处，并给予及时的鼓励和赞扬，帮助学生扬长避短、树立信心，调动学生学习的主动性和积极性，使学生的感觉、知觉、记忆、思维都处于良好的活动状态，产生求知的欲望和情感，强化学习效果，并取得求知的成功。

名师故事

王金战：让全班倒数第一考上北大

　　王金战老师有句豪言壮语——只要是一个智力正常的中学生，都有考上名牌大学的潜能！王老师之所以敢出此"狂言"，是因为他把自身最大的特色——善于欣赏他人——深植于教学实践的土壤之中，实践着独特的"欣赏教育"。也正是因为他的欣赏，让学生发现了自己身上的闪光点，认为自己原来也可以成为优秀者。

　　那是在人大附中当高中班主任时，有天半夜，王金战接到校长的电话，要他接一个在全年级中很有名气、现在被别的班拒绝接受的男生。

这个学生因考试作弊，被监考老师发现后通知了家长，家里因此燃起了"战火"。一气之下，这个学生半夜三更离家出走了。

家长和亲戚四处寻找，也惊动了学校。第二天课间操时，消失一夜的学生忽然又回到了班上。考虑到他只是个借读生，有人提出劝其退学。

这个学生事后坦言：说实话，当时因为我经常旷课，搞得班里的纪律一团混乱，很多老师便"联名上书"要"开除"我。在这危急关头，刘校长和王金战老师挽救了我，王老师表示愿意把我留在他的班上。

转班后，王金战跟这个男生谈话，先是劝其消除对原来老师的怨恨，然后就纪律问题征求他的意见。"别人是不允许迟到的，考虑到你的特殊情况，我允许你每周违反两次纪律。"这个男生很是意外，一再说会好好表现，用行动证明自己。但事情并没那么简单。

"我到了王老师班上后，被同学们的成绩吓傻了。这哪儿是人啊？简直是神！他们不光是竞赛厉害，而且其他各科成绩也都在年级名列前茅。真是自惭形秽啊！"

虽然这些成绩好得"吓人"的同学对他都很友好，但由于以前没好好学，有些课根本接不上，又加上天天考试测验，除了数学，他的成绩几乎全不及格。"从那时起，我便在学习上失去了原有的自信，在学校天天郁闷得喘不过气来。"

最终，这个男生自暴自弃，自己主动要求离开王金战的班。家长曾领着他看过许多心理医生和教育专家，也不管用。"我变得更加颓废，天天沉溺网上，抽烟喝酒，还常常打架斗殴。高二过去了，我除了数学以外什么都没学。自己经常孤零零的一个人待在家里抽闷烟。天色阴沉沉的，屋里一片昏暗，整个世界仿佛就剩下我一个人了。我独自承受着失败的苦楚和无助的伤感。"

在王金战的提议下，这个男生重新又回来。"课程跟不上不要紧，我给你个特殊政策。每天早上你来了之后，能听懂的课就好好听，听不懂的课就可以不听，而且随时都可以回家自学。"

高三第一次摸底考试前，男生说生病了，不想考。"你看看，他都不敢参加一次普通的考试。为了鼓励他，我说：这次考试，你肯定是倒数第一，既然如此，你还顾虑什么？你还怕考倒数第二吗？你要不是倒数第一的话，其他同学能平衡吗？"

这么着，他参加了高三的第一次考试。这次考试，也让这个男生很难忘："我是万里江山一片红,全不及格。但我没有多么难过。人家付出了多少努力啊!自己刚学了一个暑假,怎能比得过人家。此后,我一直玩命地学,第一次月考我进步了161个名次,简直可以说是一个奇迹。"他和倒数第二同学的差距,一下子缩小了30分。

让一个"差生"变好的方法其实很简单。

所谓的"差生"是怎样形成的?

当一个学生反复遭遇失败的打击后,便成了"差生"。而让一个"差生"变好的方法其实很简单:就是让他不断地享受到成功的喜悦,就能变成一个优秀生。这是王金战多年来总结出的经验。

"王老师没看错人。"在月考的总结中,王金战一个劲儿地夸这个男生:"你们看人家这位同学,一下子差距能缩小30分,高三总共要经过8次大型考试,如果每次都能缩小30分,那就不是考大学的问题了,而是考清华北大的问题了!就看你敢不敢挑战自己了。你站起来谈一谈,下一次你的目标是什么?"

被表扬得晕头转向的男生,站起来说:"我下一次,肯定不考倒数第一啦!"

对于这样的"差生",王金战说,班主任有时就要拿放大镜去找他的优点。"学习差的学生,在别人眼里,常常是一差百差。在这种情况下,老师能够发现他们的优点,并给予鼓励和表扬,那学生对你的感激真的是发自内心的,而且往往能记一辈子。所以,我带过的学生中,对我最有感情的,往往是那些当初的'差生'。"心态问题一旦解决了,学习效率也就上来了。一条虫就能变成一条龙了。

对于"差生",王金战说:"老师还要帮他们制定一个切实可行的、跳起来够得着的目标,比如从倒数第一名进步个一两名,这也是进步啊!老师要及时给予表扬鼓励,让他们尝到成功的快乐。完成第一个目标,再定下一个目标,几轮下来了,这个学生就成了。"

王金战班上那个倒数第一的学生,第一次月考,在年级排名提高了161个名次后,非常振奋,也看到了自身的潜能,学习进步得异常迅速,以至达到了非北大不考的地步。

最终,这个男生果真考上了北大。上了北大后反思这段经历,他写道:我经历了一场风波,几经周折,最后终于获得成功。我的经历对我来说是一生中最宝贵的财富。我终于明白了为什么叫"浪子回头金不换"。曾经做过浪子,经历了许多坏的事情,走过了许多的弯路。有一天突然觉醒,重新振作,以后便再也不会被自己的脆弱打败。

因为经过了磨炼，已懂得世间至美，已能区分人间善恶。我会永远地珍藏我那段宝贵的经历。时时激励着自己，向前面的一个个目标发起挑战。

【资料来源：王金战.让全班倒数第一考上北大：他的眼里没有"差生"[N].中国青年报，2007-02-28.本文略有改动】

在教育中，许多教师总是看到学生的缺点或短处，一旦学生犯了错误就大发雷霆，加以指责，到头来导致学生产生逆反心理和对立情绪，更加无心向学。其实，"尺有所短，寸有所长"，无论是哪个学生，不管他的身上有多少缺点或短处，总有一些优点或长处。教师千万别因为某个缺点或短处而否认了学生的全部，而要相信所有学生在教育中能够向好的方面转变。实施赏识教育，努力挖掘学生的"闪光点"，多些表扬和鼓励，这样才能使学生从内心深处产生对学习的热爱、对生活的希望。

一、热爱学生，尊重学生，尤其要关照后进生

赏识教育是生命的教育，是爱的教育，是充满人情味、富有生命力的教育。①苏霍姆林斯基曾经说过："没有爱。就没有教育。"鲁迅也指出："教育根植于爱。"古今中外，无数个教育家对教育的最好诠释就是爱。陶行知说："不要你的金，不要你的银，只要你的心。"教师应以爱为教育的出发点，热爱学生，尊重学生，尤其要特别关照后进生，让他们增强自信，健康成长。

在现实中，由于学优生品学兼优，因而教师对他们赞赏有加，学优生在关爱中享受着成长的快乐，依旧优秀；然而，后进生由于各方面均不理想，因而备受外界的冷落、薄待甚至歧视，十分缺乏自信，有的还出现自卑和逆反心理。在这种阴影下，后进生体验不到成功的满足和进步的喜悦，无法对学习产生兴趣，厌学情绪始终强烈，最终导致恶性循环，学习成绩进而受到影响。另外，他们在冷漠中自暴自弃，还会经常滋事生非，发泄不满，让班级难得安宁。实际上，后进生比学优生更渴望得到尊重和欣赏，更需要扫除心理障碍，树立自信心。那么，教师要经常与后进生接触，多参与他们的活动，多跟他们谈心，使他们放下心理包袱，感觉到教师寄予的厚望，认识到学习的意义和重要性。在课堂上，教师要把期望的眼光多投向后进生，适当创设一些简单的问题让他们

---

① 高冬叶.小议赏识教育[J].中学教学参考，2011(18).

回答,然后给予肯定、表扬和鼓励,满足他们渴望得到尊重和欣赏的心理,减少他们学习中的挫折感。

后进生需要教师在情感态度上给予特别的关照。"亲其师,信其教。"人与人之间的情感态度是相互作用的,教师对后进生关心和照顾,必然受到后进生的亲近和信任,从而形成融洽的师生关系,为教育转化工作打好基础。

二、宽容学生,理解学生,尤其要善待后进生的缺点

古人云:"海纳百川,有容乃大。"黎巴嫩作家纪伯伦说过一句名言:"一个伟大的人有两颗心:一颗心流血,一颗心宽容。"苏霍姆林斯基也指出:"有时宽容引起的道德震动比惩罚更强烈。"宽容,是一种高尚的美德、一种至高的境界。作为一名教书育人的师者,必须具备宽容的道德情操。教师面对的是个性各异的学生,倘若以一个标准去衡量所有学生,那么必然会抹杀个性,招致反感。在教育中,宽容比惩罚更具有力量。因此,教师要宽容学生,理解学生。对待学生的缺点,特别是后进生的缺点,应该妥善处理。

人非圣贤,孰能无过?孩子毕竟是孩子,生理和心理都正值成长时期,总会出现这样那样的缺点,犯这样那样的错误。相对而言,后进生身上的缺点比较多,自觉性、自律性比较差,积习难改;而他们的逆反心理往往又很强,对教师的批评十分敏感。其实,有缺点是很正常的,就看怎样去教育。对于学生,特别是后进生,教师不能总是揪着他的缺点不放,甚至无限放大,对他们所犯的错误不能只是一味地批评指责;而应该从缺点的反面——优点去思考教育的对策,及时肯定和鼓励他们的优点,让他们重塑自信心,变缺点为优点,创造性地发挥自己的才能。

教师要转化后进生并非易事,但关键在于教师有没有立足于宽容和理解,耐心地帮助和引导下,他们倘若如此,后进生终会有所进步的。

◆━━◆ 智慧解码 ◆━━◆

赏识是对学生的言行予以关注,并恰到好处地运用肯定和表扬,从而达到树立学生自信心和调动其积极性的目的。赏识是学生健康成长的内在动力,是学生走向

成功的最佳方法，是新课程改革的基本理念。陶行知说："没有教不好的学生，只有不会教的教师。"对于这句名言，仁者见仁，智者见智，存在着不同的解读。这是鞭策教师要好好对待学生，也就是要懂得对学生进行赏识教育。在赏识教育中，学生找到了自己的优点，树立了人生的自信心，不断获得进步，逐渐成为一个"好学生"。

策略一 寻找优点，努力放大

　　一个人无论如何优秀，都有难以克服的缺点；同样道理，一个人无论如何缺失，都有可以寻找的优点。学生是正在成长者，难免有这样那样的缺点，作为教师，重要的不是指责呵斥，而是帮助改正。优秀的教师总是善于在缺点的旁边寻找到被遮掩的优点，并且加以放大，促进学生进步。

请寻找优点，直到你找到了为止

　　1992年5月6日，我（魏书生[①]）刚从深圳归来，本该上复习课，但来听课的老师很多，便改为讲新课，选了《扁鹊见蔡桓公》这一课。

　　学生查资料，翻译，讨论，基本掌握了教学重点。我想，学习最差的学生能不能熟练地掌握了呢？便说："张军同学，请你翻译一下第一段。"

　　张军没有推辞，站起来，很有信心的样子，不料才译第一句话，便引起了哄堂大笑。原来他把"蔡桓公"念成了"蔡恒公"。在张军之前，已有五名学生读、译此文，没有语音错误，蔡桓公又是这课的主角，一篇短文里"桓侯""桓公"出现了11次。从上课到张军发言，大家读说"桓公""桓侯"不下30次，都是正确的。即使如此，张军也还是读错了，真是"春风不度玉门关"。学生们、听课老师们笑不奇怪，哪有人家说了30多遍以后，他还读错了的呢？

　　错已成事实，课堂上，我显然不能停留在笑上，不能停留在张军不听课就批评他一顿了事上。就是挨的批评太多，张军已经找不到自己的长处，没法扬长，自信心没有立足之地了。我应该帮他找到长处，帮助他的自信心建立根据地。

　　课堂上，大家笑过之后，我表扬了张军的长处："我发现，张军同学有了进步，他开始独立思考问题了。"同学们先是一怔，紧接着大家为张军鼓起掌来，大家理解了老师

---

　　① 魏书生，当代教育改革家。

的意思:"桓"和"恒"是形近字,上课时张军没听课,这是他的错,但发音时,他能根据"桓"字的字形,想到"恒"字的读音,这说明他进行了一番独立思考,而不是遇到不认识的字就不读。你想,如果他经常这样独立思考问题,学习肯定会有大的进步。

这表扬使张军增强了自信心,别的学生也从中悟出了一点道理。

张军同学是1992年3月从六班分过来的。3月分班,每个班的倒数第一名学生都分到了我们班,而张军在这几名学生中成绩又是最低的。要找他的缺点,批评他,毫不费力就能找到许多条,但这样做,只能打击他的自信心,强化他的自卑感。显然他在自己不长的人生路上,经受的批评打击是够多的,也可以说是过剩的。他不缺少批评,缺少的是鼓励,缺少的是肯定,缺少的是别人帮他找到长处,使他的自信心有个落脚的地方,有个根据地。

刚到班级时,我便请这几位后进学生给自己找长处。他们开头不好意思,觉得是低着头进魏老师这个班的。我说:"找不到长处不行,你们肯定有长处,只是你们不肯告诉老师,那可不行!你们有缺点,有错误,不告诉我可以,我也不问;你们有长处、有优点不告诉我,我就狠狠地批评你们,天天批评你们,一直到你们告诉我为止。"

因为找不到自己的长处而受到老师狠狠的批评,批评得再严厉,学生也不反感,相反还会密切师生感情。学生会想:"看看,因为咱看不到自己的长处,把老师急成这个样子,快点找吧,别犹豫了。"

事实上,每位学生都有长处,而且都不止一条。最后进的学生,也会有三条五条的长处,有的长处还非常独特,一般人赶不上。问题不在于学生有没有长处,而在于教师和学生有没有发现长处的能力。有了这个能力,就能从缺点很多的学生身上,发现许多长处;没有这个能力,明明有很多长处也会被自己和别人埋没掉。

刚到班上时,别的学生不到一天都找到了自己的长处,唯独张军说:"老师,我确实没有什么长处。""找不到不行,明天再找不到让你写500字的说明书,后天再找不到就写1000字的说明书,直到你找到了为止。"

第二天,他来找我,我问:"长处找到了?什么长处?"他很紧张,脸涨得通红,极不好意思地说:"我的心肠好,爱干活。"

"这就是了不起的长处。心肠好,爱帮助别人,到哪里都会受到别人的欢迎与帮助。爱干活,你说的是爱干体力活吧,现在各行各业需要以体力劳动为主的工作岗位还非常多,你愿干,把这当成乐趣,那就能成为优秀的工人。"

他高兴了，以后心地更加善良，愿意帮助别人，也愿意为班级做好事。班级劳动时，平均每人运500斤土，他一个人挑着担子，来回飞跑，比三个人干得还多。

他也开始逐渐认真学习。过了三个月，他说："我现在开始每天都能完成量化作业了。"又过了一段时间，他说："我的作业已经有将近一半不抄别人的，凭自己的力量写了。"现在，他已学会独立写完日记，写完语文、政治、历史、生物作业。

他的自信心，植根于"长处"的土壤上，一点点地成长起来。

我体会到，在犯错误的学生面前，困难的不是批评，不是指责，更不是数落他的一系列错误，而是找出他的错误的对立面——长处。只有找到了长处，才算找到了错误的克星，才能帮他找到战胜错误的信心的根据地。

【资料来源：魏书生.班主任工作[M].沈阳：沈阳出版社，2000：9.】

教师是进行赏识教育的行为主体，而赏识教育最重要的环节就是发现学生的优点。古人云："数子十过，不如奖子一长。"我们要积极地发现学生的优点，欣赏学生的优点，放大学生的优点，以培养学生的自信心，激发学生学习的积极性、主动性和创造性，从而达到教育的目的。

一、用欣赏的眼光看学生

罗曼·罗兰说："生活中不是缺少美，而是缺少发现美的眼睛。"教师要有一双善于观察、留心生活的眼睛，用欣赏的眼光看学生，积极地发现学生的优点。

常言道："金无足赤，人无完人。"学生也是如此，其个体的差异，或表现在学习方面，或表现在个性方面，或表现在生活习惯方面，不可避免地会存在着这样或者那样的不足。尽管如此，教师也应该用欣赏的眼光去看他们，让他们感受到教师的关怀和爱护，让他们感到教师的欣赏与肯定。

教师用欣赏的眼光看学生，看到的是学生充满了生机与活力，天天都是进步的。在教师欣赏的眼光中，学生变得轻松、愉悦起来，在其乐融融的状态下学习。如果教师用挑剔的眼光去看学生，看到的可能全都是学生的缺点，那么就会觉得教育他们是一件很痛苦的事情。此外，教师挑剔的眼光也会影响学生，让他们也用挑剔的眼光来看教师，并感到学习是一件非常枯燥、乏味的事。

二、帮助学生寻找自身的优点

《学记》中有句话:"教也者,长其善而救其失者也。"其意是指:教师,应当是帮助学生发挥长处、纠正学生学习中的偏差的人。教师要学会"长其善",方能"救其失"。那么,教师该怎么做才能"长其善"呢? 首要的是亲近他们,喜欢他们,做他们的朋友;然后尽力帮助他们寻找自身的优点,培养他们的自信心和成就感。孔雀再美,可转过身,我们看到的只能是它肮脏的屁股;仙人掌虽然刺多,可只要给它养料和时间,也能开出美丽的花儿。

魏书生一直喜欢与后进生打交道,他对于后进生没有排斥,更没有放弃,善于帮助他们寻找自身的优点,促使他们增强自信心,渐渐步入正轨,获得明显的进步。王金战认为每个学生都有自己的优点,都有羞耻心,都渴求成功。于是,对于学生,尤其是后进生,他就拿着"放大镜"去寻找他们的优点。因为他知道,可能与缺点相比,他们的优点要少得多、小得多,但是只要找到并发掘出来,它们也可以像钻石一样耀眼、发光。

作为教师,要坚信每个学生都有自己独特的优点,没有"十恶不赦"的缺点。尤其对于那些看似没有优点的学生,教师要帮助他们寻找自身的优点,并加以放大。这样,教师往往很容易得到学生的尊敬与喜欢,学生也往往听从教师的教导。

策略二 耐心等待,学会宽容

教育的魅力在于难以用一种教育方法对待所有学生,因为除了爱心以外,还需要耐心,耐心很能考验一个教育者的智慧。"当你学会了宽容,便能领悟生命的真谛,洞察人性的弱点,走出生命的盲区,成为生活的智者。"吴正宪[①]老师深谙其中奥妙。

再加一个"0"

在"分数的初步认识"这一课上,我请部分学生到黑板上用画图的方式表示自己心目中的一半。学生按照自己的想象,画出了不同的1/2图。

"同学们,你们知道有一种非常科学简单的表示方法吗?"在学生们七嘴八舌的猜测中,我自然而然地引出了1/2的概念,然后问:"那你看1/2能不能代表你们画的这些图的意思呢?""如果你认为它可以,就把你画的图擦掉,如果你认为1/2没有你画

---

① 吴正宪,数学特级教师,全国模范教师。

的图漂亮或不能代表，可以不擦掉。"多数学生都擦了，只有几位学生没有擦。没关系，我等待着，让他们慢慢去体会。

在临下课前，我安排了一个环节，请两个学生到黑板前用画图的方法来表示5/100。画着画着，一个男孩对老师说："画不了了，太麻烦了。"我问："那你说是画图好还是分数好？""分数好。"看来他是真的体会到分数的价值了。另一位女学生还在埋头画她的5/100，我又在分母上加了一个"0"，变成了5/1000。微笑着对学生们说："她愿意画就画吧。"5/1000该怎么用画图表示呢？就让女孩继续想吧，最终她会感悟到用分数表示这个关系是又准确又简单的。

【资料来源：吴正宪. 分数的初步认识教学案例［EB/OL］. 小学数学案例反思网. http://www.52fansi.com/shu/201205963.html.】

在传统的课堂教学中，教师的思想是不容置疑的；相反，来自学生的任何不同声音，都会被认为是危险的异端而被教师好心地"纠正"。其实，对于学生在课堂上的歧见，教师不妨宽容一些，留给学生思考的时间和空间。这样，学生才会敢于展现真实的自我，勇于正视自己的不足，迸发出智慧的火花。一个教师之所以博大，就在于它告别了强迫学生认同的习惯，学会了等待，学会了宽容。

一、尊重学生思考的权利，允许学生有不同见解

在教学过程中，教师应改变过去那种"教师绝对权威"的作风，对师生之间在期望、目标、观点上出现的一些不同意见，应该采取宽容的态度对待和处理。作为教师，承担着教育的使命，对学生不成熟的乃至错误的思想认识负有引导的责任。其实，学生的不成熟乃至错误是一种成长现象，其中往往包含着求新求异的因素，教师倘若一味扼杀便很可能掐断了学生创造思维的萌芽。另外，教师宽容学生的不成熟和错误，意味着教师真诚的信任和热情的期待：相信学生会在成长的过程中超越自我，走向成熟。

教师的宽容，说到底仍然是尊重学生思考的权利，并给学生提供一个个发表独立见解的机会。不要怕学生说错，不跌跟斗的人永远长不大，正所谓"拒绝错误就是毁灭进步"。课堂应成为学生展现自我的舞台，而不只是教师思想的橱窗。如果不许学生说错，无异于剥夺了他们思考的权利。教师要承认学生存在个性差异，引导学生独立

思考,允许学生说"不",甚至鼓励他们说"不",让其充分地展现自我,并以此为契机,激发他们的"灵感",开发潜能,促使其个性自由地发展。

教师要从"说话的强者"变成"积极的倾听者",倾听学生的见解、需求、思想、情感,认识到学生与学生之间的差异。留给学生思考的时间,让课堂成为学生思想之树生长的地方,成为学生心灵散步的百花园。

二、给学生台阶下,维护学生的自尊心

面对学生出现的错误,教师要善于给学生一个台阶下,这其实就是给学生一个情面,创造一个认识自我、改正错误的机会。从教师的宽容中,学生便会感受到教师对他的爱护和人格的尊重。例如,当学生因计算粗心而答错了题时,教师可这样进行教育:"如果你能细心、认真地计算,你会很棒的!"当学生记不住时,教师可以鼓励他:"你已经会背一段了,我相信你也能背出其他的,试一试吧!"当学生考试成绩不好时,教师应含蓄地启发:"你是个聪明的孩子,如果再努力一把,下次不可能再考得这么糟糕的。来,我帮你一块儿找找原因,争取下次赶上来!"这样,教师既给了学生一个台阶下,帮助学生找到了不足,又维护了学生的自尊心。苏霍姆林斯基说:"教育是人与人心灵的最微妙的相互接触。"试想,如果教师没有一颗宽容的心对待学生的错误,而是毫不留情地厉声斥责,或变相予以惩罚的话,教育的效果可能就会适得其反。

教师宽容学生的错误而给学生台阶下,是引导学生进行自我教育的契机。这在表面上看来是"退一步",而实质上却是在"进两步",使教育真正深入到学生的心灵深处,并内化为自觉的行动。给学生台阶下,不啻是"冷却剂",使"热"问题得到"冷"处理,缓解师生的对立和矛盾,这是一种使学生在可接受的情况下"轻松"地受到教育的艺术。

宽容是一种美德,也是一种豁达和挚爱,它如一泓清泉可化干戈为玉帛;宽容是一种深厚的涵养,是一种善待生活,善待他人的境界。宽容蕴藏着一种殷切的期望和潜在的教育动力。在教育教学中,教师懂得宽容学生,往往会取得意想不到的效果。

策略三　创造条件,挖掘潜力

教育学生最好是挖掘其潜力,发挥其特长,增强其信心。美国心理学家马斯洛认

为："人的潜能、个性和价值是高于一切的，人是教育的出发点和归宿，教育的功能就是要助人达到他能达到的境界。"每个人都有进步和发展的潜力，即使作为"学困生"也是如此。教师要让"学困生"有所进步和发展，那么就必须努力创造条件，挖掘他们的潜力。

给学生表现自我的机会

有一天，退休在家的霍懋征①老师接到一个电话，里边传来激动的声音："我可找到您了，您就是我的亲娘啊！"霍懋征一下愣住了，问："您是不是打错电话了？"

"没错，霍老师，您就是我的亲娘，没有您也不会有我的今天。"

"那您贵姓？"

"我姓何。"

"你是何永山。"

"是我，是我。"

何永山上学的时候，是学校里出了名的"淘气鬼"，而且已经留了两年级。上课的时候，随便说话喊叫是家常便饭。课下还经常欺负同学，就是班主任也拿他没有办法。一次开校务会的时候，校领导提出要把何永山送到工读学校。霍懋征一听着了急，就对校长说："您把这个学生交给我吧，学生虽然学习不好，但他还要一辈子做人呢！"校长说："这可不行，我可不能让这学生影响你们的优秀班集体。""请您相信我，看看我们班是否有力量来改变何永山。"在霍懋征的恳请下，校长终于同意她把何永山领走了。

因为两次留级，何永山比其他同学都大，而且身高体壮有力气。一天，霍懋征对他说："永山，你当个组长吧。挑上三个同学，再加上老师，咱们五个人负责打扫班里的卫生区怎么样？"何永山一听先是一愣，然后大声说："行！"从第二天早上开始，何永山每天总是第一个到校给大家准备好笤帚、簸箕，干得非常认真。有一天早上，他扛着一把长把笤帚兴冲冲地走到霍懋征跟前说："老师，您用这把笤帚扫吧。""为什么？"霍懋征有些不解。"霍老师，我发现您的腰有毛病，您用这把笤帚扫地就不用弯腰了。"一个被认为无可救药的学生也会关心别人了。后来，霍懋征又找大队辅导员，希望让何永山参加学校的鼓号队。她还特意给何永山买了白衬衫、蓝短裤。

---

① 霍懋征，全国首批特级教师，教育家。

就这样,何永山逐步地转变了。不但遵守纪律,学习成绩也有很大提高。

【资料来源:汪金友.一辈子当小学教师不后悔——特级教师霍懋征的故事[J].河北教育,2010(11).】

事实上,无论学习成绩如何,学生的心底都是向往班级和老师的温暖的。那些学困生往往更希望发挥所长、表现自我,只不过他们缺少表现的机会。霍懋征老师让学困生何永山当小组长,给了他一个表现自我的机会,这无疑是挖掘了他的潜力,从而促使他逐步转变。可见,教师应善于创造条件,挖掘学生的潜力,让学生表现自我,体验到成就感,进而树立自信心,培养学习的兴趣。

一、设置相应的班级职务,满足学生的表现欲

在生活中,谁都想表现自己,而别人肯定自己的成功则会让自己产生幸福感。中小学生由于其活泼的天性,其表现欲就更强烈。在教学实际中,如果教师能够挖掘学生的优势,满足学生的表现欲,就能够以此打开突破口,激发学生的学习动机。对于何永山这个出了名的"淘气鬼",其他教师都觉得已经无药可救了,学校也准备放弃努力了,但是霍懋征收下了他。霍懋征根据何永山"身高体壮有力气"这个优势,让其担任班里一个卫生小组的组长。霍懋征这一做法,体现出了对何永山这个后进生的赏识,通过创造条件使其表现欲得到满足,从此对学习产生了动力,提高了学习成绩。其实,在一个班里,难免出现不少"后进生",但他们的身上总会有这样那样的优势。教师不妨挖掘他们的优势,设置一些相应的班级管理职务让他们担任,使他们得以表现自己的才能,从而培养自信心和进取心。

二、开展竞赛活动,让学生展现自己的风采

有一句话说得好:"天生其人必有才,天生其才必有用。"有些学习好的学生,以自己的优良成绩实现了自己的愿望,在学习上得到了表现自己的机会,这会促使他们更加勤奋、上进,巩固已有的成绩;而成绩差的学生,在学习上不能获得成功,表现的欲望不能实现,心理上就会出现消极因素,这时他们需要在其他方面去寻找表现。在平时,教师应该要全面了解学生的个性、特长、爱好、兴趣等,比如有的学生写作好,有的学生唱歌好,有的学生书法好,有的学生画画好等,各有所长。教师可

通过开展竞赛活动的形式，让他们展现自己的风采，从而在某一方面脱颖而出，以此获得成就感，从而树立自信心。而后，通过鼓励把学生的积极性引导到学习上来，并以此作为突破口，促使学生全面进步。

三、提供自我表现、相互交流的机会，让学生积极参与课堂学习

苏霍姆林斯基指出："在人的心灵深处，都有一种根深蒂固的需要，就是希望自己是一个发现者、研究者、探索者，而在孩子的精神世界中，这种需要特别强烈。"在课堂教学中，教师要把握学生的心理特征，为他们动手、动口、动脑提供足够的素材、时间和空间，为他们自我表现和相互之间的交流提供多种多样的机会，使他们能够自主探究，合作交流，积极地参与到课堂学习中来。由于学生之间的差异是客观存在的，因而教师要真正面向全体学生，深入了解学生的实际情况，预想学生学习中的各种反应及将遇到的困难，课堂上提供适合各个层次学生的问题信息，创设新颖有趣的情境，设计难易适度的练习，使不同层次的学生都能感受到成功的喜悦。体验到学习的乐趣，从而积极主动地去学习。

> **策略四**　赏识评价，向往成功

赏识和惩罚可以强化或弱化学生的外部行为，事实说明，赏识更能激发学生的上进心，惩罚则能约束学生的放纵行为。但有的家长夸大了惩罚的作用，对学生动辄惩戒，这是不妥的。诚然"没有惩罚就没有教育"，必要的惩罚是约束学生放纵行为的有效手段，但是如果过于苛刻，严厉，反而会事与愿违。最明显的弊端是挫伤学生的自信心。学生的认识能力、自我意识和评价能力较低，如果他总是听到教师的呵斥，往往会形成自我否定的心理定式，容易形成胆怯、自卑、孤僻等不良心理品性。

奖赏可以强化某种良性行为，应给予学生赏识评价。总有一根手指，可以拨动他们的心弦；也总有一种肯定，可以激发他们向往成功。

如何让差生女儿考上复旦大学

担任上海闸北八中校长的刘京海[1]认为,"成功才是成功之母",主张激发学生的自信心和积极性。刘京海的女儿就曾是差生,但最终考进了复旦大学。刘京海到底是怎样教育女儿的呢?

在一次闸北八中的教师大会上,校长刘京海满脸忧虑:"有些老师说,一二年级狗熊、英雄分不清,三四年级开始分清了。于是师生们与父母纷纷瞪大眼睛找狗熊,结果越找越多。"话说得有趣且深刻,教师们会心地笑了。刘京海继续说道:"三四年级的学生正处在自我概念形成的关键时期,学生的自我评价实际上是从成人那里得来的,如果家长老师天天骂学生笨,摧毁了学生的自信心,孩子自然就成了狗熊。"

开完会,刘京海回到家,妻子施月芳却告诉他一个坏消息:女儿思灏的考试成绩在班里倒数第10名!刘京海站在厨房里发呆:天啊,女儿也成了狗熊?在学龄前刘京海便开始循序渐进地培养女儿良好的学习习惯,思灏的成绩也一直很好,没想到才三年级,竟也成了狗熊!问题出在哪里?

家庭教育误区最多,莫不是父母不经意间的一些话,伤了女儿的自信心、影响了女儿的学习成绩?刘京海突然心中一激灵:有一天,女儿在家里边写作业边唱歌,正写论文的刘京海听了心烦,头也不抬地说:"妹妹,你唱歌可真难听!"女儿从此再也不唱歌,也就真的不会唱歌了。刘京海十分愧疚:在学校,自己对老师一再强调要称赞学生;而回到家,自己却很少表扬女儿。

这天晚上,刘京海让女儿把数学试卷拿过来,一一指着上边的试题问:"你会做吗?"小思灏点头:"因为马虎才得了82分。"刘京海说,既然你全会做,那我把分数还给你,他郑重地在卷面上写了100分。

小思灏的眼睛亮闪闪的,兴奋地拿出语文试卷。作文的题目是《可爱的玩具》,要求写出玩具的名称、玩法和玩的效果。刘京海认真读女儿的作文,脸上露出满意的微笑,还摇头晃脑地读出声。他对妻子说:"你看这开头,语言流畅,充满诗意。"小思灏一脸疑惑:"爸,我作文才得了20分!"刘京海说:"那是因为本来有三项要求,

---

[1] 刘京海,中学特级校长,教育心理学特级教师。

你只写了玩具的玩法，没写名称与玩的效果。"父女聊得十分开心。刘京海问："你觉得以你的实力，在班里成绩应该排多少名？"女儿想了想说："前10名。"刘京海和女儿拉钩："英雄所见略同！"

一个多月后，施月芳再去开家长会。老师拉住她的手，不停地感谢："谢谢家长配合，思灏的成绩已进入前10名！"

【资料来源：柳风. 成功教育家刘京海：如何让差生女儿考上复旦[J]. 家庭，2006(1).】

赏识性评价在教育教学中具有重要的意义。当学生获得尊重和肯定性评价的时候，他们的情感需求就得到满足，自我实现的需求也得到满足，这无疑会增强他们的自信心，激发他们学习的兴趣，促进他们继续努力，达到成功的目标。

一、由衷赞美，真诚鼓励

对学生的学习活动进行恰当的肯定和赏识或许是每个教师都拥有的基本素养；但关键是这种肯定和赏识是否是教师发自肺腑的由衷之言，是否是教师真诚的赞美之情的自然流露。莎士比亚说："赞美是照在人心灵上的阳光，没有阳光，我们就不能生长。"在教学中，教师用心发现学生的长处，然后由衷地说一句赞赏的话语，诸如："你真行！""你好棒！"……学生会深受鼓舞，信心倍增。如果说及时的肯定、巧妙的启发能活跃课堂气氛、提高教学效率的话，那么由衷的赞美、真诚的鼓励能影响学生的一生发展。俗话说："良言一句三冬暖，恶语伤人六月寒。"在教学过程中，教师应多一点赞美，少一点挖苦；多一点表扬，少一点批评；多一点肯定，少一点否定；让每一位学生在赏识教育中体会成功的喜悦。

二、无声语言，温暖心灵

无声语言指的是教师在教学过程中通过亲切的笑容、赞许的目光、热情的手势、温暖的抚摸等无声鼓励，促使学生热爱学习，产生兴趣，树立信心。这些看似无声的鼓励，恰恰是学生所期待的、追求的。在课堂上，教师的无声语言也是对学生的一种赏识，会让课堂充满生机和活力，产生奇妙的效果。学生不会再因为回答问题而惧怕，不会再因为成绩差而感到灰心，不会因为上课而感到枯燥。在这样和谐的氛围中，学生

身心愉悦,思维活跃,积极参与,畅所欲言。"要给孩子一个批评,就要给孩子十个鼓励。"赏识鼓励是教育的成功之母,很多时候好学生是夸出来的。可见,教师在课堂上应多运用些无声语言鼓励学生。

三、把握时机,适当肯定

新课程背景下,有的教师盲目跟风赏识评价方式,一味赞赏,滥用表扬。结果,一堂课下来好评如潮,掌声不断,以至于表扬变得廉价,学生产生惰性,评价失去了应有的激励作用。因此,对学生进行赏识评价,教师应以发展的眼光看待每一个学生,注意把握好表扬学生的时机,在学生解决难题或取得进步时给予适当的肯定和赞许,让学生体验到成功的喜悦,从而产生积极的情感体验和浓厚的学习兴趣。让每一个学生在教师的赏识中快乐成长,帮助学生认识自我、建立自信,从而促进学生的和谐发展。

智慧点津

如何让孩子在赏识教育中重塑自信

一、赏识教育的内涵

"赏识教育"是依据人渴望得到赏识的本质需求,教育者对受教育者施以信任、尊重、理解、激励、宽容、提醒的一种教育理念或教育方式。赏识教育也称"成功教育",通过欣赏和赞扬受教育者的优点来进行教育,也就是通过调动受教育者的非智力因素即情感、动机、兴趣、意志和性格等来进行教育。[①] 赏识教育的理论基础建立在"学生人人都是可造之才"这一现代教育理论和"爱的需要是人的第一需要"这一现代心理学理论基础之上。由于学生身心发展还不成熟,在自我评价方面缺乏独立性和客观性,在心理上表现出向师性的特点,教师对他们的评价成为其自我评价的主要依据。因此,教师就有必要对学生进行赏识教育。在赏识教育中,教师以尊重学生的个性人格为基础,以寻优赏识为主要的教育方式,培养学生的自信心,激发学生的潜能,并且教会学

---

① 秦桂宝.我的赏识教育观[J].文教资料,2005(5).

生赏识、尊重他人,建立民主、平等的师生(亲子)关系,营造轻松、愉快、和谐的教育氛围,从而促进学生身心健康发展。

二、赏识教育的作用

(一)培养学生的自信心

歌德说过:"人类最大的灾难就是瞧不起自己。"日本教育家田畸仁经过调查发现,有三分之一的学生是因为缺乏自信心才导致学习成绩不理想。可见,在学生的学习中,自信心显得尤为重要。自信心是学生学习和生活成功的精神支柱,它是学生前进的动力。自信心强的人,往往对学习、对生活信心百倍,干劲十足,也容易取得成功。但是,学生的自信心不是天生就有的,而是在后天的生活实践和学习中培养起来的;而赏识在自信心的培养中起了不可估量的作用。从心理学角度上讲,渴望赏识与关注是每一个学生的心理需求。学生只有得到赏识,才能拥有自信心;而拥有了自信心,才会产生"我能行"的心理暗示,变得积极进取,勇于克服困难。

(二)激发学生的潜能

哈佛大学教授霍华德·加德纳指出:"在不同领域,不同行业,人们取得成功所需要的才能和智慧是不一样的。几乎每个孩子都有自己擅长的一种或几种才能。"其实,每个人都有潜能,但在学生整个成长的过程中,往往都没有很好地被激发出来。学生只要能发挥出各自的智能优势,就会开发出巨大的潜能,都可以走向成功。教师是学生潜能的发掘者,对人的智力开发起奠基作用。现代教育提倡把每一个学生的潜能给充分地认识和挖掘出来,使每一个人都各尽所能,各尽其才,潜能得到真正发展。赏识教育是肯定和激发学生的潜能的教育。美国心理学家威廉·詹姆斯发现,一个没有受过激励的人仅能发挥其潜能的20%～30%,而当他受过激励后,其能力是之前的3～4倍。[①] 王金战说:"我的眼中没有差生。"2003年他所担任班主任的高三(12)班有55人毕业,10人被耶鲁大学、杜克大学、剑桥大学、牛津大学、东京大学、帝国理工大学全额奖学金录取,37人被清华大学、北京大学录取,班级被评为"北京市先进班级"。王金战在教育上的巨大成功就得益于通过赏识教育激发学生的潜能,让学生在教师的赞许中逐渐形成肯定自我的意识,增强成就动机,努力实现自己的目标。

---

① 张学峰,骆高远.中小学实施赏识教育的困境及对策[J].当代教育论坛,2010(7).

（三）促进学生的身心健康发展

赏识教育更符合当代中小学生的心理需求。当代中小学生有理想，有抱负，并富有个性。面对来自家庭、社会和学校等各方面的压力时，他们往往也表现出不同程度的性格缺陷——任性、固执、思想波动大、缺乏责任感等。他们在成长过程中有种本能的叛逆，对空洞抽象的说教十分厌倦，他们渴望尊重、理解和友谊，希望在一种宽松的环境中愉快地学习，幸福地成长。针对学生的这些特征和心理需求，教师只有通过赏识教育去理解学生，尊重学生，引导学生，对学生成长过程中的每一个进步都及时予以肯定，才能建立起融洽、和谐的师生关系，激发学生的求知欲和上进心，促进学生的身心健康发展。周弘首倡赏识教育，并孜孜不倦地探索着。在赏识教育的鼓励和引导下，周弘的女儿——一生下来就双耳全聋的周婷婷快乐健康地成长，3岁半开口说话并学习认字，6岁认识了两千多汉字，进普通小学，并跳了两级；8岁背诵了圆周率小数点后一千位，打破了当时吉尼斯世界纪录；11岁被评为"全国十佳少先队员"；16岁成了中国第一位聋人少年大学生，23岁成为中国第一位在美国获得硕士学位的聋人留学生，24岁考入波士顿大学攻读博士学位。周婷婷创造了一个又一个奇迹，被誉为中国的海伦·凯勒。周弘不仅将周婷婷培养成了留美博士生，而且培养了一大批"周婷婷"，被新闻媒体称为"周婷婷现象"。这就是赏识教育的巨大作用。

三、赏识教育的原则

（一）赏识教育要维护学生的尊严感

赏识，其本质是爱。赏识教育首先要尊重学生的生命，关爱学生的生命，维护学生的尊严，苏霍姆林斯基的一个著名口号是"要让学生都抬起头来走路"。他说："只有教师关心学生的人的尊严感，才能使学生通过学习而受到教育。"马斯洛的需要层次理论也告诉我们，如果学生得到教师的关爱、赞扬和激励及同学之间的彼此尊重，就有强烈的动机在学习生活中做得更好。赏识是对生命的尊重，生命因赏识而精彩。陶行知在这方面为世人做出了榜样。他亲切地称儿童为"小朋友"，这个称呼也一直沿用至今。他以责问的口气来批评那些说"小孩子懂得什么"的教师，他说："在这个态度下，牛顿是被认为笨伯，瓦特是被认为凡庸，爱迪生是被认为坏蛋。"他还说："你这糊涂的先生！你的学堂成了害人坑！你的墨水笔下有冤魂！你说瓦特庸，你说牛顿笨，你说像个鸡蛋坏了的爱迪生。若信你的话，哪儿来的蒸汽机？哪儿来的电灯？哪儿来的微积分？"

从中，我们可以深刻地体会到陶行知那种维护儿童人格尊严的精神。[①] 在赏识教育中，教师对学生的尊重和关爱是不可缺少的。有时，教师一句关切的问候、一个爱抚的动作、一次平等的交流，都能让学生的内心感受到温暖，再次树立学习的信心，扬起积极生活的风帆。

(二)赏识教育要尊重学生的个性差异

赏识教育是承认差异、允许失败的教育，是正向关注、积极引导、不轻易放弃、相信成功的教育，是相信每个人都可以通过自己的努力不断成长的教育。德国教育家第斯多惠指出："不信任人的天性，就不可能有成功的教育。一切教育都应当适应每个人的个性特征。"教师应尊重学生的个性差异，用赏识的目光、激励的眼神去看待每个学生，让他们充分认识自我，完善自我。每个学生都有进步的要求，有对理想的最好的憧憬，甚至为这些憧憬曾准备奋斗或正在奋斗，这时候，如果他们得不到赏识，也许就会畏缩不前或是自暴自弃。教师不仅要赏识聪明的学生，更要关注后进的学生。相对于聪明的孩子，后进的学生所受到的关注、表扬较少，他们在认识上滞后、思维上僵化、行动上表现为孤僻与不合群。这时，教师对他们的要求不能整齐划一，而要应尊重他们的个性差异，做到因材施教，对不同的学生提出不同的要求，采用不同的教育方法和手段，让每个学生都感受到成功的快乐。李镇西提出"民主教育观"，他说："民主教育是尊重个性的教育；尊重个性，就是要尊重学生的主体性，尊重学生发展的主动性，承认他作为个体的差异性。"李镇西懂得尊重学生的个性差异，用爱心呵护学生，使学生都获得积极向上的力量，健康成长。

(三)赏识教育要持之以恒

"十年树木，百年树人"，教育是一个长期的系统过程。教师要培养出优秀的学生，好的教育方法和手段固然重要；但要获得最后的成功，还需要持之以恒的赏识教育。教师实施赏识教育更需要持之以恒。有人说："我也实施赏识教育，可是表扬只起一阵作用。"这就是因为赏识教育没有坚持到底。教师如果不间断地进行赏识教育。学生在持续的表扬和鼓励中会不断地增加信心，获得进步，提升和完善自我。此外，坚持意味着宽容和耐心。教师在教育学生中难免遇到不少的困难和障碍，这是一个长期的、

---

① 方明.陶行知教育名篇[M].北京：教育科学出版社，2005：8.

曲折的解决矛盾的过程。[①] 教师要想坚持下去，就必须有宽容和耐心的精神，在学生反复出现缺点中进行赏识教育，这样才能达到预期的教育效果。

四、走出赏识教育的误区

(一)赏识教育不是表扬教育

赏识不是表扬，如果教师把赏识教育误当作表扬教育，甚至不顾学生的实际情况，一味地盲目表扬，那么就容易使学生形成不恰当的自我评价，产生不切实际的想法，结果欲"爱"反"害"，事与愿违。赏识和表扬是有区别的。赏识是认识到别人的才能或价值而予以重视或赞扬；而表扬是对好人好事公开赞扬，即对行为的赞扬。赏识包括爱、理解、尊重、信任、认同、接纳、宽容、鼓励等；而表扬是赏识的一种外化手段、一种具体的教育方式，说到底只是一种评价，基本是通过语言（也包括身体语言）来传达态度。这是不同的概念。把赏识等同于表扬，是将赏识当作了一种手段，这是不正确的。赏识包括表扬，内涵比表扬丰富，它的外延也大于表扬。教师要真正做到赏识教育，仅有表扬还不够，还要有关爱、欣赏，从内心真正地爱学生，用欣赏而不是抱怨的态度去对待学生，以信任而不是怀疑的心理来相信学生可以变好。

(二)赏识教育不排斥批评

有人认为，赏识教育就是一味地表扬和鼓励孩子，不能批评和惩罚。实际上，这是一种误区。单纯的赏识将造成教育的灾难。在教育中，如果教师只是重视学生的优点和长处，而忽视学生的缺点和短处，当学生犯了错误时没有批评指正；那么，长此以往，学生将会无法建立正确的是非观，将来也很难接受批评意见，更无法面对挫折和失败。因此，赏识教育并不排斥批评。赏识和批评都是教育手段，提倡赏识教育，并不否认批评在教育过程中所起的作用。批评是对学生的一种挫折教育，也是一种必要的手段。现在，大多数学生是独生子女，家里对其百依百顺，过分溺爱，有些学生养成了自私自利、任性乃至放荡不羁的性格，心理十分脆弱，对困难和挫折的承受能力差。要想让学生健康成长，挫折教育是不可缺少的，无论是家庭还是学校都应该对学生进行挫折教育。一个没有受过挫折教育的学生是十分危险的，即使成绩再优异，也没有了意义。

---

① 李春燕，黄文刚.再谈赏识教育[J].现代企业教育，2011(18).

教师的批评就是一种挫折教育，不但可以帮助学生认识到缺点和错误，而且能培养学生面临挫折时的坚定意志和战胜困难的勇气。

(三)赏识教育不是万能的

赏识教育不是万能的。如果教师为了赏识而赏识，一味强调甚至是放大赏识的效应，将会适得其反。教育是极其复杂的过程，每一个成功教育范例的背后都饱含着无数的心血，而任何教育方式都有它的利弊。赏识教育要注意应对三种不适宜的情况：第一，有的学生不宜一味赞赏。少数学生既缺乏道德义务感，又缺乏学习责任感，对这样的学生，虽应适当施加期望效应，但更应让他明确义务要求，端正价值观念。第二，对较自负、易骄傲的学生不宜过分赞赏，而更多是要提醒他们戒骄戒躁。第三，对自尊心强但学习成绩差的学生也不宜有不当赞赏，对这类学生不恰当的赞赏，很可能反被认为是嘲讽，从而动摇他们学习的信心；因此对这类学生应尽可能创造表现的条件，让其体验成功的喜悦，促使其健康和谐地成长。[①] 赏识教育应当讲究艺术性，该赏识的时候赏识，不该赏识的时候不赏识；而当教育对象出现问题时，不适宜赏识就不能赏识。

名家锦囊

之一：周弘(中国赏识教育首倡者、国际赏识教育学会终身名誉会长、原中央教育科学研究所特聘家庭教育专家)

赏识教育源于父母教孩子"学说话、学走路"成功率百分之百的教育现象，是这个教育过程中的"承认差异、允许失败、无限热爱"等奥秘的总结赏识。赏识教育是人性化、人文化的素质教育的好理念。它是实现自身和谐、家庭和谐、亲子和谐、团队和谐的秘方；是和谐社会的细胞工程。就精神生命而言，每个孩子都是为得到赏识而来到人世间，赏识教育的特点是注重孩子的优点和长处，逐步形成燎原之势，让孩子在"我是好孩子"的心态中觉醒；而抱怨教育的特点是注重孩子的弱点和短处——小题大做、无限夸张，使孩子自暴自弃，在"我是坏孩子"的意念中沉沦。不是好孩子需要赏识，而是赏识使他们变得越来越好；不是坏孩子需要抱怨，而是抱怨使坏孩子变得越来越坏。

---

① 王洪珍.走出赏识教育的误区[J].江西教育科研,2001(9).

之二:[苏]瓦·阿·苏霍姆林斯基

如果你想做到使儿童愿意好好学习,使他竭力以此给母亲和父亲带来快乐,那你就要爱护、培植和发展他身上的劳动和自豪感。这就是说,要让儿童看见和体验到他在学习上的成就。不要让儿童由于功课落后而感到一种没有出路的忧伤,感到自己好像低人一等。儿童的乐观精神、他对自己力量的信心——这是一条把学校和家庭联系起来的牢固的绳索,是一块吸引父母心向学校的磁石。一旦儿童对世界的乐观主义的感受遭到破坏,那么学校和家庭之间就筑起了一道铜墙铁壁。

之三:魏书生

转变后进生问题时有六字秘诀:尊重、关心、感化。要发展学生人性中美好的一方面,抑制淘气的细胞。对待后进生千万不要总提醒他"差"的那根神经。怎么办呢?要想办法发现他人性中美好的一面,想办法找出他的优点,使他的优点软化他的"抵抗力"。这样,你再说什么他就肯听了。

第三讲　确立目标，坚定信念

　　目标通常指人们在社会活动过程中期望达到的目的，它是由人们的需要按一定规律转化而来的。目标是个人动机的重要组成部分，目标一旦形成，就是人们生活、学习和工作的巨大动力。没有心中的灯塔，人生将是漫无目标的心理航程，搁浅和触礁就在随意间；而一旦有了人生的目标就像有了夜航的灯塔，照亮航程，勇往前进。学生，只有具备明确的人生目标，学习生活中才有明确的方向，并产生学习的动力，不断地朝着自己的目标努力奋斗。但是，现实中，不少学生学习的主动性、积极性不高，对学习缺乏兴趣，没有把主要精力放在学习上，认识不到学习的作用和意义。归根结底就是缺乏学习的动力。那么，教师帮助学生确立明确的人生目标，使学生树立坚定的信念，无疑是激发学生学习动力的有效方法之一。况且，这样的学习动力是一种稳定持久的内在动力，是学生发自内心的积极主动学习的因素。因此，教师应当看到人生目标的确定对学生学习和成长的重要意义，帮助学生确立明确的人生目标，并具体分解为多个阶段性学习目标，激励学生为之刻苦学习、努力奋斗。

李镇西：让学生的思想飞翔

　　1985年春天，我班上转学来了一个男生，名叫程桦。

　　我毫不掩饰自己对这位学生的喜爱，这种喜爱并非宠爱，而是一种精心雕琢的欲望。这种欲望使我细心观察并认真分析了程桦的优势和不足：他天赋较高，反应很敏捷，对知识的接受能力很强；比起同龄人，他有着较强的自我控制能力，而且他身上保持着十分淳朴的本色，没有一般优秀学生的矜持和傲气。但是，他的不足也是明显的——可能是由于长期生活在边远落后的地区，他的思维不够开阔，知识面相对较窄，比起他扎实的知识基础，他的能力特别是创造能力明显较弱。显然，仅就学习成绩特别是分数而言,程桦当然是一个"尖子生",然而作为未来社会需要的高素质人才,他还有着不小的差距。

我从谈心入手。在学校操场的环形跑道上,我常常和他一圈又一圈地散步。我们交谈的内容十分广泛:学习、生活、我的学生时代甚至童年趣事、他的志趣和理想,也包括当时国内外的热门话题,比如中曾根访华、"挑战者"号失事、夏时制的利弊、步鑫生的沉浮……在这一次次平等愉悦的谈心过程中,我不知不觉走进了他的心灵,他也由衷地把我当作最尊敬也最信赖的师长。

我并没有直接向他大谈"志向""能力""责任感"之类的字眼,我是努力通过我们之间的心灵交流,把他的视野引向广阔的空间。

除了谈心,我还给他推荐书籍。程桦特别爱看书。几年间,他陆续从我的书架上借走了《马克思的青年时代》《周恩来传略》《徐悲鸿一生》《历史在这里沉思》《傅雷家书》《超越自我》《长征:前所未闻的故事》《将军决战岂止在战场》《第三次浪潮》……

渐渐地,他对集体活动和班级事务热心起来,并有意识地锻炼自己各方面的能力。他第一次崭露头角,是在我班为纪念鲁迅先生逝世 50 周年而举办的"思想节"上。也许从讲演技巧的角度看,这段演说还略显幼稚和生硬,但如果我们知道程桦此刻还只是个 13 岁的初二学生,我们就不得不佩服他的勇气了。作为他的班主任,我更赞赏他在准备时的认真态度:仅仅为了这段不太长的演说,他硬是半懂不懂地读了好几遍《共产党宣言》和《青年在选择职业时的考虑》。无疑,通过参加这样的活动,程桦所得到的能力锻炼和思想提高是相当大的。

又一届班委改选了。我鼓励程桦竞争班长。结果在四位竞选者中,程桦当选为班长。

临近初三毕业之际,程桦代表学校参加了乐山市中学生现场作文比赛。

这次作文比赛的题目是临场抽签决定的,程桦抽中了《从夏时制说起》。程桦在有限的时间内,充分调动自己的思想积累和表达能力,写了一篇令评卷老师拍案叫好的佳作,一举夺得那次作文大赛一等奖的第一名。

时间进入高一,程桦的成长也进入了一个"多事之秋"。

在一个星期六的夜里,大概已经十一二点了吧,她的母亲焦急万分地叩开了我的寝室门(程桦的父母已在一年前调到乐山一中):"李老师,程桦他……他……出走了!"

我一惊,连忙随她赶到她家。原来,这天傍晚在饭桌上,他母亲不停地告诫他"要专心学习""不要分散精力""特别要注意和女同学的交往"等,说得程桦心烦,总觉得母亲不信任自己，就和母亲顶了起来，父亲见状，便骂了他几句。程桦一气之下，丢下饭碗，便冲出了家门。

第二天，我与程桦整整谈了一个下午的心。虽然他口头上承认自己错了，并答应向父母道歉，保证今后不再出走，但我感觉得到，他是出于对我的尊重或者说怕伤了我和他的感情才这样表态的，而内心深处并没有真正想通。

从程桦在班上的表现来看，他的成长也的确进入了一个"多事之秋"：上课特别爱说话，常常被老师批评；下课更是无比活跃，有一次在教学区内踢足球，竟把教室玻璃窗砸碎了（事后他主动来找我认错）；学习也不如以前抓得那么紧了，作业也开始有敷衍的时候；最让我着急的是，不管他自己意识到没有，客观上他开始给人一种骄傲的印象。

我感到程桦不如过去那么"纯"，甚至有点"油"了。

正在我和他的父母担心的时候，程桦的半期考试一下跌落到了班上第 24 名——要知道，从我教他以来，他的学习成绩从来都是班上乃至年级前三名啊！

半期考试后的一次全校集会，我班的纪律不错，可程桦居然在座位上又说又笑；我给他递了好几次眼色，不知是他没看见还是看见了不理睬，依然谈笑风生。我一怒之下，大喝一声：

"程桦！站起来！"

他一愣，随即狡辩道："我又没有违反纪律！"

我更加怒火中烧："我叫你站起来！"

他不吱声了，可一动不动，丝毫没有要站起来的意思。

我一气之下，走到他的旁边，一把把他拖了出去，让他站在过道上！

于是，在全校一千多名师生的众目睽睽之下，程桦以这种方式被"亮相"了。

曾被人誉为"神童"的程桦，什么时候受过如此"奇耻大辱"？果然，全校集会一结束，我正准备和他谈一谈的时候，他便和我大吵大闹起来：什么"我并没有违反纪律"呀，什么"你冤枉了我"呀，什么"你成心让我出丑"呀，等等。

见他情绪激动，我知道是谈不出什么结果的，便对他说过几天再谈。他却倔强地说："没什么好谈的！"

我决定利用这次冲突，和他进行一次认认真真的心灵交流。几天后，我把他请到我的家里……

当时谈心的具体细节我已记不清了，但基本的谈话要点，我至今没忘。

我和他谈起了我的中学时代。我和他谈得最多的，是"超越自我"这个话题。我列举了许多杰出人物的事迹后说，古今中外一切有作为的人，无一不是在青少年时代便比同龄人更加成熟。这个"成熟"，一方面是指目光远大，富有理想；另一方面则是表现在能够同自己的弱点作痛苦而顽强的斗争，所谓"战胜自我"就是这个意思。孟子说："天将降大任于斯人也，必先苦其心志，劳其筋骨，饿其体肤，空乏其身……"意思是身处逆境，能够锻造一个人的巨人品格，能够造就一个时代英雄。但是处于丰衣足食的和平时期，青少年哪里去找"苦其心志，饿其体肤"的机会呢？我认为，这就只有靠在"战胜自我"中超越自我！如果"顺其天性"，放纵一下，懈怠一下，甚至"潇洒走一回""游戏人生"，这不是不可以"理解"的。"但是——程桦，你应随时提醒自己，别人可以这样，我不可以，因为我今后是要干一番大事业的人！这是李老师对你的希望，也是你父母对你的希望，更是我们的国家对像你这样的学生的希望啊！"

这以后，程桦的发展当然也有过反复和曲折，但总的趋势是良好的。特别让我欣慰的是，程桦的思想之翼在重新起飞后，变得更加矫健，他富有个性的思想在继续飞翔：《血的证言和泪的反思》《读〈神圣忧思录〉有感》《对教育投资的担忧》《做平凡岗位上的伟人》……一篇篇文章闪烁着思想的火花，令我和同学们赞赏。

从高一下期起，程桦的学习成绩再次名列年级前茅；到了高二，他担任了班上的学习委员；到了高二下期，他当选为学校团委副书记，并被评为市级三好学生；最后，到了高三毕业的1990年，他因品学兼优而被北京大学免试录取。四年后大学本科毕业时，他又因发展全面、成绩优异而被保送读本校研究生，专攻美国经济。今年春节，程桦携女友来看我，送我一本书：《微软的秘密》。我翻开扉页，上面赫然印着："翻译程化等人"。——当年的"程桦"现已更名"程化"了。

【资料来源：李镇西. 做最好的老师［M］. 北京：文化艺术出版社，2011. 本文略有删节】

让学生有坚定的信念，平和的心态，激情的行为，并朝着明确的人生目标奋进，这需要飞翔的思想。教师教育学生，不但要教育他们如何为人，更要教育他们有理想，有志向，有目标，并且不断超越自己。如果学生树立了远大的理想、明确的目标、坚定的信念,那么他的内心就会充满巨大的动力,勇于克服各种各样的艰难困阻,努力地把事情做得越来越好,而他自己也就变得越来越完美,最终成为能够为社会贡献力量的有用之才。这,要得力于教师的激励教育和人生引导。

一、激励学生坚定人生信念

任何人要想有所成就,都必须有追求的目标和坚定的信念。教师应该让学生明白,若要有所作为,就必须有坚定的信念,并且不断给自己设定追求的目标,这样才能不断增强学习的动力,才能不断进行自我挑战,提高自己的综合素质。教师的平庸容易造成学生的平庸;同样,教育的笨拙,容易制造笨拙的学生。很多教师埋怨学生喜欢空谈理想,懒惰难为;或者批评学生怯于挑战,不敢作为。其实,优秀学生之所以能成为优秀学生,除了本身外,很重点的一点就是:教师善于发现他们的优点,挖掘他们的潜力,并有效地激发他们永不止境的追求与毫不动摇的信念。李镇西对程桦的教诲不倦是令人佩服的。程桦从一般学生到优秀学生,到优秀班干部,到优秀创业者,都离不开李镇西的激励、鼓励和鞭策。李镇西热爱教育,更热爱学生;对教育充满着激情,对教育更富有艺术。李镇西的教育着眼点不在于分数提高,而在于思想提升,他的出发点就是"让学生的思想飞翔",促进学生坚定信念,不断超越自我。程桦在李镇西的引导下,不负众望,朝着设定的目标不断追求,不断创新,不断超越,读北大,攻硕士,翻译著作,最后成就了自己。李镇西如此激励学生坚定信念,执着追求,促其奋进,动力十足,不仅是"经师",更是"人师"。

二、引导学生树立正确人生价值观

人生观被认为是对人生的意义和目的根本观点。它从根本上决定着个体的道德品质及其一生的发展方向。人生价值观是指人对客观事物的需求所表现出来的评价,它包括对人的生存和生活意义即人生观的看法,它是属于个性倾向性的范畴。价值观的含义很广,包括从人生的基本价值取向到个人对具体事物的态度。学生正处在人生观、价值观的形成之时,他们热情奔放、精力充沛、善于思考、求知欲强,此时教师进行正确的引导和教育正当其时。然而,当前受社会不良风气和思潮的影响,相当一部分学生存在这样的人生观:读书无用,得过且过。表现为态度不端正,目标不明确,学习缺乏动力,不思进取。程桦长期饱受赞扬,不免产生骄傲自满情绪,离家出走,无心向学，违反纪律……一时问题多多。李镇西老师决定"趁火打劫"，对他进行挫折教育，明确指出，人生就是"超越自我"，这个超越更多时候表现在"成熟"。这个"成熟"，一方面是指目光远大，富有理想；另一方面则是表现在能够同自己的弱点作痛苦而顽强的斗争，所谓"战胜自我"就是这个意思。李老师的话犹如黑暗中的黎明，给程桦指明了方向。程桦痛定思痛，决定重新起飞，功夫不负苦心人。几经奋斗，程桦最终成长为一个发展全面、成绩优异的学生。学生如果没有正确的人生价值观，就难以健康成长。因此，教师有必要引导学生树立正确的人生观、价值观，教育学生做一个具有远大理想和崇高精神追求的人，并激励学生为理想而努力奋斗，为生命更精彩而不懈追求。

◆━━━ ◆智慧解码◆ ━━━◆

需要是个体行为积极性的源泉，没有需要，就没有人的一切活动。需要是永远的动力。马斯洛把人的需要概括为基本需要、心理需要和自我实现的需要。自我实现的需要，是指人生力求达到奋斗目标的需要。动机在需要的基础上产生，实现目标就是人的需要。如果没有目标，就没有学习动机，也就不会产生内在的学习动力。对于学生的成长而言，目标可以是长远目标，如改变命运、学习榜样、树立理想等，也可以是近期某个阶段性目标，如成绩排第几名、获某个奖、完成某个任务等。

策略一 志存高远，改变命运

诸葛亮说："夫志当存高远，慕先贤，绝情欲，弃凝滞，使庶几之志，揭然有所存，恻然有所感。忍屈伸，去细碎，广咨问，除嫌吝；虽有淹留，何损美趣？何患于不济？"有多大的心，就有多高的天。心境影响志向，志向决定命运。只有追求远大的理想，才能拥有辉煌的事业。

改变贫穷的命运

每个人都需要寻找上进的动力，这种动力可能来自自尊、自强，可能来自感恩，也可能是来自于改变贫穷的愿望。

王金战老师在山东沂水一中时，发现一个学生行动非常诡秘。每天早晨，出完早操，学生都去食堂吃饭，可是这个学生急匆匆地就往校园外面走。校园外面是荒郊野外，大家都很纳闷：他为什么往外面跑？后来，有几个好事的学生跟在后面看，才发现了秘密所在。

原来这个学生的父亲一年前病故了，剩下他和他母亲相依为命。他母亲身体不好，而当时农民的负担又比较重，他上学也需要一笔花费，他母亲以一个人的能力，实在没办法供得起他上学，就边打些零工，边去讨饭。讨到饭后，第二天早晨，就在学校外面的一个石坑附近等着他的孩子。孩子来了之后，把讨来的饭交给孩子，孩子回来继续上学，母亲继续去讨饭。

对于现在城市里的孩子来说，这种情况几乎是不可想象的。但是它又是真实存在的。王老师当时都不敢相信还有这样的事，很感慨，就力所能及地给他一些接济。高考前，王老师问这位学生有什么打算。他说："我今年打算报考军校。因为军校没有学费。我这一年多来就靠我妈讨饭供着我，以后我一定不会让我妈再受苦了！"

后来，他终于如愿以偿考上了军校。后来去了广州，成为一艘战舰的舰长。

对这位学生而言，改变家里的穷困生活，就是他学习的动力、高考的动力、一生的动力。

人们常讲，现在城市里的孩子生活条件好了，往往失去了奋发向上的动力。其实，贫困必然导致有动力吗？富裕必然导致没有动力吗？都不是，这取决于你的选择。法国有个人叫巴拉昂，曾经是穷人，后来从推销装饰画起家，最终成为法国首富。临终前，他说不想把自己成为富人的秘诀带走，就立下遗嘱：谁若能答对"穷人最缺少什么"这个问题，就可以得到他留下的100万法郎专项资金。消息通过媒体传出后，许多人给出了答案，这些答案包括：金钱、机会、技能、帮助、关爱，等等。可是，打开巴拉昂的保险箱后，最终发现答案却是：雄心。看到这个答案，许多富翁都承认：雄心，改变贫穷的雄心，才是生命的永恒动力，才是点燃奇迹的火种。

【资料来源：王金战，隋永双.英才是怎样造就的[M].重庆：重庆出版社，2006：11.】

应该让学生知道，每个人没有能力决定自己的出身，但是有能力决定自己的命运。也许我们出身于贫寒的家境，但是请不要悲观失望，要相信命运终究能够改变，命运就把握在我们的手中。其实，贫困也罢，苦难也罢，都是一笔财富，是一种动力。要促使自己不断提升自己，要通过努力学习去改变命运！

一、教导学生认清知识的力量

知识就是力量，是彻底改变个人命运的第一推动力。古今中外，屹立于世间最璀璨、最明亮的那颗明珠就是"知识"。屠格涅夫说过，"知识比任何东西能给人以自由。"在当今知识经济时代中，谁拥有知识、才华就等于把握住了自己命运的咽喉；相反地，谁的知识一穷二白则只能失宰于人。教师在向学生传授知识的同时，要让学生感受到在这个知识爆炸的时代，知识所蕴含的无穷力量。我们可以将"鲜活"例子展现于学生面前：如丁磊——网易公司创始人，依靠网络知识迅速创造了可观的财富，2003 年成为大陆首富；求伯君——金山软件创始人，依靠知识在中国 IT 行业中独领风骚，成就辉煌。他们的成功都有力地验证了"知识改变命运"这个真理。

学习最大的目的与动力是运用，教师也可教导学生在日常生活中将知识学以致用，让学生养成学用结合的习惯，借助知识的力量解决所遇难题，从而将这被埋藏于地下的知识宝藏挖掘出来，彰显出知识的重要性。只要让学生认识到知识的重要性，学生自然而然就愿意学、乐于学。

二、教导学生树立远大理想

诗人流沙河在《理想》一诗中说："理想是石，敲出星星之火；理想是火，点燃熄灭的灯；理想是灯，照亮夜行的路；理想是路，引你走到黎明。"理想源于现实又高于现实，但经过一定的努力又能实现。因此，理想使人不满足于现状，使人有所向往，激励着人们朝美好目标奋斗，没有理想，一个人就会失去核心和灵魂。学生时期是理想教育的最佳时期，教师此时应担起这份重任，帮助学生树立远大理想，以此作为学生努力学习、奋发向上的原始动力。教师在进行理想教育时，可从具体问题入手，开展学生感兴趣的活动，内容上则将远大理想与现实条件相结合，在活动中渗透理想教育，使学生通过活动树立起远大理想，引起学生积极向上的愿望，激发他们内心的学习动力。并让学生认识到，理想是高于现实的东西，需要脚踏实地，经过不断的努力，不断的奋斗方可到达。理想在学生的学习动机上有着定向和指导作用，能使学生在学习道路上不因一时的成功而满足，也不因一时的失败而气馁，可克服重重困难而不迷失方向。

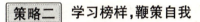

策略二 学习榜样，鞭策自我

榜样的力量是无穷的，在遭遇挫折时，可以激励人们前进；在处于懈怠时，可以鞭策人们奋发。魏书生老师对这些深有体会。

胸前戴周总理像章感到有力量

1978年末，朋友送我一枚"人民的好总理"纪念章，喜不自胜，立即戴在胸前。戴上了总理像章，心中便涌出一股暖流，生出一股上进的力量。

那一年我还在北京站前的商店里，被几个北京人围住，热情地问长问短，原因是他们发现了我戴的周总理像章。很快，我们就像一家人一样亲热。每当这时我便对我们的人民充满了信心，自己也就像充了电一样，又充满了追求真理的能源。火车上、会场里、路途中、城市、乡村、工厂、学校，我遇到过许多陌生人见我戴着总理纪念章而一见如故，很快就成了心心相通的熟人。我们忆念起总理，不论"官倒"多么猖狂，我们对共产主义还是充满追求与向往，充满了战胜"腐败"的勇气和力量。

我戴着周总理像章，心中便矗立着一个真正人民公仆的形象：他把尊重人、理解人、关怀人、帮助人作为自己的人生目的。无论老人、孩子、科学家、服务员，最高贵的和最低贱的、最博学的和最幼稚的，总理全都以诚相见，平等相待。在总理面前，每个人都感受到自己"人"的尊严，面前的总理又是一个真正意义上和他们完全平等的人。总理的威望将随着人类文明的进步而增高。学习总理，最根本的就是要像他那样尊重人、理解人、关怀人。离开了这些，就是舍本逐末了。每当我以公仆的身份去尊重、理解、关怀、帮助别人时，自己便充满了做人的自豪感与幸福感，工作、学习、生活都感到天高地阔，力量倍增。反过来，如果自以为高人一等，不尊重、不理解、不关怀他人时，别人当然也不会买你的账，便觉得人与人之间冷若冰霜，便会产生人生艰难之感。

我戴着总理像章，时常想起的是周总理的这句话："我们应该像春蚕一样，把最后一口丝都吐出来，献给人民。"

榜样、楷模是人生的一种需要。尽管许多人努力一辈子也不可能达到榜样、楷模的高度，但人不可以没有这种需要和追求。达不到这一事实本身并不妨碍人朝着榜样、楷模的境界攀登。一个人如果没有了这种需要和追求，那么，他就失去了前进的动力。作为本质意义上的人，也将是残缺的。

戴着总理的像章,常使我产生战胜自己弱点的力量。低头看总理像章时,心中便涌出一股塑造一个新的坚强的自我的力量。

【资料来源:魏书生.语文教学[M].沈阳:沈阳出版社,2000:6.本文略有改动】

榜样是值得学习的人或事物。榜样给人提供了如何做和怎么办的好的范例,能够无形中引导人们朝着相同的方向努力。学习榜样是学习者根据自己身心发展的规律和发展需要,选择适当的榜样,利用榜样的作用,来激励和鼓励自己努力,以达到自己理想水平的一个过程。[①] 我们要了解榜样的内涵和作用,懂得选择正面的榜样,善于利用榜样鞭策自我,或者激励别人,使榜样成为我们不断取得进步的力量源泉。

一、选择正面的榜样

榜样具有巨大的教育引导作用,古今中外的教育实践都有此证明。孔子曰:"三人行,必有我师焉。择其善者而从之,择其不善者而改之。"同时也要求学生"见贤思齐焉,见不贤而内自省也"。古语云:"近朱者赤,近墨者黑。"此类观点都形象地揭示着榜样具有强大的力量。但是,榜样有好有坏,既有正面的榜样,也有反面的榜样。学习正面的榜样,使人浑身充满上进的力量,向着真善美发展,学有所成;而学习反面的榜样,则使人丧失斗志,误入歧途,愈来愈堕落。因此,我们学习榜样时就要选择正面的榜样。魏书生为什么总喜欢戴上周恩来总理的像章? 这是因为他把周总理当作自己学习的榜样。魏书生时刻以周总理作为自己学习的榜样,始终对教育保持着旺盛的热情,浑身充满上进的力量,最终才不断创造出辉煌成就。

学生认识事物喜欢看大不看小,看近不看远,所以在树立榜样时,所选对象不但要形象具体,还要注意个性差异。在班级教育中,教师可以此为鉴,如建立班级公布栏,每天根据学生表现将一些"口算能手""卫生标兵""纪律模范""活雷锋""积极小组"等"榜样"公布于栏等做法,将此类优秀学生作为正面榜样树立起来,只要持之以恒,班上其他学生均以"赶上榜样"为动机,班上的班风及学风一定会朝着良好的方向发展。

二、发挥榜样的激励作用

法国著名作家卢梭指出:"榜样! 榜样! 没有榜样,你永远不能成功地教给儿童以

---

① 蒋慧杰.对榜样学习方式模仿的心理学浅析[J].青年文学家,2011(10).

任何东西。"榜样的力量是无穷的。在教育教学工作中，教师要善于发挥榜样的激励作用，利用榜样激励学生，促使学生积极地、努力地学习。榜样激励是从人们从众效仿的心理特点而提出的。即人们在没有外界控制的条件下，有依照他人行为使自己行为与之相同或相似的特点。在学习过程中，树立了榜样，学生有了效仿的对象，有了学习目标和方向，可以使学生受到鼓舞，学习劲头倍增，达到激发学习动机的目的。教师如果善于利用榜样激励，比单纯的说理教育更有说服力。在榜样激励的过程中，教师不能一味树立他人榜样，也要注意自己的言行对学生的榜样作用。"学高为师，身正为范"，教师的一言一行都要做出表率，要求学生做的，自己先去做；要求学生不去做的，自己也不能做。言教不如身教，以身示范最能发挥激励作用。教师要坐得正，行得端，并以高尚的道德情操、严谨的工作态度、优良的生活作风处处为学生做出榜样，这样，学生才会从心底敬佩教师、信服教师，并以教师为榜样严格要求自己，积极上进。①

策略三　**怀抱理想，憧憬未来**

　　成功与失败间只有一步之差。成功者的成功就在于怀抱理想，憧憬未来。很多时候，我们对自己作出的决定，也常常是都去做了，并且满怀信心，但是，为什么心中想象了千遍万次的目标总是遥遥难以企及？关键的是，我们对自己的选择是执着还是放弃？当我们面临挫折，似乎没有希望时，是否还怀抱理想？当我们在无法坚持时，是否还相信未来？

立 志 从 教

　　苏霍姆林斯基的小学、中学生活，一直是在自己村里的学校度过的。这是一座七年制的学校，虽然学校设施条件极为普通，但这里有一批较好的师资力量。这对从小受到家庭良好熏陶的苏霍姆林斯基说，是一个极好的环境。苏霍姆林斯基的善良天性在这里得到了充分的发展，知识能力得到了迅速的拓展。苏霍姆林斯基在家经常主动帮助父母邻居做事，在学校里是位品学兼优的学生，得到了当时校长伊万·萨维奇和教务主任的重视和关怀。然而对苏霍姆林斯基影响最大的要数启蒙女教师安娜·萨莫伊洛英娜。

---

①　孙新华，徐会池.学习动机的激发六法[J].科技创新导报,2012(7).

这位女教师在教育工作中,不仅是学生们的老师,也是学生们亲密的伙伴。苏霍姆林斯基觉得这位女教师像一个女魔法师,她知道一切美的秘密。她讲课时学生们都有浓厚的兴趣,所教的知识常被学生铭刻在记忆之中。她常带学生们到大自然中去,引导学生思考许多问题,学习了不少东西,明白了许多道理……有人摄下了这样的一个事件:

在山花烂漫、万物生机盎然的季节,有一天下午,安娜·萨莫伊洛英娜带学生们来到了森林。这对苏霍姆林斯基来说是再熟悉不过的地方了,苏霍姆林斯基平时就到这里来玩。但女老师的解说,让苏霍姆林斯基接触了许多过去没有注意到的新事物和很多使他感到惊奇的东西;看这棵盛开的椴树在帮助蜜蜂酿蜜;瞧那个蚁穴——过去苏霍姆林斯基曾恶作剧用棍子去捅它,而现在老师说这个蚁穴有回廊和广场,有幼儿园和粮仓……原来是一个童话般的城市。苏霍姆林斯基感到不和老师一起来,就不会发现世界上这么多美好的东西。当学生们领略了这大自然美好的风光,急匆匆准备回家的时候,她还有一新招:"孩子们,为爷爷、奶奶、爸爸、妈妈采集些鲜花吧。当孩子们关心长辈的时候,长辈会感到高兴,而鲜花——这是关怀和敬爱的标志。……"苏霍姆林斯基接受的就是这样的教育。

这使幼小的苏霍姆林斯基不仅爱上了书本,爱上了同伴,爱上了大自然,而且他更尊敬这位老师。苏霍姆林斯基向往着自己的知识能同老师一样渊博,向往能像老师一样。从这时起,苏霍姆林斯基逐步树立了从事教师这一神圣职业的志向。因此在七年制学校毕业时,就毅然决定报考师范院校,后来一步一个脚印,从一个普通的教师成长为一名伟大的教育家。

【资料来源:苏霍姆林斯基.公民的诞生[M].黄之瑞,译.北京:教育科学出版社,2002:4.本文略有改动】

理想是人生终极的奋斗目标。它如同一盏明灯,指引着人们不知疲倦地跋涉在漫长之路上,克服各种艰难险阻,奋勇到达人生的目标。一个人如果从小就怀抱理想,憧憬未来,那么他的学习和生活就会有明确的目标,充满激情和动力,开拓进取,创造辉煌。

一、注意审美教育,树立美的理想

审美教育,又称美育,是借助于自然美、社会美和艺术美的手段,培养人正确的审美观点,高尚的道德情操和感受美、鉴赏美、创造美的能力的教育。它从审美角度，通过人们对现实的审美观察，在审美实践中，陶冶人的情操，美化人的心灵，丰富精神生活，启发自觉性，提高对美的感受、鉴赏能力，从而使人们自觉地遵循美的原则，发挥创造能力。美育的目标，不仅是培养和提高学生对美的感受力、鉴赏力和创造力，而且是要美化人自身，即帮助学生树立美的理想，发展美的品格，培育美的情操，形成美的人格。苏霍姆林斯基之所以立志从教，并最终成为一名伟大的教育家，具有高尚的品格、可贵的爱心和渊博的知识，与他在中小学时期受到的审美教育不无关系。启蒙女教师安娜·萨莫伊洛英娜注意对学生进行审美教育，常带学生走进大自然，引导学生观察美、感受美和鉴赏美，并以实际行动去实践美。在这样的审美教育中，苏霍姆林斯基树立了做一个教师的美的理想，决心同样以美去对待学生，对待教育。后来事实证明，苏霍姆林斯基是极其成功的。我们要让学生树立美好的理想，就不能不注意审美教育。

二、加强理想教育，促进学习动力

每个人都应有自己的理想，对于中小学生来说，个人理想就是指在学业成就、未来职业、道德人格以及家庭生活方面的追求目标。理想表现为奋斗目标，对学生的行为有着导向和驱动作用。从心理学角度而言，强烈的学习愿望（也叫学习需要）、浓厚而持久的学习兴趣是学生内在学习动力产生的主要原因。理想体现着人生愿望，是人的高层次需要，是动机的重要组成部分，是培养学习兴趣的重要方法。加强理想教育是促进学生的学习动力的重要方法。无论是学校还是家庭，对学生进行理想教育是非常必要的。理想源于现实而高于现实，也就是说，理想要通过努力奋斗才能实现。当学生明白了理想是人的需要，而学习是为了实现理想的需要时，迫切实现理想的愿望便成为他们学习的动力，推动他们积极主动地学习，激励他们自觉克服学习过程中遇到的困难，并使其形成良好的意志品质，更有利于将来的学习活动。[1] 理想是人生的一个远景目标，我们通过理想教育，就是要帮助和引导学生对人生进行规划，认真制订远景目标下的近期目标及学习计划；不断激发、强化他们实现目标的强烈愿望；使他们充分认识到，只有努力学习，提高自身能力，脚踏实地，全力以赴，才是实现理想的唯一途径。

---

① 全俊卿.试论通过理想教育促进学习动力[J].科技信息：科学教研 2008(10).

智慧点津

如何确立目标,激发学生坚定信念

目标设置理论(Goal Setting Theory)是最早由美国马里兰大学管理学兼心理学教授洛克(E. A. Locke)提出的一种激励理论。它是近来研究最多、影响最大的一种激励理论,它从设置明确目标的角度来研究激励问题。目前,目标设置理论在管理学领域尤其是在人力资源管理领域得到了广泛应用;作为一种激励理论,也可用于教育领域,用来激发学生的学习动机和指导学生的学习。在教育过程中,教师要指导学生选择和建立各自的目标,在教学过程中监督目标的执行;而学生要学会选择和建立自己的目标,以及自我设置和监督自己目标的执行情况。

一、目标设置理论的渊源、内涵及进展

目标设置理论起源于阿赫(Ach)关于决定趋势的早期工作(1935),发展于勒温(Lewin)关于抱负水平和赖安(Ryan)关于目的的研究。洛克和休斯在研究中发现,外来的刺激(如奖励、工作反馈、监督的压力)都是通过目标来影响动机的。目标能引导活动指向与目标有关的行为,使人们根据难度的大小来调整努力的程度,并影响行为的持久性。在一系列科学研究的基础上,洛克于1967年最先提出目标设定理论,认为目标本身就具有激励作用,目标能把人的需要转变为动机,使人们的行为朝着一定的方向努力,并将自己的行为结果与既定的目标相对照,及时进行调整和修正,从而能实现目标。这种使需要转化为动机,再由动机支配行动以达成目标的过程就是目标激励。目标激励的效果受目标本身的性质和周围变量的影响。① 许多学者作了进一步的理论和实证研究,如尤克尔(G. A. Yukl)和莱瑟姆(G. P. Latham)认为,目标设置应与组织成员参与、注意个别差异和解决目标艰巨性等因素结合运用,并提出了目标设置的综合模式;班杜拉(A. Bandura)和洛克等人则认识到目标对动机的影响受自我效能感等中介变量的影响;德韦克(C. S. Dweck)及其同事在能力理论基础上,区分了目标的性质,并结合社会认知研究的最新成果,提出了动机的目标取向理论。

---

① 张美兰,车宏生.目标设置理论及其新进展[J].心理学探新,1999(2).

二、目标设置理论的基本内容

(一)目标机制

目标本身就有助于个体直接实现目标。目标通过四种机制影响行为绩效:第一,目标引导注意和努力指向目标行为而脱离非目标活动;第二,目标有决定努力付出多少的作用,高目标比低目标要付出更多的努力;第三,目标影响行为的持久性;第四,目标会通过唤醒、发现、目标任务知识和策略的使用来间接地影响行为。

(二)目标承诺

目标承诺的概念最早由洛克提出。他认为目标承诺是个体拒绝改变目标的程度,是一个潜在的缓冲变量,如果没有目标承诺,目标就没有动力作用,目标设置将毫无意义。后来,洛克和莱瑟姆(1990)又重新定义了目标承诺的概念,认为目标承诺指个体自觉地阻止目标的改变,下定决心努力达成既定目标的程度。目标承诺是决定绩效的一个关键因素。目标承诺在目标困难时表现得最重要,因为困难的目标需要更大的努力。一般情况下,个体认为目标能够达到而且达到目标又有很重要的意义时,对目标的承诺就加强了。[①]

(三)目标属性

目标具有两个基本属性:难度和明确度。目标理应依据这两个属性进行设置。

(1)目标的难度。目标可以是容易的,如 20 分钟内做完 10 个题目;中等的,20 分钟内做完 20 个题目;难的,20 分钟内做完 30 个题目,或者是不可能完成的,如 20 分钟内做完 100 个题目。目标应当具有挑战性,又能够达到。难度依赖于人和目标之间的关系,同样的目标对某人来说可能是容易的,而对另一个人来说可能是难的,这取决于他们的能力和经验。一般来说,目标的绝对难度越高,人们就越难达到它。关于目标设置的四百多项研究成果显示,目标的难度水平与成绩之间基本上是一种线性关系。不过,前提条件是,目标的实现在个人能力允许的范围内,并且个体对目标有着较高的承诺。在这种情况下,目标的水平越高,绩效越好。[②]

(2)目标的明确度。目标的明确度是指个体可以通过目标清楚准确地认识到自己需要做什么及做到什么程度。有些目标的要求比较具体明确,如"请在 20 分钟内做完

① 吴瑕.目标设置理论研究综述[J].科教导刊(中旬刊),2010(1).
② 张美兰,车宏生.目标设置理论及其新进展[J].心理学探新,1999(2).

这10道题";有些目标则比较模糊,如仅告诉"请你做这件事"。明确的目标可以产生比模糊的目标更高的绩效。因为一个明确的目标可以为个体提供评价个人表现和成绩具体的甚至是唯一的标准。明确的目标使得个体对自己需要做什么、怎样做、需要付出多少努力有着清楚的认识,从而减少了行为的盲目性,提高了行为的自我控制水平,保证了既定目标的顺利实现。相对而言,模糊目标的绩效标准具有更大的弹性,个体可以采取多种标准来衡量自己的表现,从而导致一些人不肯付出太多努力,对较低的成绩水平感到满足。

当把难度与明确度结合起来进行研究时,研究者发现,与没有设置目标、设置无难度的模糊的目标或有难度的、模糊的目标相比,具有适当挑战性的、明确的目标最有利于成绩的提高。[①]

三、基于目标设置理论激发学习动机的策略

学习动机是推动学生进行学习活动的内在原因,是激励、指引学生学习的强大动力。激发学生学习动机是促进学习的重要方面,但动机的产生离不开目标,没有行为的目标或诱因就不会有某种特定的需要,进而动机就不会存在,目标设置对学习动机激发有着指导作用。因此,教师要了解目标设置理论,在教学中能够运用目标设置理论激发学生学习动机。

(一)目标设置要合理、可行

教师在帮助和引导学生进行目标设置时要注意目标的合理性、可行性,可考虑"大目标,分步走"的方法,即设置总目标和阶段性目标。这不仅要让学生想得长远,而且要让学生感到切实可行。目标不能设置得过高,过高学生会感到可望而不可即,无法实现,起不到激励作用;目标也不能过低,过低没有挑战性和吸引力,不能引起成就感,也起不到激励作用。难度适中的目标,可以让学生得到战胜困难、实现目标后的满足感,体验到成功的喜悦,从而激发学习兴趣。因此,设置难度适中的目标,才是合理、可行的。

(二)探讨实现目标的策略并适时调整

有效的策略对于实现目标来说是必要的。在教育领域中,教师对于如何掌握课程

---

① 张美兰,车宏生.目标设置理论及其新进展[J].心理学探新,1999(2).

内容有着丰富的经验。如果教师能主动与学生探讨实现学习目标可能的途径和方法，如阅读的技巧、掌握某个定律的小窍门等，并帮助他们选取适当的策略，将能够有效地提高学生实现学习目标的信心，保证学习效果。此外，学生实现了某一学习目标并获得了满意感，便会接受新的挑战，即为自己设置更高的目标，以获取更高的满意感。但是，随着目标任务难度的增加，认知策略的难度也随之增加，在其转变过程中学生要学会用多种策略解决问题，在此过程中教师要帮助学生及时地调整策略，以便有效地维持学习动力，顺利地实现下一个学习目标。

(三)合理地对目标进行反馈

反馈是目标设置与个体对目标成就(绩效)的反应之间的一种动力过程。目标是个体评价自己绩效的标准，反馈则告诉人们是否达到了标准，哪些地方做得好，哪些地方有待改进，反馈为目标的执行过程提供了总结。反馈有正反馈与负反馈之分，正反馈与奖励相联系，负反馈与惩罚相联系。反馈能让学生及时地了解自己的学习结果，具有相当大的激励作用。教师要适时地对学生表达正反馈，以增强学生的内控感，进而激发学生学习的内部动机。对目标的反馈不一定是对某一终极目标的反馈，而是对部分目标的实现也要给予及时的反馈，因为这种反馈能使学生及时了解学习情况，效果好则获得满意感促进进一步的学习；效果不好则使其看到在学习中的不足与错误，并及时地加以纠正，因为这还没有影响到终极目标的实现。[1]

名家锦囊

之一：**华应龙**(首批"首都基础教育名家"特级教师，北京第二实验小学副校长，北京教育学院兼职教授，系北师大版国家义务教育课程标准实验教材编委、分册主编)

在课堂管理中，树立榜样，相当于在集体中确立了一个坐标系，使学生感觉到有压力，有动力，帮助他们明确努力的方向。榜样的力量是无穷的，对于模仿力比较强的学生来说，有榜样就能够给他们压力、给他们动力，只要在适当的时机推出适当的榜样，就能够激发学生的动力，使得学生能够以积极竞争的心态去面对学习，不断取得进步。

---

① 王华，王光荣.目标设置理论对学生学习动机激发的启示[J].沈阳教育学院学报，2005(1).

之二：刘京海

通过多年的教育实践,我觉得成功教育有三个要素:第一是期望。父母和教师要相信孩子,对孩子有好的期望,使孩子也对自己产生期望,从小拥有梦想。第二是机会。父母和教师要让孩子有成功的体验。第三是鼓励。父母和教师既要给孩子创造成功的机会,也要及时给予鼓励性的评价,使孩子信心越来越足,行为越来越自觉。一开始这三个要素都在于教师,在反复成功的过程中,逐步地转向学生。即学生对自己有积极的期望,自己主动寻找成功的机会,无论成功、失败,都能自我激励、自我教育,由他律走向自律。

第四讲 自主学习,体验乐趣

自主学习是与传统的接受学习相对应的一种现代化学习方式。自主学习就是学生能自觉地承担起学习的责任,不断挖掘潜在的独立学习能力,在学习过程中进行自我计划、自我调节、自我指导、自我强化,不断发现问题、提出问题、分析问题和解决问题,强调有个性的学习活动过程。[①] 在自主学习中,学生自觉主动地发现、探索、理解、运用知识,自觉学习,学会学习,变"要我学"为"我要学",变"跟我学"为"我会学"。他们把学习视为自己的天职,把学习当作成长的乐趣,对正在学习的内容很好奇,积极地参与到学习过程中;在任务完成后自觉反馈,分享成功的机会;对正在学习的知识感到很有乐趣并觉得富有意义,具有良好的学习习惯和能力。《基础教育课程改革纲要(试行)》在论及基础教育课程改革的具体目标时指出:"改变课程实施过于强调接受学习、死记硬背、机械的现状,倡导学生主动参与、乐于探究、勤于动手,培养学生搜集和处理信息的能力、获取新知识的能力、分析和解决问题的能力以及交流与合作的能力。"新课改强调确立学生在学习过程中的主体地位,重视自主学习,教师要从过于注重知识传授转向培养学生积极主动的学习态度,教会学生自己学,要学生在学习过程中学会学习、学会生存、学会做人,形成正确的价值观、良好的态度和高尚的道德品质。陶先生说:"有的时候,我们为学生做的事越多,越是害学生。因为为人,随便怎样精细周到,总不如人之自为,我们与学生经验不同,环境不同,所以合我们意的,未必合乎学生的意。"可见,我们要以生为本,精心培养学生自主学习的习惯和能力,激发和培养学生内在学习动机,激发学习的兴趣和情感,使学生在轻松愉悦的环境中享受学习。

---

① 居雪青.自主学习,快乐成长[J].中学生数理化(教与学),2012(5).

名师故事

王金战:自主学习创造奇迹

我曾在青岛二中做了三年教导主任,分管高三教学管理。那时候,我们学生从来没有晚自习,星期六星期日从来不加班,节假日也不上课。我们鼓励学生自主安排时间学习。这与山东好多学校的做法完全是两个路子。那些学校都恨不得把周日分成几天来给学生加课。

结果呢,我青岛二中最后那一年,学生拿了一块国际数学奥林匹克竞赛的金牌、一个山东省的高考状元。全校参加高考330人,本科进线319人,这个记录在山东省至今无人打破。

激发孩子的学习动力,家长和老师应该多用心琢磨,怎么让孩子理解生活环境,怎么教育孩子懂得感恩,怎么激发孩子的自尊心。而现在,我觉得一些家长和老师,把怎样激发孩子学习动力这个事简单化了。怎么简单化了呢?就是把孩子控制得很死。老师当起了警察,家长当起了警察。

现在很多学校,学生们从早晨5点半起床,晚上11点后睡觉,几乎没有周末,没有假期,没有自己的行动自由。其实如果学生学习不主动,缺乏激情,时间再长也没效果。而且这样把学生弄得一点爱好、特长都没有了,其实这种模式真正才是毁了学生,毁了教育。

鼓励学生自主学习是很重要的。因为自主学习是主动的,因为他愿意,当他愿意的时候,学习就是一种喜悦,甚至是一种享受,那样学习效果就会事半功倍。

比如说,你觉得学习一定是很累,学生们个个疲惫不堪是不是?但其实呢,那是因为没累到一定程度。搞数学竞赛的学生累不累?他最累,他做过的题目一本又一本,每一个问题都难乎其难,但是这些学生狂热地热爱数学竞赛,什么原因?因为那是一种自主学习,是一种享受,这种享受是局外人体会不到的。

学习的动机是多方面的,有时候甚至一个并不高尚的动机会突然改变一个人的一生。就拿我来说吧,当时因为受不了同学的奚落而误入学习之门,当我逐步投入其中时才享受到学习带来的莫大快乐,从而一发不可收拾,为一生赢得了转机。作为一位教育工作者,不一定整天用大道理教育学生,应该善于寻找突破点,抓住每一次教育时机,对症下药。

【资料来源:王金战.学习动力之四:自主学习·英才是怎样造就的[M].重庆:重庆出版社,2006:11.】

自主学习是一种主动学习、独立学习和发现学习。这种学习不是"要我学"，而是"我要学"，是学生最积极的学习形式。但是，在现实中，很多教育工作者看不到自主学习的重要意义，也不懂得如何引导学生进行自主学习，总以为学生尽可能地多花费时间和精力投入学习就行了。殊不知，这种压迫式的学习，并不能受到学生的欢迎，使学生变得愿学、会学和乐学。因此，自主学习这个课题值得我们广大教育工作者去反思。

一、自主学习要求教师转变观念

在狭隘的传统教学中，教师负责教，学生负责学，教学就是教师对学生单向的培养活动。这样做其实是让教代替了学，学生是被教会，而不是自己学会，更不用说会学了。这样的传统教学模式已难以适应新课改的要求，难以适应自主学习这种新型的学习方式。当今教育所面临的挑战不是来自技术、资源等方面的挑战，而是来自教师自身教学观念的挑战。可以说，教师的教学观念不转变，学生的自主学习就不能实现。陶行知指出："解放孩子的头脑，让他们能想；解放孩子的眼睛，让他们能看；解放孩子的双手，让他们能做；解放孩子的时间，让他们能学自己想学的东西。"显然，让学生自觉主动地去听、说、读、写、思、做，是教育学生的前提条件，是教学的目的，是学生所需要的。当前，教师要用新课程改革的观念来指导教学，改变以往主宰课堂的权威地位，真诚地相信学生，把学的权利交给学生，为学生创造自主学习的条件，给予学生点拨、引导和激励，唤起学生发自内心的学习愿望，使教育的外因转化为学生学习的内在动力，变必需的学习任务为内在的自觉要求。这样，自主学习才会实现。①

二、让学生自觉主动地学习

心理学认为，主观上情愿做的事情往往会做得更好。如果一个人对一件事感到很有趣，很情愿做这件事，他会付出很大的努力去完成它。如果他感觉这件事很枯燥但又不得不做，他不会在上面下很大的工夫。学习同样如此。不自觉地、被动地学习是不会取得良好效果的，并且这种不自觉和被动也会导致学生丧失学习的兴趣，认为学习是一件很枯燥的事情。久而久之，学生就形成了强烈的厌学情绪。

---

①　施惠.浅析自主学习[J].现代教育科学·中学教师,2012(1).

美国心理学家和教育学家杰罗姆·布鲁纳认为："教学过程就是在教师的引导下学生发现的过程。要求学生利用所给定的材料,主动地进行学习,强调要自我思考和探索事物,而不应消极地去接受知识,要像数学家那样去思考数学,像历史学家那样去思考历史,亲自去发现问题的结论和规律,成为一个发现者。"可见,当学生对学习产生兴趣,他就能主动地学习、思考、探索、发现,获取知识,解决问题,进而养成自觉主动学习的习惯。新课程的核心理念是以学生发展为本,让学生主动参与。因此,在实施过程中,教师应尊重学生,还学生学习的自由,不要过多地"管"学生,对学生提出过分的学习要求和过高的学习目标。在现实中,有些教师总是对自己的学生提出这样的期望:你们要主动地学习;但他还是经常给学生留很多作业,测试学生的学习情况,"监视"学生的课余生活等。其实,这样不但不会使学生的学习变得主动,反而会使他们更加反感。因为对学生过分的要求和看管本身就会使学习变得被动,而被动和主动这两个互相矛盾的状态是不会共存的,当被动存在时主动很难存在。因此,要想让学生自觉主动地学习,教师首先必须让学生得到"自由",在此基础上,想方设法点燃学生学习的激情,培养学生的学习兴趣。这样才会让学生自己认识到学习的趣味性和必要性,才会自觉主动地学习。

三、教给学生自主学习的方法

学生学习能力的构成有四个要素:一是基础知识;二是基本技能;三是智力技能(指观察、思维、记忆、想象等心理内部活动的技能);四是学习方法。过去受应试教育的影响,教师在教学中只重视前两者,而忽视后两者,结果导致学生出现"高分低能"的倾向。因此,教师必须重视学习方法。学习方法是学生在学习过程中通过学习实践获得经验,总结出快速掌握知识的方法,是学习者保证学习活动顺利进行的有关学习活动的经验系统。因其与学生掌握知识的效率有关,它越来越受到人们的重视。古人云:"授之以鱼,不如授之以渔。"埃德加·富尔在《学会生存》一书中也指出:"未来的文盲,不再是不识字的人,而是没有掌握怎样学习的人。"可见,教给学生学习方法尤为重要;而教给学生自主学习的方法,是学生自主学习得以进行的必要条件。

自主学习的方法,要因人而异、因学科而异,正如医生用药,不能千人一方。教师应当从实际出发,根据学生的学习情况,指导学生选取适合自己特点的有效方法。一般说来,好的学习方法,应该符合以下三个条件:符合认识规律的科学;符合个性特点;

符合不同学习内容和不同教师的授课特点。学生在选取适合自己的学习方法时，可以从下列几个方面考虑：不同学科的学习程序（要不要预习、先做作业后复习还是边做作业边复习，要具体问题具体对待）、预习方法、听课方法、复习方法、做作业和自我测试的方法、改错的方法和单元总结的方法等。总之，在学生自主学习的过程中，教师应适时、必要、有效地给予方法指导，确保学习过程有条不紊地开展，不能让学生处于无组织状态，感到漫无目的，手足无措。

◆━━ 智慧解码 ━━◆

有人把学习划分成三种境界：第一种为苦学。提起学习就讲"头悬梁、锥刺股"，"刻苦、刻苦、再刻苦"。处于这种境界的学生，觉得学习枯燥无味，对他们来说学习是一种被迫行为，体会不到学习中的乐趣。长期下去，对学习必然产生了一种恐惧感，从而滋生厌学情绪。第二层为好学。所谓"知之者不如好之者"，达到这种境界的学生，兴趣对学习起到重大的推动作用。他们的学习不需要别人的逼迫，自觉的态度常使他们能取得好的成绩，而好的成绩又使他们对学习产生更浓的兴趣，形成良性循环。第三层为会学。学习本身也是一门学问，有科学的方法，有需要遵循的规律。按照正确的方法学习，学习效率就高，学得轻松，思维也变得灵活流畅，能够很好地驾驭知识。真正成为学习的主人。目前，在中小学生的学习中，第一种居多，第二种为少数，第三种更少。学习的一个重要目标就是要学会学习，这也是现代社会发展的要求。"教会学生学习"是素质教育走进课堂的第一要素，而培养自主学习能力是"教会学生学习"的根本途径。那么，如何改进教学方法，教会学生自主学习，让学生从"苦学""厌学"的困境中解放出来，是当前教学亟须解决的问题。

策略一 教师"懒"教，学生勤学

自主学习的核心是要发挥学生学习的主动性、积极性，充分体现学生的认知主体作用，其着眼点是如何帮助学生"学"。正是基于这样的理念，教师应有意做一个"懒老师"，而让学生变"勤"，主动积极地参与学习。这里，教师的"懒"不是指教师放任学生没有目标地盲目学习，而是指教师要大胆地转变角色，突破传统教学模式，让学生掌握学习的主动权,引导学生独立思考问题,自主解决问题,使学生充分感受到学习的快乐,品尝到成功的喜悦。

"懒 老 师"

这是魏书生老师应邀去某校上的一节公开课。

魏老师接过学校送来的语文课本时,似乎还闻到了一股油墨香。新的教材,面对的又是新的学生,这节课,魏老师会怎么上呢?

轻轻地推开教室门,魏老师带着微笑走上了讲台。他先跟学生唠嗑,熟悉过后,他说:"请同学们把书翻到第47页,我们来学课文。"

下面传来一片"沙沙"的翻书声。

"对照以往的课文学习,大家琢磨一下,这篇课文有哪些是需要我们掌握的?"

下面的学生议论纷纷,有的学生已迫不及待地说出了口。魏老师把学生们提到的学习要求略一梳理,然后一一写在黑板上。写好后,他说:"这篇课文共有7点学习要求,下面我们来逐一解决。先看作者简介,请大家在课文下面的注释或资料上找找,看有谁能回答这个问题?"

话音未落,已有学生举起了手。魏老师让该生回答。回答完毕,魏老师问大家:"这个问题还需要我讲吗?"

"不需要。"

"那好,我们接着来解决第二个问题……"如此这般,写在黑板上的几点要求都被学生们自己一一落实了。再看看这些孩子,一个个脸上乐开了花。

这节课快要结束前,魏老师问学生:"大家觉得我怎么样啊?"

这时候,有个学生站了起来,说:"魏老师,这节课的问题都是我们自己回答的,你好懒。"

听了这个学生的责问,魏老师一下笑了起来,"说得好,我确实很懒。可是,只有懒老师才能培养出勤学生。你们说是不是?"

"是。"讲台下掌声一片。

魏老师的这节课,让我感悟最深的就是教师的角色变了。教师不再固守"传道授业解惑",课堂不再只是教师的"一言堂"。教师由学生的"知识保姆"转变为学生的"知识导游",起的是一种引导和牵引的作用。

细想一下，不是吗？课堂上，教师讲的少了，学生的思考就多了；教师单向传授少了，学生之间、师生之间的互动、合作就多了。让学生成为课堂的真正主人，学生的学习兴趣就提高了，思维也被激活了。这样，他们不但能感受学习的快乐，也会品尝到成功的喜悦。

皮亚杰说："教师的工作不是教给学生什么，而是努力构建学生的知识结构，并用种种方法来刺激学生的欲望。这样，学习对于学生来说，就是一个主动参与的过程了。"既然如此，做一个有思想的懒老师，又有何妨呢？

【资料来源：王庭宏.魏书生教育故事的启示[J].教育文汇，2010(10).】

在课堂上，魏书生有意做一个"懒老师"，把学习的主动权充分地交给学生，而自己只是进行适当的引导和点拨。结果，学生变"勤"了。他们积极思考问题，自主解决问题，学习兴趣十分浓厚，也体验到了学习的快乐。从中可见，这样的课堂教学是极其成功的。

一、把学习的主动权交给学生

学生作为学习的主体，带着自己的知识、经验、思考、兴趣参与课堂学习活动，课堂教学因而呈现丰富性、多变性。这就是新课程理念的要求。但是，在传统教学中，教师大多采用苏联教育家凯洛夫的"五段教学法"——"激发动机""复习旧课""讲授新课""复习巩固""检测效果"。这一传统模式过于强调教师的主导作用，而忽视了学生的主体地位，存在"满堂灌""填鸭式""独角戏"等弊端，从而剥夺了学生自主学习的良机。[1]受传统模式影响，教师提问，学生回答，却不给学生足够的思考时间；学生思维的空间得不到保证，或暗示或指点地带有答案的问题较普遍，学生张口便能吃到"果子"；新知识的得出过程，重教师的演示、推导，轻学生的主动参与；一题多练的练习，局限于教师心中的一两种答案，不同的思路受到冷落；有时课堂上虽有读书、质疑的安排，可不等学生看完又匆匆布置作业，等等。这样的课堂教学模式，显然剥夺了学生学习的主动权，不利于培养学生的学习动机。

那么，如何把学习的主动权交给学生呢？首先，教师需要转变自身角色，重新审视

---

[1]　施惠.浅析自主学习[J].现代教育科学·中学教师，2012(1).

课堂教学,由课堂的主宰者、指挥者转变为组织者、引导者,尊重学生主动学习的权利,真正为"学"而教,为学生"会学"而教;其次,教师要把课堂还给学生,让学生积极地参与课堂教学,留给学生足够的思考时间,在主动思考、相互探讨中提出问题、分析问题和解决问题,掌握知识与技能,培养自主学习的能力,从而达到乐学、想学的境界;再次,教师在引导学生得出新知识的过程中,不要过于倚重演示、推导,而要鼓励学生主动参与探索和体验;对一题多练的练习,不应局限于一两种答案,而应允许不同的思路碰撞。

二、引导学生独立思考

建构主义认为,学习不是知识由教师向学生的传递,而是学生建构自己的知识的过程。学生不是被动的信息吸收者,而是主动的建构者,这种建构不可能由他人代替。根据建构主义学习观,教师讲课不宜过细,要给学生留出思考、探究和自我开拓的余地,引导他们独立地思考问题,鼓励他们主动地钻研问题,使他们有效地实现自主学习,愉悦地接受知识,掌握技能。

独立思考,是使人们发现新的知识,通向成功之路不可缺少的桥梁。独立思考的人,是不唯书、不唯上、非常自信的人。古希腊哲学家赫拉克利特说:"博学并不能使人智慧。"只有在学习和生活中善于独立思考,才能开出智慧的奇葩。学生在学习上独立思考,其实质就是学生在学习知识的过程中要经过自己头脑的消化。这也是自主学习的需要。当然,在学习的过程中,有些机械的记忆和模仿是必要的;但最终要变成自己的东西,这需要经过自己的一番思考。如果不能独立思考,在学习中随波逐流,人云亦云,那就不知会飘向何方。爱因斯坦说:"发展独立思考和独立判断的一般能力,应当始终放在首位,而不应当把获得专业知识放在首位。"爱因斯坦是这样说的,也是这样做的。正是由于爱因斯坦养成了独立思考的良好习惯,具有独立思考的能力,他才创立了相对论,开辟了科学上的新纪元。可见,具有独立思考的能力对于一个人的学习和成功是多么重要。教师在教学中要积极引导学生独立思考,着力培养学生独立思考的习惯和能力,为学生实现自主学习助力。

三、培养学生自主学习的习惯

美国教育家曼恩说:"习惯仿佛一根缆绳,我们每天给它缠上一股绳索,要不了多久，它就会变得牢不可破。"曼恩运用了一个非常形象的比喻，把习惯比喻成了一根绳索，行为的多次重复，逐渐形成了习惯。教育归根结底是培养习惯，行为养成习惯，习惯形成品质，品质决定命运。良好的学习习惯是体现人生价值的重要保障，将成为学生一生进步的动力。学习习惯靠培养，养成持之以恒的学习习惯必将成大器、有所作为，而"三分钟热血"必将一事无成。作为教师，教会学生知识固然重要，但在推行素质教育的今天，培养学生良好的自主学习习惯更为重要。

那么，如何培养学生良好的自主学习习惯呢？首先，培养学生课前预习的习惯。预习是学生先于课堂学习的独立学习行为，它是学生自主学习行为的一种具体表现。因此，教师要教会学生自主学习，就先要教会他们预习。一般的教学方法是先教后学，教师教知识与技能，学生没有自主探究发现的机会；为了改变这种状况，教师要变先教后学为先学后教。这样有利于提高学生的自主探究能力，培养学生自主学习的习惯。其次，培养独立完成作业的习惯。完成作业是知识应用的一种形式，也是对学生自主学习的一种检验。它能提高和检验学生对所学知识的理解水平和巩固程度，它能促使所获得的知识通过形成技能而转化为能力，它能激发学生的学习积极性，使学生认识到知识在学习和生活中的意义。因此，教师要教育学生认识完成作业的重要性，采取有效措施确保学生的作业是独立完成的，逐渐培养学生独立完成作业的习惯。再次，培养学生及时复习的习惯。学习知识的目的是为了将知识长期保存在大脑里，而新知识识记过后，遗忘很快就会发生。为此，及时复习是巩固知识的必然要求，也是自主学习的需要。艾宾浩斯的遗忘曲线表明，遗忘的进程是先快后慢。及时复习能够阻止通常在识记后立即就会发生的急速遗忘。因此，教师要引导学生及时复习新学的知识，使学生养成及时复习的习惯。此外，在教学中，教师还要培养学生观察、思考、质疑、实践等习惯，这些习惯都有助于学生养成自主学习的良好习惯。

策略二 **以生为本，鼓励参与**

在新课改的课堂上，学生是学习的主体，而教师是学习的组织者、引导者。教师不再是单纯传授知识，解答疑惑，而是引导学生自己去发现、探究知识。在引导学生自主学习时，教师应该以生为本，充分发挥学生的主体作用，鼓励学生参与学习。这样，教师才教得轻松，学生也才学得快乐。

让学生成为学习的主人

薛翠娣①老师在课堂上曾创设了许多教学方法,培养学生学习的兴趣。有时她在课堂上还会让学生对自己的教学片段进行会诊,提出改进意见,以此激发学生学习的积极性。

上《只有一个地球》时,学生提意见了:"薛老师,这样上课太没劲了。"薛老师立即接上话茬:"怎么没劲,说说你们准备怎么学?"学生纷纷发表自己的意见:"老师你讲的都是书上有的,重复书上的,还不如我们自己看。""老师,你放点时间,让我们去查找一些资料。""建议老师带领我们搞社会调查后再上课。"……薛老师没有批评学生,听取了学生的意见,改上了其他内容。当我得知此事后,预约去听了这节学生提意见后的课。

《只有一个地球》一上课,学生变成了课堂的主角,他们纷纷介绍自己的资料:有介绍宇航员从高空拍下的地球照片的,有介绍关于地球母亲的深情款款的诗歌的,有介绍报纸上一系列有关地球遭受破坏的消息的,真是五彩纷呈。薛老师正是运用了鼓励学生参与的奇妙功用,才在一上课就引发了学生学习的积极性。

学生的参与是对教师的一个极大的鼓舞,由此,薛老师更加放手让学生成为学习主人。学生在阅读课文的基础上,围绕"只有一个地球",展开了激烈的讨论,他们在探究中学习,在学习中探究,课堂上的气氛非常热烈。薛老师只是一位今天新课标下的"牧羊者",将学生带进"草场",任由学生自己选取。结果学生发挥了最大的聪明才智,创造力得到极大的发挥。创造力是人的生命的潜能和价值的体现,苏霍姆林斯基说:"不要把欢乐现成地施于孩子,要让孩子体会到创造的幸福。"这节课,薛老师就是采用了让学生体验创造的幸福的形式,让学生自己做学习的主人。学生是我们教育的对象,既需要体会学的乐趣,也需要体会创造的乐趣。

在《只有一个地球》一课中,学生在学习前查阅资料;在课堂上热烈探讨,以及提出合理化建议;直到课后出小报,写倡议书,提整改环境的建议,无不让我感到薛老师的独具匠心。我们更清楚地看到"知识流"固然重要,但"情感流"更不可缺。

---

① 薛翠娣,全国优秀教师;获"茅以升家乡教育奖",江苏省特级教师,市有突出贡献中青年专家,市学科技术带头人,江苏省劳动模范。

薛翠娣老师虚心听取学生提出的合理化建议，大胆放手，让学生变成课堂的主角，自主学习，积极探究，因而她的课堂上出现的不是教师辛苦地"教"的场景，而是学生快乐地"学"的场景，课堂气氛热烈，精彩纷呈，高潮迭起。

一、以学生为学习的主体

　　一切为了每一位学生的发展，是新课程的最高宗旨和核心理念。新课程倡导把学生看作是发展的人、独特的人、具有独立意义的人，其根本就在于在教学中要以学生为主体，让学生真正成为学习的主人。自主学习是以学生作为学习的主体，通过学生自己独立的分析、探究、实践、质疑、创造等方法来实现学习目标的一种学习方法。自主学习正是充分体现了新课程的理念和要求。郭沫若说："教学的目的是培养学生自己学习，自己研究，用自己的头脑来想，用自己的眼睛来看，用自己的手来做这种精神。"的确，教师要培养学生的理解能力、思维能力和创造能力，培养学生的主体精神和主体人格，培养学生的独立性和自觉性，就必须引导学生学会自己学习，也即是自学。当学生自己掌握学习的整个过程，自己成为学习的主人时，学习的兴趣就会得到极大的激发，学习的效果就会得到极大的提高。课堂教学应当是教师指导学生自己学习的过程，自己阅读教材，自己思考问题，自己知因预果，或知果寻因。在学生自主的课堂教学中，教师让位给学生，由学生作为课堂教学的主持人，整堂课都是以学生为主，学生处于教学活动的中心。这样的课堂，实现了学生完全的自主学习，激发了学生的学习兴趣，最大限度地发挥出学生的主体作用。

二、鼓励学生主动参与教学活动

　　新课程倡导学生主动参与教学活动，培养学生的自主意识和参与意识。课堂教学过程是学生主体建构与发展的过程，这种过程通过学生的参与来实现。学生的积极主动参与程度直接影响教学效果，因为真正有效的学习必须是在学生的积极主动参与下进行的。"听来的忘得快，看到的记得住，动手学得好。"这正体现了参与学习的重要性。在教学中，教师若要让学生积极主动地参与学习，就要大胆放手。放手让学生阅读课本；放手让学生主动探索新知识；放手让学生讨论教学重点、难点和疑点；放手让学生思考、解答问题；放手让学生概括结论；放手让学生寻找规律；放手让学生构建知识结构；放手让学生设计课后拓展。如果教师在课堂中能够做到这"八放手"，那么学生的自主意识和参与意识就会随之增强,学习兴趣也就会得到充分的激发。教师不仅要注重学生学习的结果,更要注重学生学习的过程、参与的状态,使学生在课堂上人人参与。当然,教师要创设学生人人参与的机会,让学生有足够的时间和空间进行自主学习。

三、发挥教师的主导作用

新课程教学的本质在于引导学生主动地参与学习,其基本途径是在教师指导下学生主动地参与活动。但是,现实中也存在着忽略教师的主导作用,一味地强调学生的自主学习这样的现象。课堂上,由于教师主导不得力导致了课堂教学失控,出现了学生自主学习的随意和盲目,使自主学习流于形式。其实,教师的意义是把教师主导作用不断地转化为学生的学习主导意识,让学生学习的主导意识不断成长与强化,最终实现学生完全的自主学习。只有充分发挥教师的主导作用,凸显学生主体和教师主导的有机统一,才能达到最佳的学习效果。

在课堂教学的过程中,教师占据主导位置,要发挥在知识探索、能力培养上的作用。教师或宣讲、或追问、或引导、或启发,支配教学的各个环节及发展走向,支配整个教学过程,并且对学生和文本起制约作用。在教师的主导下,学生增强了学习主人翁的责任感,激发出学习的参与意识,提高了独立自主的学习能力,培养起合作探究的团队精神。当然,学生在教学过程中并非是始终被动的,由"宣讲式"到"追问式"再到"思维启迪式",学生的活动是逐步增加的,学生的主体地位也是逐步提高的。

策略三 自主探究,合作交流

新课程倡导自主、合作、探究的学习方式,强调学生主动参与、乐于探究、勤于动手,培养学生搜集处理信息的能力、获取新知识的能力、分析和解决问题的能力以及交流合作的能力。这彰显了现代教育注重培养学生自主探究、合作交流的理念,也是学生实现自主学习的有效举措。吴正宪老师在课堂教学上主张,教师应善于把握时机,鼓励学生质疑问难,引导学生自主探究、合作交流,从而激发学生学习的主动性和积极性。

让学生沉浸于探究

课上,学生四人一组围桌而坐。桌面上摆放着水杯、可乐瓶、圆形纸片、刻度尺、绳子和剪刀。我说:"龙潭湖公园有一个圆形花坛,为了保护花草,准备沿花坛围一圈篱笆,需要多长的篱笆呢? 你们能帮助解决这个问题吗? 请用手中的工具,小组合作探索周长的计算方法。"话音一落,学生们就忙开了。他们兴致勃勃地设想着各种方法,全身心投入到问题的探索之中。

过了一会儿,小组代表开始发言。A 组抢先说:"我们小组是把圆形纸片立起来放在刻度尺上滚动一圈,就测出了它的长度。"

我肯定了他们积极动手、动脑参与学习,但同时提出:"如果有一个很大的圆形水池,要求它的周长,能用你们小组的方法把水池立起来在刻度尺上滚动一圈吗?"

"是啊,行吗?"A 组的同学陷入了沉思。

接着,B 组代表有几分得意地向大家推荐自己小组的做法:"我们研究了一个好方法,先用绳子在水池周围绕一圈,再量一量绳子的长度,不就是水池的长度了吗?"

"好! 好! 这的确是个不错的方法。"我称赞道。这话在 B 组同学的脸上洒下了一片灿烂。

停顿片刻,我拿出了一端系有小球的线绳,在空中旋转了一圈,又旋转了一圈,问:"小球走过的地方形成了一个圆,要想求这个圆的周长,还能用你们的方法吗?"同学们摇摇头,再次陷入沉思。

"我们又发现了一种求圆周长的方法。"一个兴奋的声音从教室里掠过,C 组的同学发言了:"将这张圆形的纸对折三次,这样圆形的周长就被平均分成 8 段,我们测量出每条线段的长度是 2 厘米,8 段是 16 厘米,也就是圆的周长。"

很有创意,我竖起大拇指,"你们用折纸的方法求出这个圆的周长,很了不起。但是用滚动的方法、绳绕的方法、折纸的方法只能求出某些圆的周长,都有局限性。我们能不能找到一条求圆周长的普遍规律呢?"

学生的思维又活跃起来,把对圆周长的探索推向了一个新的高潮。

经过一番思考,学生提出了这样一个问题:"是什么决定了圆周长的长短? 圆的周长到底与什么有关系?"观察、操作、实验,学生终于发现圆的周长是它的直径的三倍多一些。规律找到了,学生沉浸在成功的喜悦之中……

【资料来源:吴正宪. 分数的初步认识教学案例[EB/OL]. 小学数学案例反思网. http://www.52fansi.com/shu/201205963.html.】

吴正宪老师善于启发和点拨学生的思维,使学生原有的认识、经验受到挑战,形成适当的失衡,从而促使学生去自主探究、合作交流,以寻找新的答案,使得学生的思维一步步深化,一步步逼近真理,一步步走进知识的殿堂。

一、营造自主学习氛围

在课堂上,良好的氛围是学生自主学习顺利展开的重要条件。苏联著名教育家巴班斯基说:"教师是否善于在上课时创设良好的心理氛围,有着重大的作用。有了这种良好的气氛,学生的学习活动就可进行得特别富有成效,可以发挥他们的最高水平。"可见。教师要促进学生自主学习,就要着力营造良好的自主学习氛围,为学生提供参与学习、展示自我的机会,从而使学生体验到学习的乐趣。教师可引导学生采取自主探究的方式进行学习,增强学生主动参与学习的频率,让每位学生都变得活跃起来,在问题中交流,在交流中探究,在探究中激发思维,共同参与知识形成过程,形成积极向上的自主学习氛围。此外,对于学生在自主探究中的表现,教师要给予恰如其分的表扬和鼓励,使学生感到心理安全和心理自由,敢想,敢问,敢于表达自己的见解,达到自我提高的学习目的。

二、引导学生独立思考

独立思考,是使人们发现新的知识,通向成功之路不可缺少的桥梁。只有在学习和生活中善于独立思考,才能开出智慧的奇葩。学生在学习上独立思考,其实质就是学生在学习知识的过程中要经过自己头脑的消化。这也是自主学习的需要。当然,在学习的过程中,有些机械的记忆和模仿是必要的;但最终要变成自己的东西,这需要经过自己的一番思考。科学家爱因斯坦说:"发展独立思考和独立判断的一般能力,应当始终放在首位,而不应当把获得专业知识放在首位。"可见,具有独立思考的能力对于一个人的学习和成功是多么重要。教师在教学中要积极引导学生独立思考,着力培养学生独立思考的习惯和能力,为学生实现自主学习助力。

那么,如何引导学生独立思考呢?首先,教师讲课不宜过细,要给学生留出思考、探究和自我开拓的余地,引导他们独立地思考问题,使他们有效地实现自主学习,愉悦地接受知识,掌握技能;其次,教师应保护学生学习中提出问题的积极性,鼓励学生敢于质疑问难,创造条件让学生发现问题,培养学生的问题意识;再次,教师要充分应用

"问题"，通过"导思"引导学生发现智慧的引线，获得打开知识大门的钥匙，因此教师必须认真设计各种问题，使学生有兴趣集中注意力去思考和参与讨论，从而培养独立思考的能力。

三、课堂留下质疑空间

苏霍姆林斯基说："人的心灵深处总有一种把自己当作发现者、研究者、探索者的固有需要。""孩子提出的问题越多，那么他在童年认识周围的东西也就越多，在学校中越聪明，眼睛越明亮，记忆力越敏锐。要培养孩子的智力，那你就得教给他思考。"中小学生对这个世界已有一些初步的朴素的认识，有潜在的主动探究的动力，他们渴望发现问题，并通过质疑、思考和探究获取新知识。然而，在传统课堂上，教师讲解、诱导、启发学生听懂、记住、理解教学参考书上的"标准答案"，成为教师完成课堂教学任务、达到良好教学效果的唯一目标。这种被教师统一了声音、学生缺失话语权的传统课堂缺失了思想，是教师表演的课堂，是缺乏民主的课堂。在这种课堂里，学生好奇的天性、思维能力、创新意识消失了。因此，在新课改的课堂上，教师应把质疑的权利还给学生，把质疑的空间还给学生，使学生敢于质疑、善于质疑。实质上，教师要培养学生自主学习的能力，有必要在课堂上给学生留下质疑的空间。面对学生发现、提出的问题，教师不要把现成的结论直接告诉学生，更不能轻易否定，而应把问题交给学生去探究和讨论，教师只起组织和引导作用。这样有利于激发学生自主学习的热情和积极性，并且使学生对通过自主学习得出的正确结论更加深刻。

四、引导学生总结反思

在课堂教学中，总结和反思都是有效学习的方法，尤其在自主学习中发挥着重要的作用。对于学生而言，总结是对学习的目标、内容、方法、步骤等方面的概括和归纳，教师要将总结的机会尽可能地给予学生，有意识地让学生总结。包括学习目标完成得如何，学习方法是否有待改进的地方，具体知识上有哪些收获，下次哪个学习环节上可以做得更好等。对于学生而言，反思是学生对自己认知过程、认知结果的监控和体会，是探索的升华，是深化知识内涵的手段，是重建知识网络的基础。人只有在反思中才能不断地发展进步。学生反思，不仅巩固了解决问题过程中涉及的知识，更重要的是学生通过对自己思维过程的再认识，极大地提高了自己的思维能力，从而使学习更有效。因此,在课堂教学中,教师要引导学生积极地总结和反思,对问题进行广泛、深入的思考,对知识进行自我概括、总结,然后教师再作适当引申和提高。这样,学生自主学习的兴趣就会得到充分的激发和培养,学生的创造力也会得到很大的提高。

智慧点津

如何在自主学习中体验成长的乐趣

新时期,任何教育都不可能将人类所有知识传授给学习者,教育的任务必然要由学习者学到知识转变成培养学习者的学习能力,而自主学习是培养学习者学习能力最有效的途径之一。因此,自主学习以其特有的优势,越来越受到当今教育的重视。我们深入地研究如何进行自主学习具有重要的现实意义。

一、自主学习的演进发展与理论依据

(一)自主学习的演进发展

从 20 世纪 50 年代开始,众多西方教育学家、心理学家开始倡导自主学习,并把其作为一个重点研究课题,从不同角度作了一些探讨。70 年代,自主学习进入语言学习领域。欧洲议会的现代语言工程在 1971 年成立了自主学习中心,其宗旨就是培养学习者的自主学习能力,也就是学生的独立学习能力。他们认为自主学习就是"能够对自己的学习负责"。自 80 年代中期起,美国研究自主学习的权威心理学家齐莫曼与一些心理学家对自主学习进行了较为全面深入的探讨,提出了许多具体的促进自主学习的方法。齐莫曼在总结了以前学者研究的基础上,提出只要是学生在元认知、动机和行为三方面都是一个积极的参与者,那么其学习就是自主的。90 年代以后,国外对自主学习问题的研究更加广泛和深入,并取得了重大进展。我国学者自 80 年代开始,一直对自主学习进行不断地研究、探索。"自主学习"问题被国家教育科学"九五"规划课题确立为重要研究内容,这表明它的重要性在理论界获得了广泛共识。

自主学习是科技发展的必然。21 世纪科学技术飞速发展,知识更新周期大为缩短,知识总量爆炸式增长,学校教育不可能使学习者完成一生的知识储备。

在当今的知识经济时代,学习已成为人们终身的需要。但是,终身学习没有教师陪伴在身边，全靠自主学习。因此，人们要想跟上时代和社会的发展，适应日益激烈的竞争，必须打破原来那种"一次性"教育定终生的观念。人们应通过自主学习不断地从多渠道、多方式、多途径地摄入知识，充实自己。可以说，"自主学习"和"学会学习"已成为当今教育界的最强音。自主学习是个体发展的必然，自主学习有利于个人潜能的发展，是个人发展的根本保证。

（二）自主学习的理论依据

随着教育学、心理学的不断发展，涉及自主学习的理论已有多种。这里主要介绍人本主义学习理论、建构主义学习理论、认知学习理论、自我决定理论、信息加工理论五种理论，为自主学习提供相应的理论依据。

1. 人本主义学习理论

人本主义学习理论认为，教学的目的在于培养"全面发展的人"。教育者面对的学生，首先是一个活生生的人，他们具有独立的人格，是有主观能动性的个体。每个学生都蕴藏着独立学习的潜能，教育要以学生的发展为本，突出学生的主体地位。主张学习者和教育者分享控制权，主张学习内容符合学习者的需要，强调以学生为中心的教学方法，学习者应为他们自己的学习负责。人本主义学习理论的近期目标是培养学生的自主学习能力，促进学生自我学习、自我实现，培养学生的独立性、自主性和创造性，并认为学生是教学的中心，教师是学生的引导者、促进者、帮助者。教育者要尽可能提供各种学习资源，营造和谐的、双向交流的学习环境，通过对学生潜能的开发，让学生学会和驾驭生活，最终促使其个性得以完善，成为"全面发展的人"。①

2. 建构主义学习理论

建构主义学习理论认为，知识不是传播的，而是由学习者自己构建的，学习不是简单地由教育者把知识传递给学习者，而是学习者以已有知识和经验为基础，通过与环境的相互作用和他人的协作，主动构建的过程。因此，学习者自主学习是自我知识意义的建构，也是一个人终身学习的必然要求。建构主义学习理论认为教育就是赋予学习者独立思考的能力，强调将自身经验带进学习过程，是积极的意义建构者和问题解决者。它既强调学习者的认知主体作用，又不忽视教育者的主导作用。它认为教育者是意义建构的帮助者、促进者，而不是知识的传授者与灌输者；学习者是信息加工的主

---

① 吴建强.试论自主学习的理论依据、内涵与特征[J].湖南广播电视大学学报，2004(1).

体,是意义的主动建构者,而不是外部刺激的被动接受者和被灌输的对象。

3.认知学习理论

认知学习理论认为,学生是学习的主体,学习应是主动发现的过程,学生对知识的获得类似于科学家发现新知识的过程。它提倡以帮助学生学会学习、促进学生全面发展为宗旨,以改变学生单纯地、被动地接受教师灌输知识的学习方式为着眼点,创造一种开放的学习环境,为学生提供一个多渠道获取知识、理解个人问题或社会问题,并将学到的知识加以综合并应用于实践的机会。学生获取信息的过程是感知、注意、记忆、理解、问题解决的信息交换过程;学生对外界信息的感知、注意、理解是有选择性的,学习的质量取决于效果。学生学习的过程是主动的。特别是布鲁纳的"认知—发现"学习理论,不仅指出学习的实质在于主动地形成认知结构,强调学习过程是一种积极的认知过程;而且倡导知识的发现学习。布鲁纳的发现学习,并不限于发现人类尚未发现的事物,而是主要指学生通过自己独立地阅读书籍和文献资料,而获得对学习者来说是新知识的过程。①

4.自我决定理论

自我决定理论是一种较新的学习动机理论,与自主学习观点密切联系。它从人类的内在需要出发,很好地解决了动机产生的能量问题,同时也兼顾了动机行为的方向和目标。自我决定理论由美国心理学家德西(Deci)和瑞恩(Ryan)提出。他们认为,理解学生学习动机的关键是个体的三种基本心理需要:胜任需要、归属需要和自主需要。学习动机的能量和性质,取决于心理需要的满足程度。胜任是指在个人与社会环境的交互作用中,感到自己是有效的,有机会去锻炼和表现自己的才能。归属是指感觉到关心他人并被他人关心,有一种从属于其他个体和团体的安全感,与别人建立起安全和愉快的人际关系。自主是指个体能感知到做出的行为是出于自己的意愿的,是由自我来决定的,即个体的行为应该是自愿的且能够自我调控的。自我决定理论尤其重视自主的需要,认为学生的自主需要越能得到满足,则他的学习动机就越趋于内化。

5.信息加工理论

信息加工理论是心理学中最活跃的研究领域之一,是研究人类在环境中如何由感

---

① 吴建强.试论自主学习的理论依据、内涵与特征[J].湖南广播电视大学学报,2004(1).

觉、辨认、转换、记忆等内在的心理活动，来吸收并运用知识的方法。即人们接收、处理和运用信息的过程。它认为，人的认知程序是一个信息加工系统，头脑是一个类似计算机的信息加工器。学生通过网络、课堂、媒体、教材、教师等学习信息源接受信息，把输入脑中的学习信息符号进行复杂的加工处理，复制或组合成新的符合系统（新的认知结构），然后输出经过迁移内化的信息，应用于实践活动。表面上，这一理论似乎与培养学生的自主性学习没有太多的联系，但是本质上两者是分不开的，教师教会学生掌握一些有效的学习方法是培养学生自主学习的一个重要方面。

二、自主学习的基本内涵与主要特征

(一)自主学习的基本内涵

一般来讲，研究者认为自主学习有以下三方面的含义。第一，自主学习是由学习者的态度、能力和学习策略等因素综合而成的一种主导学习的内在机制，也就是学习者指导和控制自己学习的能力。第二，自主学习指学习者对自己的学习目标、学习内容、学习方法以及使用的学习材料的控制权，也就是学习者在以上这些方面进行自由选择的程度。从另一个角度讲，就是教育机制（教育行政部门、教学大纲、学校、教师、教科书）给予学习者的自主程度，或者是对学习者自由选择的宽容度。第三，自主学习是一种学习模式，即学习者在总体教学目标的宏观调控下，在教师的指导下，根据自身条件和需要制订并完成具体学习目标的学习模式。当然，这种学习模式有两个必要前提，即学习者具备自主学习的能力和教育机制提供自主学习的空间。[①]

也有研究者从狭义和广义的角度对自主学习给予了界定。狭义的自主学习是指学生在教师的科学指导下，通过能动的创造性的学习探索活动，实现自主性发展的教育实践活动，是指学校教育范围内的自主学习，包括了教师、学生、教育内容和教育环境四个要素。教师的科学指导是前提条件和主导，学生是教育的主体、学习的主体；学生能动的创造性学习是教育活动的中心，是教育的基本方式和途径；实现自主性发展是教育活动的目的，是一切教育活动的本质要求。广义的自主学习是指人们通过多种手段和途径，进行有目的有选择的学习活动，从而实现自主发展的社会实践活动。包括学校教育、家庭教育、社会教育和个人自学在内的一切有目的有选择的学习活动。

---

① 程晓堂.论自主学习[J].学科教育,1999(9).

广义的自主学习活动中,学校教育是基础和关键。一般意义上的自主学习是指狭义的自主学习。①

实质上,自主学习是学习者主导自己的学习,在学习目标、过程及效果等诸方面进行自我设计、自我管理、自我调节、自我检测、自我评价和自我转化的主动建构过程。它强调通过培养学生自主学习的意识,调动自主学习的能动性,发挥每个人的个性潜能,促进学习过程中的自我实现、自我创新、自我发展,进而影响其一生的学习实践活动。教育者既要引导学生自己去求知,又要引导学生自己去实践,去发现和解决问题;既要进行自主学习方法的指导,又要培养自主学习的态度、习惯和能力;既要立足于当前的学习,又要着眼于终身学习。最终达到使学生掌握科学知识的同时,把握探求知识的方法,培养开拓创新精神,促进自身的全面发展。②

(二)自主学习的主要特征

1.独立性

每个学习主体都是具有相对独立性的人,学习是学习主体"自己的"事、"自己的"行为,是任何人不能代替、不可替代的。独立性相对于依赖性;自主学习把学习建立在人的独立性的一面上,"他主学习"则把学习建立在人的依赖性的一面上;自主学习的实质就是独立性,独立性是自主学习的灵魂。这是从教与学的关系来阐述独立性的,它要求学生摆脱对教师的依赖,独立开展学习活动,自行解决现有发展区的问题。独立性是每个学习主体普遍具有的,它不仅经常地体现在学习活动的各个方面,而且贯穿学习过程的始终。每个学习主体都具有求得自我独立的欲望,都具有一定的独立能力,能够依靠自己解决学习过程中的"障碍",从而获取知识。具有独立性的学习主体,是"自主学习"的独立承担者;独有的心理认知结构,是"自主学习"的思维基础;渴求独立的欲望,是"自主学习"的动力基础。

2.自觉性

自觉性,即学习主体对自己学习的自我约束性或规范性。自觉性是学习主体的觉醒或醒悟性,对自己的学习要求、目的、目标、行为、意义的一种充分觉醒。它规范、约束自己的学习行为,促使自己的学习不断进步、持之以恒。它在行为域中则表现为主

---

① 韩清林.关于"自主学习"教育教学改革实验的若干基本问题[J].河北教育,1999(12).
② 吴建强.试论自主学习的理论依据、内涵与特征[J].湖南广播电视大学学报,2004(1).

动和积极。主动性和积极性是自觉性的外在表现。因此，自觉学习也就是一种主动、积极的学习。主动性和积极性来自自觉性。只有自觉到自己学习的目标意义，才能使自己的学习处于主动和积极的状态；而只有主动积极的学习，才能充分激发自己的学习潜能和聪明才智，从而确保目标的实现。另外，自觉学习体现学习主体清醒的责任感，它确保学习主体积极主动地探索、选择信息，积极主动地建构、创造知识。

3.超前性

自主学习的超前性区别于传统学习的跟随性。传统的教学模式是先教后学，即课堂教学在先，学生复习和作业在后，学生的学习只是对教师讲授的内容进行简单的复制。教育心理学认为，这种缺乏学生对知识独立建构的学习只能是死记硬背的形式上的学习。自主学习的超前性体现在学生对知识进行自我构建的过程，即学生利用头脑中原有的知识结构同化和顺应新知识的活动，新知识只有通过学生头脑中原有认知结构的加工改造，才能被学生所真正认识和掌握。可见，自主学习促进了学生进行超前学习，使学生利用原有知识结构对新知识进行突破或革新，实现知识的创新。另外，自主学习的超前性也使教与学的关系产生了根本性的变化，即变"学跟着教走"为"教为学服务"，使教学达到"以学定教"的目的。

4.异步性

自主学习的异步性，是指尊重学生的个体差异性，允许学生经过自己的努力取得不同于他人的发展。其区别于传统学习的"齐步走"。传统教学忽视学生学习的个体差异性，要求所有学生在同样的时间内，运用同样的学习条件，以同样的学习速度掌握同样的学习内容，并要求达到同样的学习水平和质量。这种"一刀切"的做法，使很多学生的学习不是从自己现有的基础出发，而是从教师主观出发，这在学习新知方面存在着不同程度的障碍，未能获得有效的进步。自主学习尊重学生的个体差异性，学生在充分了解自身的客观条件，并在进行综合评估的基础上，根据自身的需要，确定具体的学习目标，选择相关的学习内容，制订科学的学习计划，并对学习结果做出自我评估。自主学习的异步性，使不少学生脱颖而出，使暂时落后的学生能够在教师的指导和帮助下尽快赶上来。

三、教师引导学生自主学习的主要途径

(一)确立自主学习的目标

确立教学目标是备课的首要环节。教学目标的实质是教师给自己的教学提出的任务和要求;而学习目标是教师根据教学目标制订的、让学生通过学习达到预期的效果。把教学目标转化为合理的、可操作的学习目标,教师才能使学生明确学习的具体任务、要求,从而规定学习行为取向和评定学习结果。① 但是,在学习活动中,学生不是被灌输的器皿,不是教师的"应声虫",而是具有个性的、充满生命活力的人。因此,真正的教学应该关注学生的实际情况,要根据学生的认知水平制订能达到的目标,并在必要的情况下调整学习目标。在教学过程中,教师应对不同层次的学生提出不同的要求,使不同层次的学生都能体验到学习成功的乐趣,从而让他们保持对学习的热情。这样,经过教师的指导和培养,学生便能主动地根据自主学习目标,选择性地搜集资料,积极去思考加工,提取有用的信息,甚至提出自己的设想。最终形成学生自主、独立地发现问题的能力,养成搜集、处理信息的习惯和思考、分析、归纳的习惯。

(二)制订自主学习的计划

自主学习计划是指学生在学习前对学习活动的计划安排。如学习之前先做好计划,对学习哪些内容、如何去学以及学习时间等进行安排。认知心理学研究表明:随着年龄的增长,自我监控能力对学习效果的影响也表现得越来越明显。有了自主学习计划,学生就能在学习过程中有计划地学习,有助于学生明确学习目标,控制学习进度,不断总结和调整自己的学习策略和学习效果;教师也能根据每个学生的自主学习计划,有效地督促和检查学习者的学习进展情况,更有效地发展学生的自我控制能力。自主学习计划既是学生的努力方向,也是促进学生发展的原动力。学生可以经常用自主学习计划检查自己,以发现问题、促进反思。自主学习计划还可以经常提醒学生,使学生在学习过程中有一定的紧迫感,对自己的发展起到具体的指导和监控作用,减少学生发展过程中的盲目性。因此,在教学中,教师要引导学生制订明确的、科学的、动态的、客观的自主学习计划。制订自主学习计划应该注意知识范围、时间、进度三个方面。根据教师的教学进度,妥善安排常规学习时间和自由支配时间,每一个计划执行

---

① 孙玉华.新课程下学生自主学习策略浅谈[J].新课程学习,2012(1).

到一个阶段,就应当回顾一下效果如何。如果效果不好,就应该寻找原因,进行必要的调整。

(三)创造自主学习的条件

教师要真正引导学生自主学习,还必须帮助学生创造自主学习的条件,这样才能更好地激发学生自主学习的兴趣。如何创造自主学习的条件? 首先,创造良好的学习环境。校园的净化、绿化、美化等自然环境可以使学生身心愉快,充满活力;校园橱窗、板报、图书阅览室、校园广播、校园网络等人文环境,让学生获得身心陶冶,启迪心智;而安静、文明的教室,让学生心无杂念,用功学习。良好的学习环境对学生的学习来说,是非常重要的;但却需要学校和教师去努力创造。其次,保证充足的时间。学生获取知识的过程是一个复杂的过程,需要时间的积累。没有充足的时间,自主学习便无从谈起。在学校里,教师要给学生提供自主学习的时间,如晨读、早自习、午自习等,让学生能够预习新知,巩固旧知,更让他们有机会消化理解当日所学。此外,提供必要的学习材料。学习材料是满足学生个别化学习的前提条件,也是达到自主学习的重要物质条件。由于每个学生的学习需求、学习方式和学习进度都可能不一样,要满足这些不同的需求,教师就必须提供丰富多样的学习材料。

名家锦囊

之一:庞维国(教育心理学博士,华东师范大学心理与认知科学学院教授,上海市心理学会秘书长,《心理科学》杂志编委)

自主学习是建立在自我意识发展基础上的"能学";建立在学生具有内在学习动机基础上的"想学";建立在学生掌握了一定的学习策略基础上的"会学";建立在意志努力基础上的"坚持学"。自主学习不等于积极主动的学习,也不等于绝对独立的学习,它是一个相对的概念。

之二:余文森(教授,博士生导师,福建师范大学教师教育学院院长,国家基础教育课程教材专家工作委员会委员,国家基础教育课程改革专家组成员,全国中小学教材审查委员会委员,全国优秀教师,被评为有突出贡献的专家并获得国务院特殊津贴)

从文字角度讲,"自主"两个字可以拆开来解读。其中的"自",核心内涵包括:自觉、自主和自控。其中的"主",核心内涵包括:主人、主体、主见。从"自"的层面讲,自

主学习是一种自觉的、自立的、自控的学习。从"主"的层面讲,自主学习是一种以学生为学习主人和学习主体的学习,学生在这种学习中能够进行知识的自我构建和个性解读,从而形成自己的见解和主见。

之三:韩清林(教育部国家督学,河北大学博士生导师,河北省中小学创新教育学会会长,河北省教育厅原党组副书记、副厅长)

自主学习理论强调培育学生旺盛的学习动机和浓厚的学习兴趣,从而进行能动地学习,即主动地自觉自愿地学习,而不是被动地或不情愿地学习,学生学习动机和学习兴趣的培育和养成,是学校教育的重要任务之一。这是因为,学生旺盛的学习动机和持久的学习兴趣不是自发产生、自然形成的,而是通过学校、家庭、社会各个方面的教育与引导而形成的。

第五讲　情境激趣，寓教于乐

教学既是一门技术，又是一门艺术。情境激趣艺术属于课堂教学的组织艺术，是影响一堂课能否获得良好教学效果的一种手段。心理学家皮亚杰认为："只有要求儿童作用于环境，其认识才能顺利进行。"创设情境是完成教学任务的最佳形式之一。所谓"情境"，就是"情"与"境"的交融，它包括情感与环境两方面的内容。教学情境是一种富有生动形象的情境，具有丰富多彩的内容、鲜明生动的形象、真切感人的情意、优美动人的意境、耐人寻味的哲理等。新课标强调，教师在教学中应善于创设教学情境，营造和谐氛围，提高教学的实效性。在课堂教学中，教师利用各种策略为学生创设精彩生动的情境，吸引学生的注意力，唤起学生丰富的想象和愉悦的情感，激发学生的学习兴趣。教师还要投入自己真实的感情感染学生，让学生渐渐地体会学习的真意，品味学习的乐趣，从而达到寓教于乐的教学效果。

名师故事

游彩云①：名师天空彩云飘

游彩云老师善于情境教学，会把一堂堂语文课变成一段段轻松的旅程，寓教于乐，让每堂语文课生机盎然。

很多教师教一年级学生学拼音，循规蹈矩地教是很枯燥的，很容易抹杀学生对学习的兴趣。为了避免出现这种情况，游老师就通过设置游戏的情境来教学生：把学拼音当作爬楼梯，再根据课文对其进行改编。学习生字也采取多样的教学方法，如学习毛巾、牙刷、铅笔这些生字的时候，她会创设一个招聘员工的情境，要求这些应聘的员

---

① 游彩云，广州市天河区体育东路小学语文高级教师，广东省特级教师，全国优秀教师，广东省暨广州市小学语文教学研究会理事。

工必须去推销这些商品。要推销这些商品,就必须要认识自己的商品,在这样的一个过程中,学生就会自然而然地认识这些生字了。通过创设各种情境,游老师的课堂生动起来,活泼起来。

在阅读课堂上,游老师特别注意利用自身朗诵的优势为学生营造如诗如画的情景,或者配以音乐、舞蹈来诠释,为学生营造一种真、善、美的温馨情境,这样不自觉地就唤起了学生亲自朗读课文的欲望。他们会争先恐后地选择自己喜欢的段落或者句子来朗读。长此以往,学生的语感能力就得到大幅度的提高,学生的道德情操也得到了熏陶,从而塑造了身心和谐的健康人格。

在进行作文教学的时候,游老师比较注意培养学生对身边事物的敏感能力和观察能力。例如,在教学生写树时,她就带着他们去校园转,指导他们怎么观察树的形状、颜色,用鼻子去闻、用手去触摸,然后再把自己的感觉记录下来,这样学生就积累了丰富的写作素材,在作文时就能顺手拈来。同时,在这样的训练过程中,游老师也培养了学生细腻的心灵,学生在日后的生活中就会懂得记录生活的点点滴滴,成为他们人生的一大财富。

游老师还把情境教学与现代多媒体技术整合起来,摸索出"情境、主动、交互、发展"的网络教学模式。很多教师都熟悉她上的《荷花》一课,她在课堂上运用多媒体技术使学生在美的熏陶与享受中学到了语文。她那亲和的态度、甜美的音容笑貌更拉近了学生与语文的距离,拉近了观课者与语文的距离。

潜在的环境也是课程的一种形态,影响学生学习素养育成的因素不仅有教科书,还有教师的情境教学艺术,而游老师本身就堪称情境教学艺术的范本。

【资料来源:陈岚.名师天空彩云飘[J].师资建设,2009(3).本文略有改动】

创设教学情境,寓教于乐,是师生向往的有效的教学方式。在课堂教学中,游彩云老师善于创设情境,营造了轻松、自然、和谐的课堂氛围,学生学习的兴趣浓厚,积极踊跃参与课堂活动,主动探究问题,愉悦获取知识。在这种充满生机和活力的课堂里,教师的教与学生的学都进入了理想的境界。教师若要通过情境教学激发学生的学习兴趣和求知欲,就应用心研究情境教学艺术,娴熟地掌握和驾驭创设情境的技巧。

一、创设情境要讲究趣味性

心理学家布鲁纳指出:"学习最好的刺激乃是对所学知识的兴趣。"兴趣是学习之最重要的动力,学生参与学习活动的欲望来自对知识的兴趣。教学实践证明:在生动有趣的教学情境中,学生的学习兴趣是最高的,其求知欲也是最强烈的。因此,教师在创设教学情境时要特别讲究趣味性。在课堂教学中,教师要最大限度地利用学生好奇、好动、好问等心理特点,并紧密结合本学科的特点,创设使学生感到真实、新奇、有趣的教学情境,促使学生的认知情感由潜伏状态转入积极状态,由自发的好奇心变为强烈的求知欲,产生跃跃欲试的主体探究意识,积极参与课堂的学习活动,从而使情境教学产生事半功倍的良好效果。当然,教师在创设情境不能为了追求趣味性而忽略了知识性,应把知识性与趣味性有机地结合起来,使创设情境为促进学生探求知识服务,让学生处于最佳学习状态或境界,激发学生学习的积极性。

二、创设情境应联系生活

新课程指出,教学要紧密联系学生的生活实际,从学生的经验和已有的知识出发,创设与学生生活环境、知识背景密切相关的、学生感兴趣的学习情境,让学生在观察、操作、猜测、交流、反思等活动中逐步体会知识的产生、形成和发展的过程。联系生活、创设情境、丰富学生认知的源泉是情境激趣的重要方法。生活是学生获得认知的丰富源泉,教学应与学生的实际生活相联系,让学生通过"体验"来获取知识。心理学研究表明:当学生学习的内容与学生熟悉的生活背景越贴近,学生自觉接纳知识的程度就越高。为了使学生更好地接受知识,激起学生的求知欲望,教师创设的情境要贴近学生的生活。如果偏离太多,学生缺乏实践体验的机会,就不可能产生学习欲望。教师要站在学生的角度去看问题,寻求一些学生感兴趣的、具有开放性和挑战性的、与他们生活经验密切相关的素材,创设让每个学生都乐意学习的情境。大凡名师都善于观察和把握学生在生活环境中的一些细节,善于把学科知识与生活素材有效地整合起来,创设与教材相关的生活情境,把抽象难懂的问题转化为具体生动的学科知识,使学生从难以理解的问题中解脱出来,消除学生畏难而退的学习情绪,激发学生的学习兴趣。

三、创设情境切忌形式化

创设情境是课堂教学的一种手段,其目的是给学生创设一种"认知冲突",让学生处于"愤悱"的探究状态,激发学生学习"新知"的欲望,从而有效地实现教学目标。近年来,在新课程改革中,情境教学频繁运用于课堂教学;但是,有不少教师过分追求课堂的"热闹气氛""学科渗透",用唱歌、画图、听音乐、看多媒体录像等多样化多段创设情境,偏离了教学目标和重点难点,导致情境教学的价值流失。有的教师创设情境安排学生分角色表演、小组合作探究,但缺少方法的指导,花了很长时间,教学效果并不佳。这种为创设情境而创设情境,使情境教学表面化、形式化,也使情境教学成了新课程的另类代名词。其实,如果教师对情境本身作过多的具体描述和渲染,拘泥于过多的非教学信息,非但不能起到引导学生积极思维的作用,甚至还可能喧宾夺主,成为分散学生思维的干扰因素,使学生的探究思维淹没在美丽的画面中。因此,我们在创设情境时要多一些理性,仔细推敲,做到"慎之又慎",切忌为追求时髦、花哨的情境教学而盲目地创设情境。我们要把关注的焦点落在情境能否有效促进学生"快乐、有效"地学习,而不是这个情境本身是什么。创设情境要做到朴实、实用,要从教学条件水平、学生生活实际、简单好操作等方面去考虑。注意每个情境要有助于学生学习,重视让每个学生都能体验到并参与到教学情境中来。

✦— 智慧解码 ✦—

教学情境是指教师运用教学智慧,根据教学内容和教学对象设置一种能激发学生学习热情的学习场景与氛围。教学情境不是只存在于课堂教学伊始,而是充满课堂教学的整个过程,只要有学习活动的进行,就应有相应的学习情境,它是多维度、全方位的,包括心智、情意、氛围、交往、问题背景、学习条件等各个方面。实际上,每节课总有一定的教学任务,需要达成一定的教学目标;而创设情境是教师将教学目标外化为学生容易接受的情境的过程,针对学生思维特点和认知规律,以"形"为手段,以"趣"为突破口,以"情"为纽带,以"智"为核心,让学生在学习过程中获得求知、认知的乐趣,从而使教学真正成为生动活泼的自我需求的活动。教师应根据教学内容的需要和学生的实际情况,灵活采用多种途径与手段,创设让学生主动体验、发现、思考、质疑、交流、感悟、批判、创造的情境,在有效的情境中为探究新知作铺垫、引出课题或新知,并真正激发学生求知欲,点燃思维火花,把教师的教学要求转化为学生的自觉学习要求,让学生在热情投入中去自悟自省,体验自我成长的激动与兴奋。

策略一 善用语言，描绘情境

在课堂教学中，教师善用语言描绘情境，即善于运用教学语言的渲染、描述和感化作用，描绘出一种具有强烈感染力和鼓动性的情绪环境，以拨动学生的心弦，激活学生丰富的想象力，诱发学生探究学习的热情。以语言描绘为主的情境创设，可以给学生创造性思维的发展提供广阔的天地。这就要求教师语言准确、简练、生动形象，能诱发学生在头脑中形成正确的表象，从而感知所学的文本材料。

"我是中国人民志愿军"

薛翠娣老师在情境教学上颇有建树，懂得通过语言描绘创设情境，激发学生的学习兴趣。她能将无声的没有色彩和情感的文字化作声情并茂的语言，将流淌在字里行间的情感，创造出浓厚的情境，让学生在特定的环境中，见其物、辨其形、嗅其味、闻其声，变文章中的此情此景为我情我景，以达到情景交融，情感共鸣。即将自己胸中的波澜，引入学生心田，使无声的文字展现在学生面前的是一幅绚丽的画、一首婉转的歌。

在教《再见了，亲人》时，薛老师用传情的语言创设了一个感人的情境：在车站上，志愿军和朝鲜人民有道不完的离别话，诉不尽的离别情。然而"送君千里终有一别"，就在彼此挥泪惜别之际，"呜——"火车启动了，此时此刻，千句万句并作声声呼唤："再见了，亲人！再见了亲爱的土地。"

接着，薛老师又诵道："火车缓缓开出，那隆隆的车鸣牵动着志愿军的心，此时此刻他们心中唯一的希望——"学生接读："列车呀，请开得慢一点！……再停留片刻！"

学生的情感进入了特定的情境，薛老师再次抒情："战士们深深依恋朝鲜的山水，依恋着朝鲜的亲人。然而列车逐渐加速，战士们赶紧探头窗外，只见大娘、大嫂、小金花等朝鲜亲人依然伫立车站，不停挥手告别，战士们再也忍不住了，泪水模糊了他们的双眼。他们情不自禁地说：——"学生接读："再见了，亲人，我们的心永远和你们在一起。"

薛老师接着总结道："这是志愿军发自内心的呼唤。这里字字句句饱含着志愿军战士的感激之情、赞美之情、依恋之情。在朝鲜战场上，中国人民志愿军为帮助朝鲜人民抗击侵略者，抛头颅，洒热血，牺牲在疆场。其中同学们熟悉的有：黄继光、罗盛教、邱少云等，同样朝鲜人民为中国人民志愿军也付出了血的代价。"然后指板书和学生共同总结："大娘为救伤员失去了唯一的小孙子；小金花为救老王失去了双腿。因而他们不是亲人胜似亲人,中朝两国人民的友谊是用鲜血凝成的,是伟大的,是牢不可破的。"

最后,薛老师饱含深情地说:"八年相处建深情,从此一别何日逢。千言万语涌心头,汇成一句——"再指课题齐读:"再见了,亲人"。

此时的学生仿佛成了中国人民志愿军中的一员,他们就在火车上,在和朝鲜亲人告别。薛老师继续推波助澜:"火车加速了,中朝两国人民的距离越来越远,大娘、小金花、大嫂的身影越来越模糊,战士振臂高呼:——"(指板书的课题)

学生读:"再见了,亲人——! 再见了,亲人!"催人泪下的语言,渲染气氛的导读,使学生受到强烈的感染,仿佛身临其境,从而领悟中朝两国人民的友谊之深。下课的铃声响了,可学生还沉浸在薛老师所创设的课堂情境中,久久不能自拔……

薛老师的这段教学以车站为场景,以列车行驶为经线,以道别为纬线,用语言描述导读,启动、开车、飞驰,逐步把学生的情感推向高潮。学生的三次齐读"再见了,亲人",体会一次比一次深入,情感一次比一次高涨,读者与作者情感共鸣,深切体会到中朝两国用鲜血凝成的不是亲人胜似亲人的感情来。

这样的情境创设,恰到好处地体现了"我"与情感并行。薛老师牢牢扣住动心、动情、动容创设教学情境,学生在薛老师创设的表情和语言信息中,感受了老师激情澎湃的心跳,有了畅所欲言、欲罢不能的冲动,提高了对情感的认识,提高了自身的情感性素质。难怪下课后,学生说:"我是中国人民志愿军中的一员……"

【资料来源:语言描述,创设情境[EB/OL]. 教育在线:http://www.eduol.cn/.】

薛翠娣老师的教学,真正体现了叶圣陶所说的:"作者胸有境,入境始与亲。"薛老师善用教学语言描绘教学情境,使课堂教学做到了情动于衷而形与外,语言中饱含真情,声与情水乳交融,引导学生披文入境,情动而辞发。语言的魅力是无穷的,教师只有懂得善用教学语言,才能在创设情境中渲染美好的氛围,唤起学生的情感,取得理想的教学效果。

一、善用教学语言,营造美好的氛围

在课堂教学中,教师与学生、学生与学生之间的互动在很大程度上都依赖于语言。运用教学语言创设情境是课堂教学的最基本技能;只有善于运用教学语言,才能创设出理想的情境,营造美好的教学氛围,激发学生的学习兴趣。善用教学语言,从内容方面看，要做到准确美、简洁美、理趣美；从形式方面看，要做到修饰美、风格美、态势美。在教学中，教师善用生动优美的语言描述抽象单一的教学内容，创设形象逼真的教学情境，使学生沉浸在教师勾勒的美好氛围的同时，习得知识，掌握技能。当学生对教师的语言产生兴趣时，他们在课堂上就会认真听讲，不知不觉进入语言文字描述的情境中，积极思考教师提出的各种问题，加深对教学内容的理解和记忆，并放飞想象的翅膀，进入"我要学"的愉悦状态。

二、善用教学语言，唤起学生的情感

人类情感交流的主要工具是语言，有了语言的交流才能促进情感的共鸣。一个优秀的教师不仅要传授知识，而且要用自己和文本沟通的情感去熏陶学生，感染学生，让学生和自己一起达到"夫缀文者情动而辞发，观文者披文以入情"（刘勰）的境界。身为教师，如果没有情感的升腾和冲动，也就没有教学艺术的产生。因此，教师应以自己的情感去拨动学生情感的琴弦，使之产生共鸣，这样才能使学生真切地融入教师所创设的情境当中。情动于文，教师的情感必然倾注于文本所营造的情境中，而动人的情感本身就是一种非同寻常的魅力，教师运用生动的语言渲染情感，不仅可以直接影响学生的学习心理，而且可以使学生更乐于接受知识，激发学生学习的兴趣。另外，情感具有变化性和丰富性。学习过程中学生的情感时有变化，教师不仅要把握多数学生的情感变化，更应注意个别学生的情感差异，因材施教。教师应像春风细雨般和蔼而严肃、平静而安详，利用情感的感染性，即以"情"激情，使学生心情愉快地听讲；即使发生突发事件，教师也不要轻易批评学生，以防打乱学生正常的听课情绪，影响师生课堂情感交流。

策略二 借助图画，再现情境

苏霍姆林斯基说："儿童是用形象、色彩、声音来思维的。"图画具有形象性、直观性和趣味性的特点，是展现形象的主要手段。教师通过借助图画再现，创设情境，可以把教学内容变得形象直观、丰富有趣，收到"一图穷千言"的效果。在图画面前，学生看得清楚，感受得真切，从画的颜色、明暗中不仅能迅速立体地感知教学内容，接受和理解教学内容，同时也能体会到作者把图画变成语言文字的高明以及依文绘图的创造性。

有趣的画面

张齐华老师认为，一个真正意义上的情境应该能激发学生乐于参与、关注和活动的"情"，并引导学生浸润于探索、思维和发现之"境"，它固然需要以具体的场景作背景、载体，然而，场景的呈现能否有效唤起学生的认识不平衡感、问题意识以及认知冲突，场景本身是否能吸引学生主动参与到问题的探究、思考中来等问题还都有待进一步探索。

基于这样的数学思考，执教"分数的初步认识"一课时，张老师出示了自己1周岁时站立的照片。他让学生猜照片上的孩子是谁？一位学生激动地说："我觉得是张老师。"

张老师点头称赞："真有眼力！这是1周岁时的我。仔细观察。"（动画演示：身高约是头高的4倍）紧接着说道："发现了吗，1周岁婴儿，头的高度约是身高的几分之一？"

"1/4。"学生争相竞答。

"长大后，情况又会怎样呢？"张老师出示现在自己的站立照片，并用动画演示：头高约是身高的1/7。接着提问："现在，头的高度约是身高的几分之一？"

"1/7。"学生再次齐答。

张老师再次引导："其实，不同的年龄阶段，相应的分数也不一样。同学们今年10岁左右，那么，一个10岁左右的儿童，他的头高又约是身高的几分之一呢？想知道吗？"

学生激动地说："想！"

教师随即邀请一个学生上台，其他学生一起现场估计。

有的学生猜头的高度约是身高的1/5，有的认为是1/6，有的说比较接近1/7。张老师告诉大家：估计时出现误差很正常。至于10岁左右儿童头的高度究竟大约是身高的几分之一呢，课后同学们不妨去查一查资料。那位学生回到了座位上，其余孩子仍兴趣盎然，面露喜色。

【资料来源：张齐华教学艺术：用情境营造情趣盎然的教学磁场［EB/OL］. 小学数学专业网. http://www. shuxueweb. com/minshi/HTML/10840. html. 本文有改动】

在这节课上,张齐华老师出示自己1周岁时和现在自己的照片,为学生创设活泼有趣的情境,激发了学生探究数学问题的兴趣。图画再现有现成的课文插图、放大的挂图、剪贴画、简易粉笔画、电教画面等几种常见的形式。教师可根据教学的实际情况,精心地选择合适的图画形式创设情境。

一、利用现成的课文插图

翻开新课程的教材,随处可见一幅幅五颜六色、生动有趣的插图。插图内容丰富,含义深切,凝结了众多编者对教育的认识,它是根据课程标准编写的,体现了基本的教学要求,是重要的课程资源之一。因此,教师深入地钻研课文中的插图,切实把握插图的含义是利用好插图的前提。教师只有在理解图意的基础上,才能创设生动的主题情境,组织有效的主题活动,提出有针对性的问题。利用课文插图创设情境是一种最方便最经济的手段。教师应该充分利用插图,把学生带入情境。此外,凡是看图学文的教材,课本中都有画得很好的彩色插图,应尽量发挥插图的作用。在教学中,教师可以把教材中内容丰富、形象鲜明的插图放大展示出来,为学生创设良好的情境,有助于学生感知、理解教学内容,更好地调动学生的兴趣,激发学生的学习热情。

二、利用放大的挂图

挂图,是教学的"道具"之一。它在课堂上的主要用途是,直观地印证、解释课文的某些内容。教师利用放大的挂图再现课文描述的情境,是培养学生观察能力、思维创新能力、语言文字表达能力和分析理解能力的有效手段。放大的挂图一般应用在教材内容美感比较丰富、形象比较鲜明、意境又很深远的课文中,如果用其他的黑板画、剪贴画的插图都不足以表现饱满的形象和深远的意境,就要考虑利用放大的挂图。面对放大的挂图,学生会产生一种身临其境之感,注意力高度集中,学习的积极性和主动性都相应提高,而教师的讲解也就显得轻松而有效。如李吉林上《桂林山水》一课时就利用了放大的挂图,展现了桂林山水的秀丽景色,激起学生的美感,陶冶学生的身心,使学生兴趣盎然地投入到学习之中。

三、利用剪贴画

剪贴画是一种特殊的画,和真正的绘画不一样。剪贴画不用笔和颜色,而是用各种材料剪贴而成的。剪贴画通过独特的制作技艺,巧妙地利用材料和性能,充分展示了材料的美感,使整个画面具有浓浓的装饰风味。剪贴画以图形表现形体轮廓,不像放大图那样要求逼真,只要大体相似即可,即使有些变形也无妨。因此制作起来方便。由于剪贴画是由若干零件组合而成的,因而为画面提供了活动的条件,可以贴上或拆下,灵活运用,使画面易于呈现"动态",更富有生气。凡是无须细致描绘,只需显示形体轮廓就能再现情境的,便用剪贴画再现。如有位教师教《要下雨了》一课,就非常成功地运用剪贴画,创设了连续的一组情境。结合教学过程,创设了"小白兔"来到"草地上""池塘边""路边",分别与小燕子、小鱼、小蚂蚁对话的情境。情境一个连着一个,角色随着情境一个接一个出现,从而从不同角度反映了下雨前的种种自然现象,简明、生动、有效。

四、利用简易粉笔画

简易粉笔画,是以粉笔勾勒形体的线条再现情境的绘画。利用简易粉笔画创设情境,既简单又高效。简易粉笔画简练、概括,是每个教师都能掌握的一种教学手段,很适合在平时的教学中使用,实用性非常强。在黑板上,教师寥寥几笔就可以勾勒一幅能表达明确概念的画,形象直观,极富生动性和趣味性,学生在看到栩栩如生的画面一瞬间出现在黑板上时,往往会发出一片惊叹之声。这时学生的各种感官处于最佳状态之中,其教学效果不言而喻。由于简易粉笔画是边讲边画,画面是从无到有,逐步形成,画面处于变化之中。这一特点,就必然吸引学生的无意注意,因而用简易粉笔画很容易把学生带入情境。有些课文所说的现象比较抽象,但又不需要对其作细致的描绘,这时运用简易粉笔画说明问题,帮助学生理解事物与本质之间的关系就会一目了然。如上《桂林山水》一课,李吉林在讲读重点"山"这部分时,根据课文的描述用简易粉笔画勾勒出一组山形,创设了生动形象的情境,充分突出了桂林山水的奇、秀、险。虽然李老师利用简易粉笔画创设情境比较简单,但是有效地吸引了学生的注意力,激发了学生学习的热情。

五、利用电教画面

电教画面包括电视录像、幻灯的画面,尤其是多媒体画面,更给学生一种新奇、真切的感觉,而且又呈现在连续的动态中,颇能吸引学生的注意。电教画面可以真实地再现教学内容，展现自然景观，以动画形式播放故事，展示搜集的资料，让课堂更充实、更丰富，创设出最佳的教学情境。随着教学条件的改善，电教画面已经引入情境教学的创设途径之中，而且已展示了美好的前景。如为让学生说一段描写秋天风景的话，教师可用多媒体课件或幻灯片播映有关秋景的生动画面：金色的稻田，雪白的棉花，硕果累累的果园，忙于秋收秋种的人群……鲜艳的色彩，动人的画面，极大地开阔了学生视野，丰富了学生对秋天的感性认识，也激发了学生的学习兴趣。

策略三 音乐渲染，进入情境

音乐是一种给人听觉的愉悦并能启迪人去联想和想象的艺术形式。音乐可以诱发学生内在的感情，使学生产生强烈的情感共鸣。音乐是用音符来表现内容的，通过它的艺术魅力使学生陶醉在它展现的意境中。因此，在教学中，教师可根据教学内容的需要，选择相应的音乐来渲染"未成曲调先有情"的氛围，把学生带进美妙的情境中，给学生以强烈的感染，陶冶学生的审美情操，促进学生想象力和创造力的发展。

以 情 引 情

于永正①老师教学《月光曲》，课前，他播放贝多芬的著名钢琴曲——《月光曲》，学生们凝神屏息地听着，他们的兴奋点都集中在这美妙的琴声上。这时，于老师望着学生用庄重而舒缓的语调说："同学们，一百多年前，德国有个伟大的音乐家，叫贝多芬。他曾经这样说过：'我的音乐只应该为劳苦人造福。如果我做到了这一点，该是多么幸福！'他的一生谱写了许多曲子。我们现在听的就是其中的一首，叫《月光曲》。"片刻，于老师把音量放小，接着说："《月光曲》是怎样谱写的——"美妙的琴声和教师动情的讲述，叩响了学生的情感之弦，营造了一个和谐的、富有暗示性的美好情境，也为课文定下了情感的基调。

【资料来源：佚名.浅谈情境教学策略［EB/OL］.小精灵儿童网站：http://www.060s.com/.】

---

① 于永正，现任北京市鼓楼区教研室主任，1985年被评为江苏省特级教师，国家有突出贡献的专家，是教育部"跨世纪园丁工程"中向全国推出的第一位名师。

于永正老师在新课导入时播放优美的音乐,把学生带进了课文的情境之中,激起了学生的情感体验,使学生披情入文。音乐通过旋律的起伏变化、节奏的抑扬顿挫,感染人的心情。在情境教学中,把音乐与相应学科两者结合起来,会起到相互渗透、相互补充、相互强化的作用。

一、播放音乐,带进情境

当音乐以音响的运动形式作用于人的听觉,产生感性上的直接体验时,必然会唤起听者心理上的类似反应,以及情感上的共鸣。因此,通过播放音乐更容易把学生带进特定的情境之中。[①] 教师可在课前、课中和课末播放音乐。在课前的导入环节播放音乐,不仅能渲染与教学内容相应的气氛,并且直接作用于学生的心理,使学生进入一种最佳的情绪状态,掀起课堂教学的小高潮。在课中分析教学内容时引入音乐,渲染情境,较易于激起学生与教学内容相似的想象和联想。在课末的结束语配上背景音乐,能创设一种感人的教学情境,使学生受到强烈的感染,深化对教学内容的理解和感悟,升华学生的情感。音乐的种类有古典的、当代的,高雅的、通俗的等,风格有壮丽的、婉约的,欢快的、忧郁的等,创设良好的教学情境,选什么音乐是有讲究的,其中一个重要的标准,就是音乐要与教学内容相统一。播放音乐的目的是为教学服务的,不是仅仅让学生"乐一乐",愉快一番。介入课堂的音乐,从某种程度上说,是一把双刃剑,把握不好就会影响教学效果。因此,教师在教学中播放音乐创设情境,一定要根据教学内容选取音乐,而教师选取的音乐与教材语言应具有一致性或相似性,尤其在整个基调上、意境上以及情节的发展上和谐、协调,这样才会获得意想不到的效果,达到以音乐渲染情境的目的。

二、演唱歌曲,强化情境

用音乐渲染情境,并不局限于播放现成的乐曲、歌曲,也可以是演唱歌曲。歌曲是供人歌唱的作品,是诗歌和音乐的结合。演唱歌曲目的是让学生从歌曲的思想内容和艺术形象中懂得做人的道理,分辨真、善、美和假、丑、恶,培养审美情趣,受到音乐艺术美的熏陶,从而潜移默化地提高学生的人格素质和音乐审美素质。演唱歌曲在情境创

---

① 申轶娟. 音乐艺术,渲染情景[J]. 新课程学习(综合),2010(11).

设中能起到一个强化作用，它可以让学生进一步深入主题思想，并产生情感的共鸣。情境的引入或创作应有明确的目的性，要突出主题思想，不能喧宾夺主。要以激发学生的道德情感为核心，灵活运用，营造与之有关的教学情境，达到情通理达、情理交融、内化行为的目的。[1] 根据教材特点和教学需要，教师自己弹奏、轻唱以及学生演唱、哼唱等，都是行之有效的方法，问题的关键是要恰当运用。

策略四 **运用实物，演示情境**

运用实物，演示情境，即以实物为中心，略设必要背景，构成一整体，以演示某一特定的情境。俗话说："百闻不如一见。"这是人们认识客观事物的一条规律。运用实物，演示情境，正是从这一认识规律出发的。教师通过实物演示，有意创设特定的情境，使学生热情高涨地去观察和体会。从而化抽象为形象，达到"不言而喻"和"情动而辞发"的境界。实物演示中的实物并非只限于生活中的物品，它还包含人物、植物、动物等。实物演示既可以由教师展示，也可以由学生自己展示。

躬 行 践 履

小学阶段的作文教学往往是看图说话、看图写话，或者是教师出题学生写的命题作文。于永正老师在说写训练的实践中，决心跳出这种传统作文的模式，着意拓宽说写训练的新路子。

在于老师上的说写训练课上，我们可以看到，于老师有时像一个演员，如在"纠正写字姿势"说写训练中，他把写字不正确的几种姿势：用手扶着头写，趴在桌子上写，跪在椅子上写……亲自做给小朋友们看，让他们细心观察，并在观察中认真思考；有时于老师则把自己作为活生生的模特让学生来观察描述，如有不够准确之处，指导学生再观察，达到"实事求是"为止；有时于老师会把新颖别致的实物带到教室，让小朋友们认真观察。这些情境的创设，可谓精妙独到，为小学生提供的观察对象，不仅具体实在，而且具有动感和立体感，易于激发小学生的观察兴趣，使他们养成观察和思考的良好习惯，提高认识事物的能力。

在"轧面条"的说写训练课上，于老师特意带了 4 台轧面机，同时备有说明书，还和

---

① 申轶娟.音乐艺术，渲染情景[J].新课程学习(综合)，2010(11).

好了面,要求学生边看说明书边操作。这一情境的创设,将说写训练课上成实际操作课。学生乐不可支,饶有兴趣。阅读说明书,并将每一步用一句话概括出来,这实际上就是分段与概括段意的训练。在这里,阅读—操作—表达,于老师将说写训练与观察阅读训练有机地结合起来。

"糊信封"的说写训练,看似手工劳动课,实则是说明性文体的训练。于老师意在通过小朋友的亲自实践,在感知的基础上引导他们将糊信封的过程,按顺序口述并书写下来。于老师正是从学生未来的实际需要出发,精心创设了这一情境,这不仅可以激发小学生的课堂兴趣,而且对训练他们的思维能力和表达能力也具有一定的价值。

【资料来源:李捷.形象直观、具体,形式活泼、多样——谈于永正老师的"创设情境"说[J].小学教学参考,1996(2).】

直观教学是教学中使学生通过感知获得知识的一种常用而有效的手段。运用实物,演示情境,最能体现情境教学法中的直观教学原理。实物演示可以将观察与思维有效地结合起来,使学生获得感性材料,具有鲜明、生动和真实的特点。在作文教学中,于永正老师根据小学生以形象思维为主的思维特点,通过实物演示,创设情境,调动学生观察的热情,提高学生对事物的感性认识,激发学生写作的兴趣。

一、用原型实物演示情境

原型实物是指真实的、活生生的事物。用原型实物演示情境,具有真实、直观和具体的特点,非常容易吸引学生的注意力,能直接激起学生观察和探究的兴趣,并能很好地训练学生的观察能力和思维能力。一般知识性课文中涉及的物体对学生来说是陌生的。这时,如果教师出示真实的原型实物,就会让学生豁然领悟。实物是具体的,需认真加以选取。为了使学生能认识某一事物的本质属性,需要选取典型的个体。于永正在说写训练的实践中就善于运用原型实物演示情境,不管是把自己作为活生生的模特让学生来观察描述,还是带轧面机进入课堂现场操作,都有效地激发了学生的学习兴趣,培养了学生的观察能力,使学生轻松顺利地完成习作。

二、用替代实物模拟情境

在教学时,有时为了使学生了解某一事物变化的现象,领悟其中的原理,认识事物的本质属性,不可能或无须都进行原物的演示,模拟替代就很有必要,也有意义。运用替代实物模拟,可以创设一个具有探究性的、又可操作的情境。不仅突破了课文难点,而且激发学生对新知识的兴趣,培养了学生的探究精神。如《鱼和潜水艇》的一课,虽然是一篇短小的常识性课文,但是包含着仿生学的原理,课文难度较大,一定的直观演示是突破难点必不可少的手段,这就需要实物。但是,潜水艇的实物当然是不可能展示的,唯一的办法只有模拟,即以某一物体模拟潜水艇,演示潜水艇在水中沉浮的情境,让学生清楚地理解潜水艇沉浮的原理。①

这里需要指出的是,由于学生对事物的感知往往带有整体性,同一实物,由于背景不同,感知效应会产生很大的差异,因此在运用实物演示情境时,必须有一定的背景,需要考虑其整体性,形成真切感,这样教学效果才明显。

策略五　生活体验,展现情境

生活体验,展现情境,是通过把学生带入社会或大自然,从生活中选取某一典型场景,作为学生观察的客体,并通过教师的描绘,鲜明地展现在学生眼前。生活的场景是广阔的,把学生带到生活中去,需要教师事先选取鲜明的富有典型意义的场景,也即是感知目标;然后按照一定的观察顺序把学生带入情境,并在学生观察情境时启发学生的想象。

亲　近　自　然

那是一个金色的秋天,李吉林②老师带领二年级的孩子去认识秋天的田野。

近处,是大片丝瓜棚、扁豆棚。棚上,朵朵金黄色的丝瓜花,串串紫里夹白的扁豆花,花上蝴蝶飞舞。不远处的小河畔,是一排整齐的芦苇。远处是宽阔的棉田与稻田。孩子们站在郊外大桥旁,近看一大片丝瓜棚——他们先看棚上花的色彩、形状和花上飞舞的蝴蝶,然后看棚下挂着的一条条大丝瓜。李老师当即提问以引起孩子们的注意:"你们看,那大丝瓜该多大啊,你们伸出手臂和它比比看,哪个粗?""那些小丝瓜躲到哪儿去了呢?"孩子们一个个好奇地去找绿叶丛中的小丝瓜,兴致勃勃地伸出小

---

① 李吉林.李吉林情境教学的理论与实践[M].北京:人民日报出版社,1996.

② 李吉林,语文教育专家,情境教育理论的倡导者。1978年被评为江苏首批特级教师,现任江苏情境教育研究所所长,中国教育学会副会长。

手臂和大丝瓜比粗细。他们这样描述丝瓜:"我们站在郊外大桥上,眼前是一片丝瓜棚,棚上开满了一朵朵小黄花,真像一只只金色的小喇叭。棚下挂着一条一条大丝瓜,有的比我们的手膀子还要粗呢! 小丝瓜呢,它比不过大丝瓜,就不好意思地躲到绿叶背后去了……"凭借这一情境,李吉林还帮助孩子们理解了"一朵""一朵朵""一串""一串串""一大片"等数量及数量词的重叠。孩子们对"金黄色""嫩绿""紫中夹白""雪白""银白"等表示色彩的词以及"小喇叭似的丝瓜花""卫兵似的芦苇"等比喻,都有了丰富的感知,能够很好地理解。

在这样的境界中,孩子们非常容易地将情境中的声、色、形这些浸染着情感的表象与相应的词沟通,产生"视觉经验的词语化",所谓"灼灼状桃花之鲜,依依尽杨柳之貌""嗷嗷逐黄莺之声,嘤嘤学草虫之韵"。这就使孩子们在学习语言的初级阶段,词语伴随着形象,带着情感色彩进入他们的意识。这些词储存在他们大脑的词语仓库里,是那样的鲜活,呼之欲出。这些充满生活情绪的表象,带着绚丽的色彩与音响,深深地留在孩子们的记忆中。

每次观察归来,孩子们总是那样恋恋不舍。兴奋的情绪、丰富的感受,使孩子们产生了强烈的表达欲望。作文由"难"变"易",由"苦"变"甜"。孩子们的思维能力、创造能力和情感素养也同时得到了意想不到的发展。

【资料来源:李吉林.李吉林情境教学的理论与实践[M].北京:人民日报出版社,1996.】

李吉林老师为了让学生拥有丰富的作文题材,提高写作能力,带领学生走进自然,深入生活,使学生在生活的真实情境中观察、思考和体验。在这样的观察、思考和体验中,学生情绪热烈,兴趣盎然,思维活跃,进而激起表达动机,且达到"不可自遏地说"的"情动而辞发"的境界。

一、选取鲜明的感知目标

通过生活体验展现情境,教师必须选取那些形象鲜明的感知目标作为观察的客体,构成典型的大自然场景,或者是社会生活的一角。因此,选取情境应有主有次、有取有舍,使情境具有鲜明性和新异性。就拿田野来说,在这个广阔而富有的天地里,可以给孩子的太多了:有知识的获取,也有智慧的启迪;有美感的享受,也有劳动的欢愉。

李吉林不止一次把学生带到田野上，不过每次都有一个明确的目的，做到围绕主题分层次地进行观察。从季节上看，春夏秋冬四季可让学生观察的场景就很多。"春天的田野上""丰收的田野""初冬""雪后的原野"，都可以让学生观察。这样一来，学生就可以获得比较丰富的感性材料。①

二、带入情境要有序

选定情境后，让学生先感受什么，是一个程序问题。观察是需要有一定程序的。程序安排得有条有理，学生获得的感知就不会凌乱。只有合理的程序，才有利于学生对所获得的感性材料进行思考，从而促进学生思维活动有序地进行。② 教师在指导学生观察事物时要做到有次有序，如李吉林老师带领学生去认识秋天的田野，从近到远地观察，先是近处的大片丝瓜棚、扁豆棚，后是不远处的小河畔；再是远处的棉田与稻田。对于重点观察的丝瓜棚，李老师指导学生先看棚上花的色彩、形状和花上飞舞的蝴蝶，然后看棚下挂着的一条条大丝瓜。由于学生的观察合理有序，因而顺利地进入了生活的情境，获得丰富的感知。

三、观察时启发学生的想象

教师指导学生观察，必须与学生的思维活动、想象活动相结合，才能加深学生对情境的体验，对世界的认识。在这个过程中，教师的启发是必不可少的。所以通过生活向学生展现情境，还必须有意识地启发学生在观察中适当展开想象。当学生观察得比较持久的时候，获得了一种鲜明的直接的印象，情绪也显得兴奋，形成一种想象开去的需要。这时，教师应该及时引导学生由此及彼地想象开去。不过，学生的想象应以学生已有的生活经验为基础。例如，李老师在指导学生观察光孝塔幽静的情境，当学生看着那飞檐下的小铃铛时，启发学生想象："小朋友想一想，如果到了夜晚，一阵风儿吹来，你们会听到什么？"学生立刻美美地说："到了夜晚，四周静静的，一阵风吹来，就会听到小铃铛发出丁零丁零的响声，一定好听极了。"有的说："那塔尖上还有一个圆圆的月亮。"因为学生已经获得了"塔、塔铃、月夜、晚风"的生

---

① 李吉林.李吉林情境教学的理论与实践[M].北京:人民日报出版社,1996.
② 同①.

活经验,有一个学生连忙背起刚学的一首李白的古诗:"危楼高百尺,手可摘星辰,不敢高声语,恐惊天上人。"这样的观察,这样的想象,师生共同融进了观察光孝塔、领略自然之美与家乡之美的境界中了。这样通过生活体验向学生"展现情境"就达到了要求。①

智慧点津

如何在情境教学中寓教于乐

德国教育家第斯多惠认为:"教育的艺术不在于传播的本领,而在于激励、唤醒和鼓舞。"情境教学艺术正是激励、唤醒和鼓舞学生的一种教学艺术。好的情境能为学生提供充分展开学习活动的资源,能为学生搭建展示其才华与智慧的舞台,能最大限度地培养学生的创新能力。因此,教师要善于创设情境,熟练驾驭情境教学的艺术,使课堂充满生机和趣味。

一、情境教学的内涵与意义

(一)情境教学的内涵

情境教学是针对传统教学"呆板、烦琐、片面、低效",压抑学生兴趣、特长、情感、态度、志向等素质发展的种种弊端,在吸收、借鉴我国古代文论中的"意境说"以及外语教学中对语言训练所采用的情境方法的基础上,不断地探索、完善、总结归纳出的一种教学方法和教学理论。情境是一种场景的模拟和再生,是一种对人有直接刺激作用的氛围,具有可感的情境的特性。顾名思义,情境教学就是对场景的模拟和再生氛围的教学。李吉林老师在《小学语文情境教学》中提出:"情境教学是充分利用形象,创设典型场景,激起学生的学习情绪,把认知活动与情感活动结合起来的一种教学模式。"

在情境教学的过程中,教师依据教育学和心理学的基本原理,根据学生年龄和认知特点的不同,通过建立师生间认知客体与认知主体的情感氛围,创设适宜的学习环

---

① 李吉林.李吉林情境教学的理论与实践[M].北京:人民日报出版社,1996.

境,使教学在积极的情感和优化的环境中开展,让学习者的情感活动参与认知活动,以期激活学习者的情境思维,从而在情境思维中获得知识、培养能力、发展智力。可以说,情境教学模式是依据教育学、认识论、心理学和教学论原则,在认知活动中充分开发智力因素,从而实现愉快教学的教学模式。

(二)情境教学的意义

情境在教学活动中发挥着很大的作用,它可以让学生在不知不觉中学到知识,又感受到美。它解决的是学生认识过程中的形象与抽象、感性与理性,以及旧知与新知的关系和矛盾。情境教学的意义主要有以下三点。

1.有利于激发学生的学习兴趣

由于情境创设能为学生提供图文音像并茂、丰富多彩的教学情境,能为学生提供符合人类联想思维与联想记忆特点的想象空间,因而很易于激发学生的学习兴趣,并为学生实现探索式、发现式学习创造有利条件,从而有可能真正达到让学生主动积极地学习、实现自己获取知识甚至创造新知识的理想目标,达到较好的教学效果。

2.使教学内容直观化、形象化

知识本身具有丰富生动的实际内容,而表征它的语言文字则是抽象和简约的,学生所学的正是语言文字所汇集成的书本知识,即教材。这就要求学生不论学习什么知识,都要透过语言文字、符号图表把它们所代表的实际事物想清楚,以至想"活"起来,从而真正把两者统一起来。教学情境以直观方式再现书本知识所表征的实际事物或者实际事物的相关背景。情境教学正体现了直观性,它正是充分利用学生的多种感官和已有经验,通过各种形式的感知,丰富学生的直接经验和感性认识,帮助形成感性知识,使抽象知识具体化,让学生在特定的情境中感知、理解、运用所学知识,从形象的感知达到抽象的理性的顿悟,缩短了认识的时间,提高了学习的效率。

3.体现智力因素与非智力因素的和谐统一

从心理学的角度来看,学生参与教学活动的心理因素分为两类:一类是认知因素即智力因素,如感知、理解、想象、思维、记忆等,即认识能力的总和;另一类是情感因素即非智力因素,是指智力因素以外的一切心理因素,它对人的认识过程起直接制约的作用,如动机、态度、兴趣、情感、意志等。非智力因素是引导和促进孩子学习、成长的一种内驱力,它对学生智力与能力的发展起着动力和定向的作用。情境教学正是把这两类因素统一起来,充分体现了教学过程中的认知因素与情感因素的和谐统一。

二、情境教学的一般策略

1.利用相似原理,创设模拟情境

模拟情境是在相似原理的基础上产生的。其根据教学的实际需要,抓住事物的主要特征,运用一定的手段进行再现,达到形象反映事物的特点。如语言描述、图画再现、音乐渲染、角色扮演等,都属于模拟情境。因为是模拟,所以就和实体相似。学生进入模拟情境可以通过眼前形象和实际感受,联系已积累的经验,展开联想与想象,使情境丰富而逼真。同时,由于模拟情境,只需相似而已,所以在运用时,就显得简便易行。如画一个萝卜点上三笔作眼睛、嘴巴,就表示是"萝卜娃娃";很有节奏地哼唱贺绿汀的《游击队之歌》,让学生通过对歌曲的节奏、旋律的感受,想象游击队员英勇善战,出没在深山阔水之间,有力地消灭敌人的英雄形象,从而理解游击队员是"神枪手""飞行军"等诗句和意境。应该说,无论是担任角色的学生,还是在座位上作观众的学生,几乎都一同借助模拟情境去体验、感受。① 在教学中,教师若能根据教学实际创设模拟情境,便能轻松地激发学生学习的积极性。

2.借助多媒体,创设丰富情境

多媒体是课堂教学中一项重要的辅助性工具,多媒体的运用是现代教学的一大标志。随着学校硬件设备的完善,越来越多的教师借助多媒体来创设教学情境。多媒体可以为学生创设一个视觉、听觉、感觉三位一体的丰富情境,丰富多彩的视频、音频、图片资料形象、具体、生动,为学生展现一个百看不厌、百听不烦的通感享受,这样在一定程度上激发了学生的学习兴趣。吸引他们的注意力,促使他们积极思考探索,并丰富情感体验。如教《赠汪伦》这首诗时,教师可以把当年汪伦送别李白的地点、画面、情境制作成课件。再现桃花潭,把李白见到汪伦时的激动、两人深情话别等画面生动逼真地再现出来,让学生兴致盎然地投入到学习中。这样就使复杂的问题简单化,抽象的内容具体化。通过多媒体呈现出来的情境给学生留下了深刻印象,收到了事半功倍的效果。不过,在学生欣赏生动形象的情境时,教师应该根据教学目标,提出欣赏的要求,让学生明确他们要在情境中获得什么信息。

---

① 李吉林.李吉林情境教学的理论与实践[M].北京:人民日报出版社,1996.

名家锦囊

之一：李吉林

情境教学是以生动形象的场景激起学生的学习情绪为手段，连同教师的语言、情感教学的内容以及课堂气氛，构成一个广阔的心理场，作用于儿童的心理，从而促使他们主动积极地投入整个学习活动，达到儿童主动发展的目的。情境教学成为儿童主观需求，成为他们情感驱使的主动发展的过程。情境教学理论有四个特点：①形真，即主要要求形象具有真切感，神韵相似；②情切，即情真意切，情感参与认知活动，充分调动主动性；③意远，即意境广远，形成想象契机，有效地发展想象力；④理寓其中，即蕴含理念，抽象的理念伴随着形象，有效地提高认识力。情境教学有五个原则：①诱发主动性；②强化感受性；③突出创造性；④渗透教育性；⑤贯穿实践性。

之二：余文森

教学情境是课堂教学的基本要素，创设教学情境是教师的一项常规教学工作，创设有价值的教学情境则是教学改革的重要追求。有价值的教学情境具备这样五个特性：①生活性，新课程呼唤科学世界向生活世界的回归；②形象性，强调情境创设的形象性，其实质是要解决形象思维与抽象思维、感性认识与理性认识的关系；③学科性，情境创设要体现学科特色，紧扣教学内容，凸显学习重点；④问题性，有价值的教学情境一定是包含问题的情境，它能有效地引发学生的思考；⑤情感性，指教学情境具有激发学生情感的功效。

之三：游彩云

引发学生的情感共鸣，激发学生的学习兴趣是调动学生自主学习的前提条件，而要学生在学习过程中能主动地运用自己已有的经验、知识、能力、方法去同化、顺应新的知识，形成新的能力，达到新的水平，就需要深层次的智力活动。实践证明，如果能引起学生对问题的疑问、矛盾就能使学生的求知欲由潜伏状态转入活跃状态，有力地调动学生思维的积极性和主动性。因此我们要找准学生的最近发展区，采用问题情境教学策略，让学生处于"愤悱"的学习状态，促使他们在这些问题面前自求自得，探究深思，发现并解决问题。在实践中，我们还创设任务情境，直接将问题摆到学生面前；创设活动情境，通过实际操作、角色模拟、游戏活动增强学生的情境体验；创设竞赛情境。让他们在互相竞争与友好协作中，既释放潜能、发挥才干，又学会兼收并蓄、取长补短。

第六讲　有效提问,激活思维

　　提问是教师在组织、引领和实施教学的过程中不可或缺的教学行为,是教师了解学生、因材施教、有的放矢的重要手段,也是教师集中学生注意力,激发学生兴趣,推动学生积极思考,引导学生把握学习内容,提高学生分析、鉴赏、表达能力的基本方法。部分学者把提问看成是一种教学技能,认为提问就是"教师提出问题、师生相互谈话、检查学生作业,激发思维,巩固知识、运用知识,以促进学生学习的行为方式"①。有效提问是指教师根据教学目标和内容,精心设计问题,提出问题,要求学生回答。教师所提问题,应是有计划性、针对性、创造性的问题,能使学生产生怀疑、困惑、焦虑、探索的心理状态,这种心理又驱使他们积极思考。有效提问,不但可以调动学生学习的热情,激活学生的思维,激发学生的求知欲望,培养学生的口头表达能力;而且可以调节课堂气氛,促进师生间的有效互动,及时地反馈教学信息,从而大大增强课堂教学的实效性。

　　然而,在当前的课堂教学中,教师的提问存在着这样的弊端:表面性提问,旨在追求热闹场面,要求一问齐答,表面轰轰烈烈,实则空空洞洞;习惯性提问,问题未经精心设计,每讲一两句便问是不是、对不对,形同口头禅,发问不少,收效甚微;惩罚性提问,发现某一学生精力分散,心不在焉,突然发问,借机整治,等等。这些提问往往是低效的,甚至是无效的,久而久之使学生视教师的提问为畏途。因此,在课堂教学中,教师必须重视有效提问的作用和意义,并懂得运用有效提问的策略和方法。

名师故事

李镇西:不一样的教学

　　1999 年 11 月,我在外地借班上了一堂课,教《在烈日和暴雨下》。

---

　　①　朱新春.教学工作技能训练[M].北京:人民教育出版社,2001.

我先请学生起来说说自己在阅读过程中遇到的生难字，可能是由于比较紧张，没有学生举手。我说："没人问我，那我就问你们吧！——请问'枝条都像长出一截儿来'的'长'怎么读？"开始有学生发表看法了：有的说读"zhǎng"，有的说读"cháng"……经过辨析大家认为正确的读音应该是"cháng"。根据同样的方式，学生还弄清了"拿起芭蕉扇扇扇"这一句中三个"扇"字的不同读音。

"很好！"我鼓励道，随即又说："同学们自己弄清了一些字的读音，这只是阅读文章的第一步。读了这篇文章，同学们有没有什么初步感觉或第一印象啊？现在可以随便谈谈。"

学生开始活跃了："我觉得这篇文章写景特别好。""我觉得文中的比喻用得特别好！""还有拟人也很生动。""文中的一些动词特别准确。""我读了以后，感到祥子太令人同情了。"……学生们七嘴八舌，纷纷举手发言。

"太好了！"我夸奖道，"你们看，我对这篇文章一个字都还没有分析，你们就读出了这么多的味道。看来你们的能力是不可低估的啊！"不少学生得意地笑了。

"不过，"我话题一转，"对一篇文章的欣赏，还不能仅仅停留在一般的初步感觉上，我们还应该进一步进行研究。那么，从何入手呢？咱们从问题入手吧！——现在我想了解一下同学们对这篇文章都提出了哪些问题？同学们的问题提得越多，说明你们钻研得越深。"

出现了短暂的沉默，因为大家都在思考。不一会儿，不少学生举手发问了："'就跟驴马同在水槽里灌一大气'的'一大气'是什么意思？""祥子为什么'明明心里不渴，可见了水还想喝'？""'一切都不知怎么好似的，连柳树都惊疑不定地等着点什么'，这句话怎么理解？""'肚子里咣咣咣地响动'的'咣'字是不是用错了？我觉得好像应该写成'咣'。"……短短的时间内，学生一口气提出了十多个问题。显然，他们的思维已经进入燃烧的阶段。

这些问题怎么解决呢？我没有也不想以"权威"自居而给学生"指点迷津"。我把这些问题都抛给学生自己讨论研究解决，在这过程中我适时以平等的一员，参加他们的讨论，并发表我个人的看法。事实证明，学生是完全有能力通过思考自己解决这些疑问的。

问题解决了，我又让学生提新的问题。我在等待时机，等待着学生经过深入钻研，提出一个带动全篇理解的关键问题。而且，我有这个信心：只要引导学生一步步深入思考,这样的问题他们一定能提出来的。

果然,一位男生提了这样一个问题:"课文结尾,作者为什么要用'哆嗦得像风雨中的树叶'来形容祥子呢?"

好,机会到了!我接过他的问题说:"是呀,为什么要用风雨中哆嗦的树叶来形容祥子呢?而且在文中,老舍先生不止一次写到烈日和暴雨下的柳叶,这究竟是为什么呢?"我停了一下,看着学生一双双思考的眼睛,我又说:"我个人认为,树叶在文中已经不完全是自然界的一个形象,老舍写树叶显然是有着某种特殊的意义。老舍是通过写树叶在写人——当然,不仅仅是树叶,还有对自然界其他景物的描写都不是纯客观的写景。"

我提高了声音说:"咱们这堂课就来研究这个问题吧!弄清楚了这个问题,刚才那个同学的问题就好理解了。"

这时,我才开始板书课题。

"刚才,同学们提了许多问题。现在,能不能让我也提点问题?"我问学生。他们点头表示可以。于是,我问:"作者为什么要写烈日和暴雨?"

"烘托祥子的苦难生活嘛!"学生说,他们觉得这个问题太简单了。

"可是,问题就出来了,"我紧跟一步,"为什么一定要写烈日和暴雨才能反映其苦难生活呢?自然气候本身就有人的情感呢?还是作者借自然景物来表达自己的思想感情呢?把祥子放在春天、秋天和冬天又行不行呢?"

这一下子把学生给问住了。教室里又出现沉默。

我开始引导:"这样吧,我们先把这个问题放在一边,还是从课文入手,着重研究作者集中写烈日和暴雨的段落——也就是第2段和第11段。同学们先把这两段文字朗读一遍,然后思考,并和同桌讨论:这两段文字有什么异同?这两段文字是怎么写的?突出的是什么?"

于是,课堂上顿时响起了琅琅书声;之后是学生无拘无束地讨论的声音,我则来回巡视,或者和几位学生一起探讨……课堂气氛极为热烈。

"现在知道老舍为什么要把祥子放在烈日和暴雨下写的原因了吗?"我问。

有学生回答:"这两段文字虽然所写的天气不同,但都突出了天气的'毒',似乎老天爷也存心和祥子过不去。这样毒的自然天气,与祥子的苦难是极为吻合的。"

有学生还特意分析了写柳叶的作用:"通过柳叶,写出了天气的变化,更写出了人的命运。柳叶就好像祥子，不能主宰自己的命运；无论在什么样的情况下，他都只能任人宰割，所以，结尾说'他哆嗦得像风雨中的树叶'。"

上课至此，问题似乎已经解决了，然而我还不想就此罢休，我想继续把学生的思维引向深入："这个同学说得很好。但是同学们，我还是有点不明白，就是是否自然界的'雨'本身就带有刚才有同学所说的'恶毒'的感情呢？"

"对，自然界的雨总是给人带来麻烦，老舍先生正好用它来写祥子的生活。"有学生在下面这样小声地说。"不是，是老舍赋予了雨一种特别的含义。"一位学生又这样大声地说。

"咱们还是应该有比较，看看我们以前学过的课文里还有哪些写雨的？"我提醒学生们回忆。

有学生提到了朱自清的《春》。"对，里面有一段是写春雨的，是吧？"我一边说，一边打出有关文字，并和学生一起朗读起来。读完之后，我问学生们，这段文字表现了朱自清的什么感情。学生很容易回答出来："表现作者对春天、对和平美好的生活无限赞美之情。"

"可见，同样是写雨，这雨并不一定都是和人过不去的。"我说。

我听见有学生在小声嘀咕："春天的雨和夏天的雨当然不一样啦！"

"是吗？"我接过他这话大声问，"那么，是不是只要是写夏天的雨就一定充满了苦难呢？——同学们回忆一下，我们是否还学过写夏天的雨的课文。"

在我的提醒下，同学们回忆起了《金色的大斗笠》中对夏雨的描写。

"同学们看，这篇文章中夏天的雨可就是充满欢声笑语的啊！"我总结道，"可见，'一切景语皆情语'啊！"说着，我把"一切景语皆情语"几个字写在黑板上。写完后，我继续说道："夏天的雨当然要猛烈一些，用它来写祥子的苦难生活当然要贴切些；但主要是因为老舍先生写作时饱含特定的感情，所以在他的笔下，自然界的一切都有了特定的感情！"

【资料来源：李镇西，听李镇西老师讲课[M].上海：华东师范大学出版社，2005：10.】

叶圣陶说："自始即不多讲，而以提问与指点代替多讲。"课堂提问是教师的基本功之一。它可以促进学生知识结构和认知结构的进一步优化，可以更好地诱发学生内在的积极性,激发学生的学习动机。实践证明,像李镇西这样的名师的课堂之所以出色,是因为他们擅长通过有效的、富有艺术性的课堂提问,来引导师生交往、生生交流、共同发展。

一、提问要有针对性

课堂提问在于问题的质而不是量,要有针对性。课堂提问要紧紧围绕教学目的、任务来进行,不应是盲目的、随意的,想问什么就问什么,想问谁就问谁,想怎么问就怎么问。课堂提问的目的,或是引起学生注意,或是检查教学效果,或是引导学生突破难点,或是调动学生思维,或是提高学生的表达能力等,教师必须做到心中有数,目的明确。当前,有些课堂提问没有目的性、针对性,抓不住教学的重点或难点,犹如蜻蜓点水,隔靴搔痒,无"纲举目张"之效。因此,教师在备课中要围绕课堂教学目标、教材重点和难点,针对某一个或几个具体的目的反复推敲,精心设计问题,并要认真推敲提问的内容与形式,力求做到提问的内容具有典型性,提问的形式具有多样性,语言精确,目标明确,指向性清晰,使问题指向课堂教学中心,使学生进入"不愤不启,不悱不发"的学习状态中,从而提高课堂教学的有效性。

二、提问要有启发性

启发性原则是课堂提问的灵魂。缺少启发性的提问,是低俗、毫无意义、没有生命力的提问。在常态的课堂教学中,我们不难发现,教师有时所提问题或过于直白而显得价值不大,或要求不明而不能令学生思维聚焦,或缺少必要知识铺垫而使学生无所适从。这样的提问缺少启发性,自然难以激活学生的思维,难以促使师生和谐互动,从而难以有效地推进课堂教学走向成功。因此,教师要善于利用提问来引导学生同时提出富有启发性的问题,才能启迪学生思维,让学生聚精会神、以此类推、温故知新。同时,教师也要善于从不同角度启发学生,使之应启而发,使之学到知识,培养学生的发散思维能力。①

---

① 董德勇.语文课堂有效提问的四个策略[J].内蒙古教育:基教版,2012(4).

三、提问要有层次性

教师在教学中要面对全体学生，顾及不同层次的学生，不能在提问时只关注优等生，忽略中等生，怠慢后进生。由于学生的智力水平、知识基础、理解能力都存在着差异，学生对问题的反应速度就不一样；因而教师对于不同层次的学生应依据其具体学情而设计问题。一般来说，课堂教学设计的问题有四类：第一类是问"是不是"或"对不对"的判断性的问题。这类问题是最简单的，提问对象应是或主要是学困生。第二类是问"是什么"和"怎么样"的描述性的问题。第三类是问"为什么"的分析性问题。这两类问题有一定的难度，需要学生识记有关知识，甚至要求学生在理解的前提下解释和分析其中的原因，因此，这两类问题的提问对象应主要是中等生。第四类是问"你有哪些不同意见"的创造性问题，对一般的学生来说，要较好地回答出这类问题很难，因此这类问题的回答只能由那些思维敏捷的优等生来完成。总之，提问要有层次性。教师要考虑学生现有的认知水平，设计不同层次、不同梯度的问题，使问题符合学生的最近发展区，让每个学生都有机会回答问题，充分调动他们的积极性，使他们享受到获取知识的乐趣，从而使每个学生都能得到不同程度的发展与提高。

策略一 精心设问，启迪思维

作家史铁生用血和泪写就的散文《秋天的怀念》有这样一句话："咱娘儿俩在一块儿，好好儿活，好好儿活……"这句话是史铁生的母亲在临终前对双腿截瘫的儿子撂下的。教师如果抓住这个细节进行提问，教学就大有文章可做。窦桂梅[①]老师正是抓住了这个细节，精心设问，启迪学生的思维，一步步把教学推向极致。

窦桂梅精彩教学《秋天的怀念》

上课伊始，窦老师根据这句话精心设问，引导学生领悟母亲怎样"好好儿活"。窦老师先请学生默读课文的第 1 自然段，提问点拨学生："母亲的一句话却深深地刻在'我'的心底，说说是哪一句话？"学生很快找出这句话。于是，窦老师出示课件："咱娘儿俩在一块儿，好好儿活，好好儿活……"进一步提问："这是母亲对儿子说的话，儿子

---

① 窦桂梅，清华附小校长，特级教师。

是怎么不好好活了,母亲才会说出这样的话?请用课文中的句子,回答这个问题。"学生找到很多儿子不好好活的语句。接着,窦老师话锋一转:"那母亲的自身情况又是怎样?请也找出课文相关句子读给大家听听。"学生又找到很多描写母亲痛苦的语句,母亲这样做一切是"为了儿子着想"。然后,窦老师请学生细读课文,看看哪些地方说明母亲一切都是为了儿子,让学生感受到母亲的爱多么勇敢,母亲的爱多么细心,母亲的爱多么热烈,母亲的爱多么坚定,母亲的爱多么深沉,母亲的爱多么小心翼翼……

在教学过程中,窦老师还重点引导学生感受史铁生怎样的"好好儿活"。原来的母爱儿子理解不了,一个秋天过去了,又一个秋天过去了,直到后来儿子懂得母亲没有说完的话,妹妹也懂。为了让学生深入地理解这一点,窦老师又精心设问:"史铁生和他的妹妹懂得的是什么?这'好好儿活',究竟是怎么活?"面对这个问题,学生的反应并不活跃。窦老师为了启发学生的思维,便出示课件:"又是秋天,妹妹推我去北海看了菊花。黄色的花淡雅、白色的花高洁、紫色的花热烈而深沉,泼泼洒洒,秋风中正开得烂漫。"接着,窦老师让学生讨论一个问题:"透过看菊花,母亲给儿子的究竟是什么?"一个学生在发言中说,史铁生已是著名作家,好好地活着,我想,如果说"好好儿活"是对母亲的回报,母亲一定会含笑九泉的。经过师生探讨交流,学生最后深切地理解了史铁生后来是怎样的"好好儿活"。

读书至此,意犹未尽。窦老师继续引导学生思考问题:"史铁生和他母亲的故事感人,跟我们自身有关系吗?"窦老师让学生畅所欲言,各抒己见,然后小结:"透过史铁生和兄妹的'我俩要好好儿活',经过我们的思考,课文的'俩'应该改成'们'。这句话应该说是'我们在一起要好好儿活……'"窦老师再次让学生畅所欲言,联系自身生活说说应该怎样好好地活着。

这一系列的细节提问,是窦桂梅对教材的"深度开发",使教者、学者、作者完美对话,也使得课堂显得如此精彩生动。

【资料来源:窦桂梅.《秋天的怀念》教学设计[EB/OL].中华教育资源网.http://www.cn910.net/html/zonghe/421/1172/,本文略有改动】

有效提问,是保证课堂教学目标顺利实现的重要手段。一堂好课是在教师有效提问的引导下开展的。名师课堂之所以精彩,是因为他们深谙有效提问的艺术,善于精心设问，真正问到点子上，问到学生的心里去，开启学生的思维之门，激发学生进行探究性学习的兴趣。

一、抓住关键，点燃思维

课堂提问的目的是通过设疑、解疑使学生的认识水平和思维能力得到提高。因此，教师必须精心设计课堂提问。教师教学不是要面面俱到，而是需在关键处着力，所提问题要突出教材重点或难点，"牵一发而动全身"，击中要害，点燃学生的思维，帮助学生扫除学习障碍，调动学生学习的积极性和主动性。这就要求教师课前能真正吃透教材，找到关键问题所在，围绕教学目标，针对重点、难点来精心设计几个关键问题。在当前课堂教学中，教师"一讲到底"的现象不见了，取而代之的是"一问到底"。结果，教师没有抓住关键问题而不断发问，使学生忙于作答，没有思维与想象的空间，没有自我的内化，只是一味跟着教师被动地往前"跑"。表面上，学生兴致勃发、情绪高昂，课堂气氛热烈。实际上，学生不能真正学有所得，思维也得不到应有的训练。可见，教师的提问不能泛泛而为，不能缺少关键问题。

二、设置矛盾，引发探究

钱梦龙认为："能否利用矛盾，是问题有没有启发性的关键矛盾，是打开学生思维之门的钥匙，有矛盾才能激发学生思考的兴趣。"这种以反问正、以贬问褒的提问方法，钱梦龙称之为"逆问"。问答之间，彼此似乎背道而驰，而实则是从反面入手，吊人胃口，激发思维，以求正面解答。在课堂上，学生并不是一上课就对所学习的知识产生兴趣的，并且也不是整堂课一直保持着兴趣。那么，教师就要善于抓住契机，设置问题，吸引学生的注意力，激活学生的思维。教师应当深入钻研教材，抓住突破口，有意地给学生设置问题的"障碍"，形成他们心理上的一种"矛盾"。当学生急于解开这些"矛盾"时，也就意味着进行了思维训练，对课文重点、难点的理解自然也水到渠成。抓住突破口，巧用富有艺术技巧的提问方式，会让学生学得更主动、积极。需要注意的是：课堂上设置问题的"矛盾"，应结合学生的年龄特征和知识结构等实际情况，不能故弄玄虚，把学生弄得"张冠李戴"，看似懂而实非懂，得不偿失。[①]

---

① 周应喜.语文课堂教学中的提问艺术[J].江西教育,2007(24).

三、捕捉细节,见微知著

俗话说:"细节决定成败。"课堂教学也是如此,教师要关注细节提问。何谓细节提问? 细节提问就是对教学中一些容易被教师忽视的小处提问。细节提问可以联结教学环节,提高课堂教学效率。它是一朵浪花,有时可以作为教学的目标,也会出现在教学的起点和过程中,甚至有时会作为课堂的精髓。[①] 有效的细节提问,可以促进师生互动交流,调动学生学习的自主性,激发学生探究问题的兴趣。对学生的思维有很大的启发性。名师的课堂教学精彩迭出,其中的关键因素之一就在于名师善于捕捉教学中的细节问题,然后进行巧妙提问,以此见微知著,激活学生的思维,引发课堂探究的高潮。因此,我们要善于发现教学中的细节问题,捕捉其中的亮点,进行恰当点拨,触发学生知识的生成点,使它们成为教学中的有利资源,让细节绽放光彩。

策略二 层层递进,渐入佳境

认识事物是一个复杂的过程,学习需要尊重循序渐进的规律。让学生由浅入深,每一次都获得进步,每一步都充满成就感,渐次进入佳境,最终达成目标。

让学生的思维活起来

袁卫星[②]老师在讲《祝福》时,首先在黑板上写了"祥林嫂死了!"这一行字,感叹号写得很夸张,上面如一把匕首,下面似滴着鲜血。

袁卫星说道:"上一课,我们从鲁迅先生的笔下获知,沦为乞丐的祥林嫂在一片祝福声中寂然地死了。一个人死,无非有这么几种情况:一是自然死亡,二是意外死亡,三是自杀,四是他杀。那么,你们认为祥林嫂属于哪一种死亡呢?"

学生感到很新奇,于是交头接耳,开始互相讨论。

袁老师没有打断学生的思维,而是给了他们足够的思考时间。大概过了十来分钟,袁老师问:"有结论的同学站起来说一说。"

---

① 朱孟芬.关注细节提问,打造"三易"语文课堂[J].山西师范大学学报:自然科学版,2010(S1).

② 袁卫星,特级教师,全国优秀语文教师。

"这还用说，肯定是他杀。"

袁老师接着他的话提出质疑："是他杀？那么，谁是凶手呢？"然后他在黑板上写下"谁是凶手"四个字。

"鲁四老爷呗！"

"还有四婶。"

"柳妈也是的。"

"卫老婆子多少也沾点儿边。"

"还有祥林嫂的婆家人。"

"我看'我'也脱不了干系。"

"我这个'我'可是带引号的，你们别瞎笑。"大家大笑。

"总之，鲁镇的一群人都是凶手！"

袁老师也笑了："鲁镇人统统是凶手？我看你们得说说理由。"

"鲁四老爷肯定是凶手。祥林嫂初到鲁镇的时候，他皱了皱眉，讨厌她是一个寡妇，祥林嫂被婆家抢回，他一句'可恶！然而……'多少带了点支持的味道。祥林嫂再到鲁镇，他说她'败坏风俗''不干不净'，祝福时不让她沾手；就是祥林嫂死了，他还骂她是个'谬种'。他在精神上把祥林嫂一步步逼上了死路。"

"鲁四老爷还有一个帮凶，那就是四婶。"

"我赞成。'你放着吧，祥林嫂！'四婶一声喝令，把祥林嫂在死亡边缘挣扎的勇气和希望都给粉碎了。"

袁老师插嘴道："我打断同学们一下。'你放着吧，祥林嫂！'是个怎样的句式？"

"感叹句。"

袁老师点了点头："好，这是从语气上说。那么，从语序上说呢？"

"倒装句。"

袁老师再次点头，"对了，这一倒装，就突出了四婶要祥林嫂赶快放手的迫切心情。这里要注意，感叹号要放到句子的最后，而不是中间。请大家继续发表高见。"

"祥林嫂的婆家人也是杀人犯。他们强迫祥林嫂改嫁，改变了她的命运。"

"柳妈讲阴司故事给祥林嫂听，让她害怕，把她推向了恐怖的深渊。"

袁老师看了看大家，问道："有没有不同意见？"

"我觉得柳妈不是凶手。因为她自己也和祥林嫂一样，是鲁四老爷家的帮工，阶级出身决定她的阶级意识,她不会残害祥林嫂的。"

"那她为什么要讲阴司的故事给祥林嫂听,还给祥林嫂出'捐门槛'的馊主意呢?"

"讲故事是因为她自己也相信;出主意则完全出于善意。"

袁老师此时再次插话:"我来说吧,从总体描写上看,柳妈还是同情祥林嫂的。而同情祥林嫂的人,也把祥林嫂推向深渊,更显示出悲剧之可悲。就算柳妈是凶手,也是无意识杀人的。你们同意我的说法吗?"

学生都点头。

这时,有学生突然发言道:"老师,我认为祥林嫂不是他杀,而是自杀!"此话一出,学生一片哗然。

袁老师笑道:"杀出程咬金来了。好,说说你的观点。"

"如果当初祥林嫂不从婆家逃出来,是不是也就不会改嫁?"

"我认为还是会被迫改嫁。就是不改嫁,也会被虐待而死。"

"那她再到鲁镇之后,鲁四老爷家还是收留她的,不让她沾手祝福,她不沾手就是了,她的心理承受能力太差。"

"这不是心理承受能力差与不差的问题,这是精神打击,比肉体折磨更痛苦!"

"捐门槛也是她自己要去捐的。"

"不捐门槛她会更痛苦。"

"那她沦为乞丐,也可以到鲁镇以外的地方去呀,兴许李镇、王镇什么的,还能让她谋到一份帮工呢!"

"'天下乌鸦一般黑',李镇会有李四老爷,王镇就会有王四老爷,她到哪里都一样。"

这时,袁老师做了一个停住的手势,启发性地说道:"请你们打住。这其实已经牵涉到小说的一个重要问题——当时的社会环境,你们说是不是?"

学生齐声回答:"是。"

袁老师继续启发大家的思维:"请大家把小说开头的两小节齐读一遍,想一想当时是怎样的一个社会环境。"

学生认真读过后纷纷发表看法:

"当时是辛亥革命以后。"

"文中说'年年如此，家家如此''今年自然也如此'，我想是有深意的。"

袁老师抓住机会，问道："什么深意？"

"祝福是'鲁镇年终的大典'，富人们要在这一天'迎接福神，祈求来年一年中的好运气'，而制作'福礼'的却是像祥林嫂一样的女人，她们'臂膊都在水里浸得通红'，没日没夜地劳动。"

袁老师夸奖道："不错，说得很好。女人除了劳动，当时还要受到'三权'的统治，这'三权'就是，神权、族权、夫权。女子有'七出'，也就是说七种被丈夫休弃的理由。无子当然是一条，生重病也是一条。你看，这是多么可怕的遭遇！这样看来，祥林嫂之死是被杀是毫无疑问了，不知道刚才那位同学还有没有意见？"他笑着看了看那位学生。

学生害羞地摇摇头。

此时，袁老师话锋一转，"可是，元凶——我是说元凶——到底是谁？大家认真地思考一下。"

"是封建礼教。"

袁老师鼓励性地问道："为什么？"

"正因为有了封建礼教，鲁四老爷才会那么自私伪善、冷酷无情地逼迫祥林嫂。"

"也正是因为有了封建礼教，柳妈才会在不知不觉中用迷信思想把祥林嫂往悬崖边推了一把。"

"还是因为有了封建礼教，祥林嫂才会一直挣脱不了命运的绞索。"

至此，袁老师开始自然而然地讲述《祝福》所要表达的主题——礼教杀人。

【资料来源：严永金. 名师最能激发潜能的课堂提问艺术：让学生的思维活起来[M]. 重庆：西南师范大学出版社，2008：2. 有改动】

现代教育学理论认为，课堂教学是思维活动的教学，而学生思维的积极性和主动性有赖于教师的循循善诱、精心启发。因此，教师在课堂中要洞察学生的欠思处，并加以启发、诱导、挖掘，帮助学生的思维由浅层迈向深层。课堂提问要有梯度，符合学生的认知规律和思维特点，由浅入深，环环相扣，层层递进，从而激发学生的学习激情，使课堂教学渐入佳境。

一、分层设问，化难为易

系统论有条重要原理："如果事物越有序化，其效能就越高。"可见，解决"序"的问题十分重要。在课堂教学中，单靠一两个提问是不够的，教师要站在高处，从整堂课来筹划，设计出一组系统化的、有步骤的提问，也就是分层设问。分层设问原则实际上就是遵循难易适度的原则。在问之前，教师要根据学生实际水平，对学生的思维、应答能力作出准确的估计，并在此基础上把握提问的难度要求。特别是针对难度较大的问题，教师可把其分解成容易理解的小问题，搭"桥"铺"路"，分散诱导，循序渐进，化难为易，由浅入深。提问难度大都巧设在学生"跳一跳，摘到桃"的层次上，不仅避免了教学内容的杂乱无章，而且鼓舞学生的自信心，培养学生思维的逻辑性，从而激发学生探究解决问题的积极性。

二、有效追问，步步为营

追问是在对问题深入探究的基础上追根究底地继续发问，是在前次提问的基础上补充、延伸、深化和拓展，具有很强的针对性。追问不是漫无边际地问，而是围绕教学目标，将问题系列化，并与课堂临时生成的问题相整合，巧妙穿插，因势利导，形成严密而有节奏的课堂教学流程。作为一种提问技巧，追问广泛运用于课堂教学之中。现代心理学认为："思维本身就是一个不断提问、不断解答、不断追问、不断明朗的过程。"某些问题具有一定的深度，学生一下探不到问题的本质，教师可用追问的方式，因势利导，步步为营，循循善诱。有效追问对于学生明确自己的想法，提高思维活动的敏捷性、深刻性，构建完整的知识体系具有独特的价值。有效追问就像一条不断延伸的纽带，使教学活动串成一个和谐整体，将课堂变成一个富有活力的对话阵地，能有效地吸引学生的注意力，激起学生的求知欲，激发学生积极思维，主动探求知识。

策略三　巧妙曲问，由此及彼

"曲问"是钱梦龙[①]老师最推崇的提问法。他说："要让学生多思，老师怎样启发也至关重要。例如提问，同样一个问题，就有直问和曲问的区别。直问者，死问也。问得

---

① 钱梦龙，特级教师，当代语文教育家。

过于老实，直来直去，启发性不强；曲问者，活问也。问题多拐个弯，学生要动一下脑筋才能作答，因而较能活跃学生的思维。我爱曲问，力避直问。"

钱梦龙"曲问"《愚公移山》

一次，钱梦龙教《愚公移山》，为了让学生加深对"邻人京城氏之孀妻有遗男"这句话中"孀妻""遗男"两词的理解，他别具匠心地提出这样一个问题："课文中有个孩子也要去帮助愚公移山，那孩子的爸爸肯让他去吗？"一句话，把学生问住了。学生一时不知从何作答。慢慢地，学生从惊讶的神色变成了惊喜的神情，纷纷举手说："这个孩子没有爸爸。"钱梦龙追问："你怎么知道？"学生抢着回答："他妈妈是'孀妻'，'孀妻'就是寡妇。"真是"一石激起千层浪"！课堂气氛顿时活跃起来。钱老师用来"激起千层浪"的这枚"石子"就是"曲问"的方法。

最初，"钱氏曲问"常用于文言文教学，后来，钱老师又将这种提问方法移植到现代文的教学，让人耳目一新，又不同凡响。钱老师在教《中国石拱桥》时，先出示赵州桥教学挂图。要求学生先不看书，说清楚图上所示的大拱与四个小拱的位置关系。学生积极发言：大拱的两边各有两个小拱；大拱两边的顶部共有四个小拱；桥身的左右两边有两个小拱；大拱的两端各有两个小拱；大拱两端的上面各有两个小拱……根据学生所述，钱老师一一在黑板上描绘其形，可是没有一种能与教学挂图符合。最后，钱老师示意学生看书："在大拱的两肩上各有两个小拱。"继而师生一起讨论句中的"两肩"为什么用得更准确。

钱老师在教《谁是最可爱的人》时，批评课后练习"作者选用了哪些典型事例说明中国人民志愿军是最可爱的人？"这一提问过于平直，启发性不强，他改从另一个角度提问："作者在本文中只举了三个例子，他认为用不着多举例；有人却认为多举些例子更好，你认为哪一种意见对？为什么？"这两个问题要达到的目的是一样的，但由于后面一问角度较新，多拐个弯，又设置了一点矛盾，更能引起学生思考的积极性，可谓"入乎其内又超出其外"。

【资料来源：木艮. 钱梦龙老师的提问艺术[J]. 北京师范大学学报：社会科学版，1992(4). 本文略有改动】

所谓"曲问"，是指对所要解决的问题不作单刀直入、直截了当的设问，而是另辟蹊径，绕道迂回，从侧面或反面提出问题，点拨学生的思维，引导学生加深对问题的理解。

曲问也即是"问在此而意在彼"。曲问是语文课堂中提问的一种新方法,它充满智慧,包含启迪,体现出教师高超的执教能力。它不从概念、定义或常规出发,而着眼于课堂教学实际,问得灵活,问得生动,学生只有开动脑筋、经过思索才能回答。曲问往往能激发学生探究学习的兴趣,起到"山重水复疑无路,柳暗花明又一村"的教学效果。

一、侧入曲问,化难为易

有些问题难度较大,学生思维一时受阻,如果教师直接出示答案,那么学生在课堂上得到的只是一个答案而已,课后很容易忘记,更谈不上触类旁通了;如果教师直接提出难度较大的问题,那么学生很可能会产生畏缩心理,不知从何下手。但是,如果教师采用旁敲侧击的曲问方法,就能有效地激发学生开动脑筋,积极思考,打开解决问题的突破口。钱梦龙教《愚公移山》时,为了让学生理解"年且九十"这句话中"且"字,特意提问:"愚公九十几岁了?"通过思考,学生顿悟了"且"为"将近"之意,明白了愚公还没到九十岁。教师提出的问题看似与文本没什么关系,似乎是随便一问,但实际上是暗藏玄机,是从旁施问,巧于铺垫,妙于引渡,是在疏通学生的思维通道。这样的曲问使学生感觉很突兀,继而却是"柳暗花明"。这种新颖奇崛的提问方法的收效是不言而喻的。

二、假设曲问,拨云见日

在课堂教学中,教师用假设的方法将原文的内容或形式有针对性地作一定的调整改动,然后引导学生将其与文本进行对照,从而更深刻地体会二者的差距以及原文之妙处。这种方法对帮助学生理解文本往往能起到事半功倍的作用。例如,教师想让学生体会"一道残阳铺水中"这句诗中"铺"字的好处时,若直问学生:"'铺'字好在哪里?"以学生现有的水平,很难有令人满意的回答。但若改直问为曲问:"如果原诗不用'铺'而改为'照''映''染'等字好吗? 为什么?"学生会从反面加以对照,从而领悟到"铺"字既体现了景色的优美,又体现了"夕阳斜照"的特点,并且与下文的"半江瑟瑟半江红"紧密相扣。假设式曲问的形式是假设,要点在于对照,很多难以明了和表达的问题都可以通过对照得以解决。它带给学生的不是抽象的言理,而是具体可感的妙悟。这样的曲问能真正达到言此意彼的教学目的。①

---

① 乔明.曲问:课堂提问中的一株奇葩[J].中学语文教学参考,2011(5).

三、设疑曲问，故布迷阵

"横看成岭侧成峰，远近高低各不同"。提问的角度不同，所取得的成效也不同。提问要及时抓住教材内容中一些模糊之处设疑、发问，"故布迷阵"，利用学生的困惑、疑问，激发学生强烈的好奇心。例如，钱梦龙的提问"孩子的爸爸肯让他去帮忙吗"，就是运用了故布迷阵法，启发学生积极思考，让学生在自寻答案中发现"孀妻""遗男"等知识点以及在文中的运用。在学生对教材内容有一定理解的基础上，教师可故意由模糊之处引出错误观点，树立对立面，"声东击西"。这样，学生的好胜心和表现欲一定会驱使他们积极主动地思辨，这时如果教师再相机点拨和引导，就能够深化学生的思维。

如何有效提问，激活创新思维

课堂提问是一种技巧，更是一种艺术，并且是教学中用得最多而又很难用精、用巧的艺术。在课堂教学中，重视课堂提问，掌握课堂提问艺术，是提高教学质量的有效途径。课堂提问为师生提供了思想碰撞的机会，常常产生一系列的巧问妙答，给人以启迪，激发兴趣，激活讨论。

一、课堂提问的类型

课堂提问的类型是多样的，从不同角度或方式出发就有不同的分类。可以按照问题陈述的方式来分类，也可以按照问题本身的明确程度来分类，还可以按照问题的不同顺序来分类。以下从问题的性质出发对问题进行分类。

(一)判断性提问

判断性提问就是判断是与非的提问方式。这类提问多见于学生或教师的解题过程中或结束后，目的是判断其过程、方法和结论的正确性，有时也用于引导学生思考其过程、方法或结论的合理性。常用的语句有："对不对？""是不是？"这类提问的特点是：第一，要求回答者仅用"是"或"否"就能解决提问，因此，尽管教师也引导学生思考，但提问方式本身容易误导学生不作思考，所以思维程度要求很低；第二，难以发现学生真实水平,一个简单的"是"或"否"常包含偶然因素,从概率来说,即使是猜,也有50%的正确率;第三,难以找到学生错误症结所在,一个判断失误可由多种因素所致,不找到原因就无法对症下药。在课堂教学中,由于这类提问存在明显的局限性,无益于有效提问,因而教师少用为宜。

(二)复述性提问

复述性提问是要求学生复述教材知识点的提问方式。这类提问多见于学生在学完某个知识点之后,目的是考查学生对此知识点的掌握程度。有时也见于学生完成某个自学阶段之后,在讨论、思考前加以提问,以便引起讨论和探索。这类提问的特点是:第一,有提高记忆力的功能,要求学生将由视觉或听觉而进入记忆系统的信息能较快地再现出来;第二,缺乏引起思考的功能,因为提问本身只要求回答是什么,所以这类提问难以培养学生思考能力。在课堂教学中,教师应适当地运用这种提问方式。

(三)探究性提问

探究性提问是指那些激发和维持学生主动探索学习、积极进行发散思维的提问方式。这类提问主要是为了诱发学生深入分析钻研教材,把学生思维引向深处,提高学生的探究性学习能力,因而是有效提问的方式之一。这类提问的特点是:第一,紧紧围绕教学重点;第二,问在学生的有疑之处;第三,问题的层次和角度多,设置问题的切口小,挖掘深。如教《七根火柴》一课,要使学生深入理解文章的中心,教师可以从这一角度提问:"党证上肯定有无名战士的姓名。那么作者为什么不交代出来呢?"通过教师的点拨,学生不难明白无名战士是长征的红军战士的代表,是革命先烈的代表,不写出他的姓名,更能激发读者对这个英雄集体的敬仰。这显然比问《七根火柴》表现了什么样的主题更能引起学生思维的兴趣,也更能加深学生的印象。

(四)创造性提问

创造性提问是在教学中提出创造性的问题,进而引发创造性教学的提问方式。这类提问属于有效提问,多见于学生在完成某个问题目标的解答后,目的是引导学生多角度思考,从而提出创造性的见解。这类提问的特点是:第一,问题目标指向具有扩散性,能引导学生充分、自由地去思考,提出具有独创性的见解,培养学生思维的创造性;第二,需要有一定的基础知识和基本能力,无论是直觉思维还是创造性思维,其水平的发挥首先取决于基础知识的积累,其次还取决于学生如想象、思维等智力因素的水平。例如,《董存瑞舍身炸碉堡》有这样一句话:"他抬头眺望远方,用尽气力高喊着:'同志们，为了新中国，冲啊！'"对这句话学生似乎一看就懂，处于无疑的境地。但是，名师却能通过创造性提问，于无疑处设疑，引导学生探讨课文的思想，提问："董存瑞抬头眺望远方，究竟望到了哪里？望得远，远到了什么地方？"从而激起了学生的思考与联想，从冲锋的部队联想到隆化的解放，以至建立新中国，从而加深了对英雄的认识。

(五)综合性提问

综合性提问是要求学生发现知识之间的内在联系，并在此基础上把教材的概念、规则等加以重新整合的提问方式，包括分析综合提问和推理想象提问两种。分析综合提问要求学生对已有的信息进行综合分析，从而得出结论；推理想象提问要求学生根据已有的事实进行推理，想象可能的结论。这类提问的特点是：问题是开放的，答案是多元的。这类提问有利于学生发散思维的培养。例如，小学科学课《空气中有水吗？》的提问：在一个空玻璃瓶中放一块冰，不一会儿，瓶子的外壁出现水雾。瓶子外壁的水是从哪里来的？如何通过实验证明你的推想呢？

(六)评价性提问

评价性提问是一种要求学生运用准则和标准对观念、作品、方法、资料等作出价值判断，或者进行比较和选择的提问方式。评价提问的主要内容包括：人和人的思想观点，事件的正误，方法的优劣等。这类提问的特点是：要求学生建立起完善的相关知识结构，正确的态度、情感和价值观，以及判断评价的原则和依据等。这类提问能激活学生的思维，引发学生的探究兴趣。例如，钱梦龙教《石壕吏》的提问："有人认为《石壕吏》不是一首好诗，因为诗人杜甫在这首诗里始终是一个冷漠的旁观者，没有出来表过态，你们同意这个观点吗？"学生纷纷从诗里找根据，展开了颇为激烈的争论，各抒己见，后来归纳出一致观点：诗人通过人物的刻画和情景的描写来表态，虽然没有站出来说话，但沉郁的诗风中流露出的济世情怀显而易见。

二、有效提问的技巧

巴尔扎克曾说过："打开一切科学的钥匙，毫无疑问是问号。"提问得法，可以启发学生思维、激发学习兴趣和求知欲望；提问不当，不仅对教学无益，而且会堵塞学生的思路，窒息课堂气氛。课堂提问必须符合学生的心理特点和思维水平，应该有疑时才提，有疑必提，难易适度，层次递进。为努力优化课堂提问，有效地发挥课堂提问所特有的路标作用。

(一)提问要把握时机

在课堂教学中,教师准确把握提问时机,能够吸引学生的注意力,唤起学生内心的探究欲望,激活学生的思维,加深学生的印象,提高教学质量。教师要把握提问的最佳时机,就应结合教学的进展及变化来组织提问。在上课初期,学生处于由平静趋向活跃的状态,应多提一些回忆性问题,这样有助于激发学生的学习兴趣,集中学生的注意力;当学生思维处于高度活跃状态时,多提一些说明性、分析性和评价性问题,有助于学生分析和理解知识的内容,进一步强化兴趣、维持积极的思维状态;当学生思维由高潮转入低潮时,多提一些强调性、巩固性、放松性和幽默性问题,这样可以重新激发学生的学习兴趣。例如,在讲授新知识之前,首先应该把与本课有关的旧知识提出来,让学生进行回忆复习,从中找准与新知识有关的问题,启发学生运用旧知识去获取新知识。①又如,《中国石拱桥》有一理解难点:"题目是《中国石拱桥》,但文章大部分内容则是介绍赵州桥和卢沟桥,为什么?"经过讨论分析,学生理解了其原因是"两桥各具特征,且历史悠久、形式优美、结构坚固,是中国石拱桥的杰出代表"。在讲授课文时,教师可趁机提问:"我国古代石拱桥有很多,作者用此两桥为例而不用其他的古代石拱桥为例,这点对我们写说明文有什么指导意义?"因为学生理解了前面的内容,所以经过讨论,很快就得出了"说明文举例说明时选用的例子要有典型性、要有代表意义"的答案。这样,学生不仅加深了对课文知识难点的理解,对说明文写作的要求也有了进一步的认识。

(二)提问要张弛有度

课堂效益是衡量一堂课成败的重要指标。一节课时间有限,因此教师在设计课堂提问时应把握分寸,做到张弛有度。有度指适宜,根据学生认知水平和心理特点,找准激发他们思维的兴趣点来设计问题。具体是指课堂提问的频率有度,难易适中,坡度清晰。首先,提问要频率有度,不能过繁。提问过繁不仅浪费课堂有限的时间,而且会增加学生回答问题的盲目性,使学生把握不住知识的关键,从而影响教学目标的完成。因此教师的提问次数应保持在一定范围内。其次,提问要难易适中,坡度清晰。课堂提问必须针对学生已有的知识水平,使学生找得到问题的切入点。问题太易,学生无须动脑即可回答,达不到锻炼学生思维能力的目的;问题太难,则会使学生失去信心,

---

① 马德凤.把握课堂提问时机,培养学生思维能力[J].文理导航(中旬),2011(11).

他们根本不知道该从何处入手解决教师提出的问题，从而使提问失去价值。只有设在最近发展区的问答教学，才能有效地促进学生各方面能力的发展。

(三)提问要灵活应变

在实际课堂教学中，有不少教师提出的问题是根据教学目标和教材内容预先设计好的，到了课堂上便机械地把一个个问题抛出来，等着学生回答。这种教学方式不可取。因为课堂是动态的，很多问题和知识是在课堂动态的过程中形成的。教师应该随着开放的教学过程随机灵活地改变有些问题，或针对学生的回答灵活地应对，通过调控和引导巧妙地把学生的思维引向正轨。这样，教师的课堂提问才更能显出有效性。比如，有位教师在教《穷人》一课时，为了让学生从桑娜家的"温暖而舒适"中理解桑娜的勤劳能干，提问学生："桑娜家'温暖而舒适'说明什么呢？"结果有的学生认为说明桑娜家富有。显然，学生的回答偏离了思维目标，此时，教师针对学生的回答作了及时的调控："桑娜家真的富有吗？看看她家到底怎么'温暖而舒适'？"这就把学生思考的焦点引到了对"温暖而舒适"的正确理解和原因的探究上，从而达到了预期的教学目标。在新课程理念下，教师应当具备开阔的视野和灵活的思维，妥善地处理课堂提问中的"意外"情况，使教学得以顺利推进。

名家锦囊

之一：陈钟梁（特级教师，上海市名师工程导师。曾任上海市教委教研室副主任，现为华东师范大学、上海师范大学、华中师范大学、四川师范大学等多所院校客座教授，全国中语会学术委员会副主任）

提出问题，揭示矛盾，首先要找准"突破口"。所谓突破口，应该是全文内容的关键所在，是作者在表达上精心设计的地方。在一般情况下，也就是学生的"难点"与"疑点"。疑是思之始，学之端。有了"疑"，才能激发起解疑的要求。语文教学需要考虑的是，寻找的"突破口"宜从大处着眼，突破一点，带动全文。

之二：钱梦龙

要使学生的思维活跃起来，老师善于设计问题也是重要的一条……一般说，问题的安排，要由易到难。先问一些比较容易、有趣的问题，让学生尝到一点解决问题的乐趣，然后逐步加大难度。这样，学生就好似登山一样，过了一座山峰，又有一座更高的

山峰在自己的面前了。于是他们登高的兴趣会越来越浓,课堂气氛也就越来越活跃了。我觉得开头提的几个问题很重要,如果开头的几个问题先把学生"问"住了,那么往往会造成整堂课的气氛沉闷。因此,每一课开头的问题尤其要巧于设计。

之三:韦志成(武汉教育学院中文系教授,中国教育学会语文教育学专业委员会常务理事)

提问应"适时",要抓住时机,相机诱发,使提问收到应有的教学效果。若没有抓住时机,或者错失时机,提问就可能导致学生思维阻塞。

第七讲　鼓励质疑,诱发求知

教师鼓励学生发现问题,大胆质疑,主动钻研,相互探讨,正是新课程理念的体现。"学起于思,思起于疑。"提出一个问题,往往比解决一个问题更为重要。让学生学会提出问题,大胆质疑,是改变他们在学习中的被动地位,使他们逐渐变得积极主动的最佳途径之一。学生在学习中能够发现问题并去质疑求证,敢于发表独立见解,不仅能加深对知识要点的理解和领悟,而且能够点燃创造性思维的火花,找到成功的感觉,提高学习的兴趣。在传统的课堂教学中,教师是课堂的主宰者,搞的是"满堂灌""一言堂",对学生实施的是"填鸭式"教学,学生是被动接受知识的对象,没有独立思考的空间,缺少发表见解的机会,个性受到压抑,毫无创造性可言。处于这种状态中,学生失去探究新知的动力和激情,为上课而上课,学习兴趣自然提高不起来。因此,新课程强调教师务必解放思想,转变角色,改进教法。在新课程理念倡导的课堂里,教师要以学生为主体,重视学生的个性发展,关注学生的求知欲望,呵护每位学生探究新知的心灵。教师的角色必须由课堂的主宰者转变为课堂的组织者、引导者,师生之间互动交往,平等对话。教师的教法也由"满堂问"转变为引导学生自主提问,鼓励学生大胆质疑,组织学生合作交流,启发学生探究释疑。

名师故事

窦桂梅:超越老师

窦桂梅老师为了启迪学生的悟性,培养学生的灵性,始终把自己放在和学生平等的地位,鼓励学生独立思考,大胆质疑,并超越老师。

在教学《我的战友邱少云》一课时,窦老师重点抓住这两句话引导学生探讨:"邱少云像千斤巨石一般趴在火堆里一动不动。烈火在他身上烧了半个多小时才渐渐熄灭。这个伟大的战士直到生命的最后一息,也没挪动一寸地方,没发出一声呻吟。"其中一个问题要求学生从这两句话中体会邱少云的内心世界。

经过一番讨论之后,学生纷纷各抒己见,畅所欲言。有的学生说:"他的牺牲可不是被一颗子弹射中,而是被烈火活活地烧着,他还一动不动,邱少云真了不起!"有个学生说:"我想,邱少云肯定像电影中的英雄人物那样,在心里高喊:祖国万岁! 共产党万岁!"这时,另一个学生马上站起来说:"我不同意他的看法,我被开水烫过一次,那种疼痛实在难忍,当时我什么也没想,就是挺着没有哭。大火在邱少云的全身燃烧,他肯定没有想那么多,心里保证只有一个念头:挺住挺住再挺住! 坚持坚持再坚持! 才一动不动,直到生命的最后一息也没发出一声呻吟。"这位学生提出的见解真独特! 此时,窦老师便要好好地表扬这位学生。突然,有一个学生大声说:"不对! 我觉得有问题,火势多大呀,敌人又那么近,很容易被发现。他身上又带了子弹、手榴弹,火烧了那么长时间,这些一点就着的易燃物,怎么没有爆炸呢?"窦老师听完这位学生的想法,感到十分吃惊,这可是她教了好几遍这篇课文,从来没想过的问题。现在,这个问题却被提了出来。窦桂梅一时不知道怎么回答,课堂静了下来。她想,这是学生敢于向教材、向老师挑战的思考,应该抓住这个契机,引导学生讨论。

最后,这个问题还是发问者自己解决的。他说:"老师,枪支弹药一爆炸,整个形势就会发生变化,就会影响战斗的胜利,导致战士的伤亡。邱少云会想,光身体一动不动可不行,他肯定会把一只手深深往泥土里抠,使劲地抠,奋力想把子弹或手榴弹埋在泥土下面,同时还要忍受大火对他无情的燃烧。最后用身子死死压住泥土,直到生命的最后一息也没挪动一寸地方,没发出一声呻吟。"

对于这位提出独特见解的学生,窦老师给予了充分的肯定和表扬。且不管这位学生的回答是否符合当时的情况,但他敢于大胆质疑、敢于超越教师的精神实属难能可贵。

【资料来源:窦桂梅.窦桂梅与语文课改的三个超越[EB/OL].小精灵儿童网站,http://new.060s.com.本文略有改动】

现在的学生看待问题有自己独特的视角。他们能够"问倒"教师,能够想到教材写不到的地方。这正是他们创造性思维的体现,也是大胆质疑的结果。在新课程理念下,教师不再是课堂的主宰者、操纵者,而是引导者、启发者,是学生学习的伙伴。对于学生所发现的问题,教师不要以为这是在挑战自己的权威,而应鼓励学生大胆质疑,诱发学生的求知欲，从而使学生最终能够超越教师，幸福成长。那么，教师如何引导学生大胆质疑、超越教师呢？

一、教师要与学生平等对话

师道之尊，可以使学生仿之、效之，但不是不可超越的。教师应该放下架子，蹲下身子，与学生一起去探求真理，发现真理。新课程倡导建立师生互动、平等对话的课堂。在课堂教学中，教师要把自己融入学生群体之中，成为其中一员，与学生积极互动、平等对话，消除学生的心理障碍，利用学生心理特征中的积极因素使学生以乐学的心情投入到教学活动中去。在这种新型的师生关系中，教师把学生当作是共同解决问题的朋友，以师爱营造民主、和谐、积极、开放的课堂氛围。这样，学生才能放下因担心表达失误而招致批评的心理包袱，积极思考、大胆质疑，勇于创新，真正让自己成为学习的主人。

二、教师要给予学生大胆质疑的权利

英国哲学家约翰密·尔认为："天才只能在自由的空气里自由自在地呼吸。"在课堂教学中，教师要培养学生大胆质疑的精神，就要最大限度地发挥民主的教学思想，为学生提供充分的"心理安全"和"心理自由"。不要把学生的思维禁锢在一些条条框框里，要给学生充分的民主和自由。从某种意义上说，教学的民主程度越高，学生在课堂上自觉质疑的热情就越高，创造性思维就会越活跃。教师要从培养学生主动积极思维的角度，给予每个学生大胆质疑的权利。哪怕是无边际的，甚至是"荒唐"的质疑，也要在引导的过程中，给予鼓励；哪怕质疑有微小的合理性，也要及时肯定，使学生逐渐树立大胆质疑的信心。

三、教师要帮助学生克服"迷信"的思想

马克思曾指出："只有批判旧世界，才能创立新世界。所谓的批判包括两个方面，一是不怕现有结论，二是不怕触犯最高权威。"对权威、对书本、对教师的观点，学生往往深信不疑，不敢有异议，更不敢提出质疑。这在无形中束缚了学生创造个性的发展。因此，教师要帮助学生克服"迷信"的思想，敢于向权威、向书本、向教师提意见，敢于发表不同的见解，形成敢疑、善疑的好习惯。在课堂上，常有一些"不安分"的学生提出怪

诞的问题或看法,其结果常常是遭到教师的斥责和同学们的嘲笑。其实,学生看似怪诞的问题中往往蕴藏着智慧的火花,往往是新发现的开始。教师不应严词斥责,而应尊重他们的见解,给予其解释的机会,甚至帮助他们一起寻求解答,以一种平等、和谐的课堂环境给怀疑的种子以肥沃的土壤。久而久之,学生就会克服"迷信"的思想,形成敢疑、善疑、勇于探索的创造个性。

四、教师要引导学生自主探究,合作交流

新课程极力倡导自主探究、合作交流的学习方式。传统的课堂教学模式,学生主要以静听、静观、静思的方式进行学习,其活动形式主要是大脑机械记忆的活动。在这种学习方式的支配下,学生以个体学习为主,相互孤立,缺乏群体的合作性,不会交往,不会关心,自我封闭等。而在小组合作交流和探究中,学生能充分发挥学习共同体的作用,通过思维碰撞,促进了思考问题的深刻性和灵活性,保证了大胆质疑之后能够顺利地解疑释疑。同时,在解疑释疑的过程中,学生互相启发,互相激励,互相帮助,达到共同进步、共同提高、共同完善的最终目的。

◆━━智慧解码━━◆

质疑,是指利用证据,提出疑问,请人解答。古人云:"疑是思之始,学之端。""于不疑处有疑,方是进矣。"疑是思之源,思是智之本。疑是学习知识的开始,也是探求新知的动力。质疑的过程,实际上是一个积极思维的过程,是发现问题、提出问题的过程。可见,在学习中质疑至关重要。学习倘若不质疑,就如同没有水和氧的生命一样,不可能有勃勃生机,迟早会枯竭死亡。

在教学中,有些学生常常是"疑而不问"。有的是怕批评,有的是怕嘲笑,有的是不积极,不重视,不屑问。韩愈在《师说》中说:"人非圣贤,孰能无惑? 惑而不从师,其为惑矣,终不解矣。"有疑而不问,思维的链条就会断裂,获得新知的途径也会被切断。因此,教师应鼓励学生大胆质疑,学会质疑,诱发学生探求新知的欲望,使学生的思维始终处于一种积极探索的状态,充分调动学生的主观能动性,锻炼学生发现问题和提出问题的能力,培养学生的批判性思维和创新能力。

策略一 **消除障碍，保障"敢疑"**

在课堂中，有不少学生想质疑而又不敢质疑，其中一个重要原因就在于有怕出错的心理，担心教师的批评和同学的嘲笑。因此，教师要鼓励学生大胆质疑，首先要扫除学生这种心理障碍。教师要让学生明白，课堂提问不是教师的专利，每个学生都可以提问。只有在提出问题的过程中，思维才能得到发展。课堂上，教师的教态要和蔼可亲，尽力营造宽松、和谐的质疑环境，并置身于学生中间，和学生一起探讨交流。对于那些善于思考、敢于大胆质疑的学生，教师要给予鼓励和表扬。这样学生就会消除心理障碍，乐于发言，勇于提出问题，提出不同的看法，培养起独立思考、主动探索的质疑意识和习惯。

质疑书本的错误

对于城里学生来说，落花生这种植物是比较陌生的。为了让学生对落花生有个比较正确的了解，孙双金[①]老师在学习课文前提出了一个问题："落花生这种植物有什么特点呢？请大家看课文前预习部分的介绍。"

学生都认真地阅读起预习部分，一会儿大部分学生的手都举了起来。孙老师叫了一位学生回答，他站起来引用了书上的一句话："落花生这种植物有个有趣的特点，它的花落了，能钻进地里结出果实。"

这个学生话音刚落，孙老师马上接过话头郑重其事地说："书上这句话有错误，请你们找一找，错在哪儿。"

"啊，书上有错误？"学生小声议论着，脸上露出惊讶的神情，不敢相信这是真的，纷纷用疑惑的目光望着孙双金。

"不要看着我，我的脸上没错误，而是书上有错误，请认真读书。"孙老师笑着再次提醒学生。

学生倒是认真看书了，但脸上仍显得茫然。

"请轻声读一读这句话。"孙老师提示道。

---

① 孙双金，情智教育创立者、现任南京市北京东路小学校长。语文特级教师、中学高级教师。曾荣获"全国师德先进个人""全国首届十大明星校长"称号。他自成一派的"情智教学与四小课堂"在全国广有影响。

学生轻轻地念着，突然一名学生举起了手，然后又一个，大概有五六名学生举起了手，他们的脸上露出兴奋的神采。

孙老师叫了第一位举手的学生。"老师，落花生的花落了，在地上会枯萎、烂掉，不可能钻到地里去。"他试探着说。

"太棒了！"孙老师由衷地称赞道。"花落了还能钻到地里去吗？"孙老师问全体学生。

"不会，不会。"大家有的摇头、有的摆手。

"那落花生的果实是从哪儿长出来的呢？是根上长出的？是花上长出的？还是……"孙双金因势利导，"请你们看课文旁边的图画。"

通过看图，学生发现落花生的果实不是从根部长出的，也不是从花上长出的，而是从茎上长出来的。孙老师看"火候"已到，就用实物投影仪展示落花生全貌，用笔指着图说："落花生的花落之后，花柄继续生长，伸进地里，花柄前端的子房逐渐长大就结出了花生。"孙老师边解释边画简笔画。

"噢，原来是这样。"学生们恍然大悟。

这时，孙双金面向大家："书上也有错误，你们能迷信书本吗？"

"不能。"

"你们能迷信老师吗？"

学生一愣，随即回答："也不能。"

"对，老师和书本上都会出错，如果你们发现问题要大胆地指出来，不能迷信！如果谁发现了我的错误，给我提出来后，我就拜他为师！"孙老师一字一顿地说。

学生的脸上都露出了灿烂的笑容。

【资源来源：孙双金. 让学生学会质疑太重要了［EB/OL］. 小精灵儿童网站，http://new.060s.com/. 本文略有改动】

在课堂上，当学生不敢质疑时，教师应该怎么办呢？是维护师道尊严，显示教师的绝对权威，压制学生的质疑，还是积极地消除学生的心理障碍，鼓励学生大胆质疑和探究？面对学生不敢质疑书本错误的情况，孙双金老师引导学生观察和思考，鼓励学生要敢于大胆质疑，证实书本的错误。这样一来，课堂教学就变得精彩而有效了。

一、创设民主、宽松的氛围，消除学生自卑胆怯的心理障碍

陶行知说："只有民主才能解放最大多数人的创造力，而且使最大多数人之创造力发挥到最高峰，应创设教学中良好的学习气氛。"不难想象，一个总是"高高在上"的"严师"，课堂肯定是没有活力的，学生个个唯师是从，"规规矩矩"，不敢质疑。这显然是与新课程理念相悖的。如果教师能把自己当成是与学生共同学习的伙伴，创设一种民主、宽松的课堂氛围，帮助学生消除自卑胆怯的心理障碍，让学生感到心理安全和心理自由，增强学生的自信心，无疑为学生敢于质疑提供了保障。在教学过程中，教师要鼓励学生敢于向同学质疑，向教师质疑，向教材质疑，并注意倾听每个学生的提问。对于提问不恰当的学生，教师不能冷嘲热讽，而应肯定其大胆质疑的精神，使其认识到教师对自己的尊重与信赖；对于胆小不爱讲话的学生，教师要循循善诱，鼓励其大胆质疑，并用真诚中肯的话语予以鼓励，使其获得质疑的勇气和信心，从而消除自卑胆怯的心理。

二、引导学生积极发言，消除学生依赖懒惰的心理障碍

在课堂上，教师常常发现踊跃发言回答问题的只是少数学生，而大部分学生懒得动脑筋思考问题。这类学生总是习惯于等待教师的标准答案，完全依赖于教师的讲解，然后模仿，生搬硬套，根本没有质疑和探究的精神可言。其结果是这些学生只知其然，而不知其所以然，在思维创新能力上毫无发展，也导致教师在教学上形成恶性循环。造成这一现象的原因，就在于学生依赖和懒惰的心理障碍。显然，依赖和懒惰的心理障碍严重抑制了学生求知的欲望，使学生不肯积极质疑和探究。教师必须帮助学生消除这样的心理障碍。首先，教师要面向全体学生，调动学生共同参与探讨问题的积极性，多引导具有依赖和懒惰心理的学生发出质疑的声音，培养他们主动探究的精神；其次，教师要克服过于依赖教学参考书的思想，敢于肯定学生的见解，甚至以学生的见解为标准，让学生享受成功的喜悦，形成勤于思考、敢于质疑的良好习惯。

【策略二】 教给方法，引导"会疑"

程颐说："学者先要会疑。"在课堂教学中，教师让学生敢于质疑，只是第一步；而让学生善于质疑，才是关键。但是，长期的接受性教学使学生失去了个性，增加了依赖

性,提不出问题,也不知道从何提问,这就需要教师教给学生质疑的方法,让学生"会疑"。只有这样,学生的质疑才会有针对性,体现出问题的价值,点燃思维的火花,引发课堂探究性学习的高潮。

教给学生学会质疑

孙双金老师在给苏州实验小学的学生上古诗《赠汪伦》这堂课时,让学生初步自我解释诗句意思后,为了鼓励学生质疑,说了一番激励性的话语:"古人说'学贵有疑,小疑则小进,大疑则大进'。孙老师看苏州小朋友哪个能发现小的问题,哪个能发现大的问题,如果谁提出的问题,老师也回答不了,那我就拜他为师。"

在孙老师的鼓励下,小朋友个个小眼发光,纷纷埋头读书,思考问题。

一会儿,一只只小手举了起来。

"'踏歌声'是什么意思?"

"为什么说'桃花潭水深千尺,不及汪伦送我情'呢?"

"李白和汪伦的感情为什么这么深呢?"

这几个问题被提出来后,再也没有人举手了,教室里一片安静。孙双金看没有学生提出有深度的问题,便鼓励道:"苏州的小朋友真聪明,提出了一些好的问题。但我相信你们再读读诗,再思考思考、讨论讨论,可以提出更有水平的问题。"

只见小朋友们眉头皱了起来,又埋头默读诗篇,一分钟后大家窃窃地议论起来。五分钟后,班上的小手又举得更高了。

"老师,为什么汪伦早不送晚不送,偏偏等到李白上船要走的时候才来送呢?"一个男孩子问话底气很足,好像哥伦布发现了新大陆。

"老师,一般人离别时都很伤感,为什么汪伦送李白时高高兴兴地踏歌相送呢?"一位胖胖的女孩疑惑地问。

"这两位小朋友多聪明,多能干呀,提出了两个十分有价值的问题。他们是联系生活实际来提的,按常规送人应在家里告别,送别朋友一般比较难过,他们发现了书上写的与生活实际不同。下面请你们围绕这两个问题展开讨论,猜猜看,汪伦为什么等李白上船时再送?为什么汪伦要欢欢喜喜踏歌相送?"当学生提出两个有价值的问题后,孙老师相机引导学生围绕这两个问题展开讨论。

学生自发组成学习小组热烈地展开讨论、想象,一个个小脸通红,发表着自己的"高见"。

孙双金看讨论得差不多了，开始让学生各抒己见。

"李白怕汪伦知道自己要走了，破费钱财买礼品送给自己，因此不告诉汪伦，悄悄地走了。汪伦回家不见了李白，向邻居打听才知李白走了，急急忙忙地赶到桃花潭边相送。"这是一家之言。

"李白和汪伦朝夕相处结下深厚的情谊，李白担心汪伦知道自己要走会伤心难过，因此就不辞而别。汪伦知道后赶来相送。"这又是一家之说。

"汪伦去买酒了，李白接到家书，须立即回家，来不及和汪伦告别，就在桌上留下纸条。汪伦回家后发现纸条，急忙赶来相送。"这一位想象也十分丰富。

"我是这样认为的，李白和汪伦情投意合，可能汪伦已在家门口送别李白。但李白走后，汪伦觉得这样送别不足以表达对李白的一片深情，于是又赶到桃花潭边踏歌相送。一送李白上路，二送李白上船。"这一位想象合理，理解深刻。

孙老师看学生已基本表达出来，便因势利导："你们四种说法都能成立。但不管哪种说法，归结到一点都突出了李白和汪伦的情太深了！现在请你们谈一谈第二个问题，为什么汪伦会高高兴兴踏歌相送呢？"

"老师，可能踏歌相送是当地的风俗。"

"我认为李白是豪放之人，他不希望朋友分别十分伤感。而汪伦正因为十分了解李白，于是欢欢喜喜地踏歌相送。李白听到汪伦踏歌来送，极为感动。觉得汪伦真是了解自己，是自己的知音。因此，跳上岸去迎接汪伦，握着汪伦的双手，千言万语涌上心头，挥笔写下'桃花潭水深千尺，不及汪伦送我情'这千古佳句。"

听着这位学生入情入理的解说，孙老师赞叹道："如果说汪伦是李白的知音，那我说，你们就是李白和汪伦两人的知己，是这首诗的知音啊！"

【资源来源：孙双金. 教师读、问、讲、评的艺术［EB/OL］. 语文课堂网，http://www.ywkt.com/.】

孙双金老师善于把握课堂教学的契机，通过激励性的话语激发学生质疑的积极性，使学生提出了一些问题；但是他并没有就此满足，而是引导和启发学生进一步思考，提出有深度的、有价值的问题，从而突出教学重点，突破教学难点，深化学生对课文内容的认识和领悟。在这样的课堂上，学生自然学会了质疑。

一、留给学生充足的时间思考,让学生提出有价值的问题

一个学生会不会质疑,关键在于会不会提出有价值的问题。学生只有在质疑中提出有价值的问题,才会真正地触及学习内容的核心,激起全体学生的思维浪花,引发全体学生参与讨论、探究,使学习的重难点得以一一揭开,进而使课堂的学习升华到一个新的境界。

质疑源于思考,它是学生主动学习的重要环节。在课堂上,学生的一个问题的提出,大致需要这样一个学习过程:读文—生疑—思考—求解—提问。从中可见,学生的质疑,是要有相应时间进行保证的。时间仓促,学生学之不深,思之不精,是很难发现问题和提出问题的。即使能够提出问题,也可能价值不大,无关紧要。苏霍姆林斯基说:"教室里寂静,学生集中思索,要珍惜这样的时刻。"因此,教师应留给学生充足的时间,让他们深入思考,提出有价值的问题。这样学生的质疑才显得富有意义,学生才能真正地学会质疑。

二、教给学生提问的方法,培养学生质疑的能力和习惯

"学会"是前提,"会学"才是目的。学生想问、敢问、好问,更应该会问。教师要让学生认识到不会问就不会学习,会问才是具备质疑能力的重要标志。从敢问到会问要养成习惯,是一个较长的过程。因此,在教学过程中,教师要有意识地教给学生提问的方法,培养学生质疑的能力和习惯。

为了使学生的提问有条不紊,教师应给予适当的引导。如讲解某篇课文时,教师可先引导学生对课题质疑,开启学生的问题意识,促使学生的思维进入学习状态;接着,教师可引导学生对文章的疑难字词、语句提出问题,诱发学生的求知欲,培养学生的学习动机;然后,教师引导他们对文章的结构层次、中心思想和写作特点等大的方面进行质疑。这样,学生的质疑由简单到复杂,循序渐进,整个课堂会活而不乱,学生的思维就会既活跃又清晰。

总之,教师应引导学生多角度地思考,多方位地发问,让学生一步步往深处思考,绝不能"浅尝辄止"。教师不应满足学生在开始时所提的简单问题,而要善于运用鼓励性的语言激发学生往深处思考,提出更高质量的问题。有了教师的导向和激励,学生的思维就有了方向和动力,就会逐步走向深刻。

策略三 灵活应对，顺利"释疑"

一堂课的时间是有限的，但是学生的思考、学生的质疑、学生的探究、学生的创新应该是无限的。有时，学生大胆的思维能力远远超过教师预设的范围，会出人意料地提出富有创见性的疑问。面对这种情况，教师是轻描淡写地放过，还是灵活地应对呢？这显然是考验一个教师的教育智慧。名师的教育智慧就体现在这样的细节上，他们不会轻易放过学生富有价值的问题，而是灵活应对，帮助和引导学生顺利地解答问题，并由此培养学生的创造性思维。

小 括 号

吴正宪老师刚刚教会学生认识了小括号可以改变原有运算顺序的规则后，突然有一位学生质疑："我认为小括号没有什么了不起的，没有它的存在，照样可以解决实际问题。"他一边说一边走到黑板前把"12×（4＋3）"式子改写成了"12×4＋12×3"，一脸不喜欢的样子："反正我不喜欢小括号。"

如果学生体会不到小括号的作用，这节课岂不白上了？吴老师思考着如何把这节课引向深处。突然，吴老师看到了讲台上摆放的学生为灾区捐的书，灵机一动，一个教学思路产生了。吴老师不慌不忙地提出一个问题："王红同学积极支援灾区，她有 92 本课外读物，自己留下 32 本后，把剩下的送给 5 个小朋友，平均每个小朋友得到几本？请列综合算式解答。"吴老师特意请那位学生板演并讲解。过了一会儿，那位学生不好意思地说："我在算式中画了一个小括号，表示先求 92 与 32 的差，最后再除以 5。"吴老师故意问："这个小括号有什么了不起，不写它不是也可以解决问题吗？""这个小括号非写不可，不然就得先算 32÷5 这一步了，不符合题目要求。"那位学生着急地说。这时，另一位学生抢过话头："你现在是不是和大家一样也喜欢小括号了？""小括号挺好的。"那位学生感慨地说。

面对一个学生意外提出的问题，吴正宪老师不是简单说教，敷衍了事，而是倍加重视，灵活地引导这个学生亲身解析和体验，启发学生的思维，继而圆满地释疑。面对教师这样的释疑，学生心悦诚服，并以主动积极的态度投入新知识的学习之中。

一、让学生自己"释疑"

在课堂教学上,学生意外提出的问题,如同突然把球踢给了教师。这时,教师不必紧张,最好的处理办法就是再把球踢给学生,但这种"踢"不是推诿,而是为学生指出解决问题的角度、路径和方法,启发学生一起寻求答案,也就是让学生自己"释疑"。有了疑问,并不说明思维已达到终点。相反,它意味着思维获得新的起点。这就要求学生在学习过程中提出问题以后还要进一步思考,要主动释疑,只有如此,学生才能获得新知。

如果教师担心学生的质疑释疑耽误教学时间和影响教学进度,在学生提出问题后,不给予他们思考的余地,更不让他们自行解答,而是迫不及待地给出答案,长此以往,必将束缚学生思维的发展,助长学生不爱思考的不良习惯。因此,当学生提出问题后,教师要尊重学生的个性,给予学生充足的时间,并加以点拨和启发,尽可能让他们通过思考、观察或体验去解决自己提出的问题。

二、让其他学生"释疑"

对于学生无法自问自答的问题,教师可让知道如何解决这个问题的其他学生解答。如果学生所提问题具有一定深度、难度或新意,那么教师就可以组织学生分小组讨论,让学生充分地相互讨论、相互交流、相互启发,不断深化对问题的认识和理解。各个小组经过讨论交流后形成答案的书面材料,然后推举代表发言,如有不完整之处,其他学生可作适当补充。这样集思广益的释疑,更具有准确性、全面性和深刻性。

在学生讨论交流的过程中,教师要发挥组织和主导的作用。教师可以在充分尊重学生自主性的前提下,积极参与讨论、点拨、指导、鼓励和反馈,引导学生积极争辩,激活学生的思维。讨论后仍然不能解决的问题,教师不一定要当场抛出答案,有的可以疑而不答,让学生带着问题学习,在学习过程中探索、发现,使问题得到解决。

三、由教师"释疑"

对于全班学生都无法解答的问题,教师可以解答。这是为了使学生更加透彻地理解和掌握知识,满足学生的求知欲,激发学生的学习动机。

教师在释疑时要注意几点:第一,教师对于学生的提问要表示注意的态度,要以和悦的态度去倾听,鼓励学生与教师就某一问题进行探讨;第二,对于学生提出的无论是简单的还是复杂的、重要的还是次要的问题,教师都要及时回答,即使不回答,也应作出合理的说明；第三，教师在释疑的过程中，也要注意引导学生思考，和教师共同进行探讨；第四，教师倘若当时未能解答学生提出的问题，也要诚心地承认未能解答，并阐明课后需要通过有效途径寻求答案，绝不能为了维护教师的权威而不懂装懂，敷衍了事。

总之，教师对待学生的质疑应该充满诚意，实事求是，努力培养学生的问题意识，激发学生的探究精神，并防止学生产生依赖教师的心理。

如何鼓励学生质疑问难求真知

质疑是探究学习的一种表现，是激发学生学习动机的重要手段，也是提高学生思维能力的有效途径。鼓励质疑，引导发现，解放学生的头脑和嘴巴，使他们敢想、敢说，用自己的方式解决疑问，这是新课程理念所倡导的。有些学生有较强的依赖意识，被动地接受知识，不会主动思考，不会提出问题，找不到问题所在。因此，教师要让学生成为学习的主人，主动积极地进行学习，最重要的是激发学生的求知欲，培养学生的质疑能力。

一、建立民主和谐的师生关系，营造愉悦宽松的课堂环境

在新课程理念下，教师要培养学生的质疑能力，前提是建立民主和谐的师生关系，营造愉悦宽松的课堂环境。有民主和谐的师生关系和愉悦宽松的课堂环境，就可以达到师生双方彼此信任、彼此默契配合，学生的想象力和创造力可以得到充分的发挥，在学习中就可以自觉地投入，积极地质疑。

首先，在新课程理念下，教师要极力转变师道尊严的传统教学观念，确立学生主体观念、师生平等观念、教学民主观念，构建平等民主的师生关系，创设宽松和谐的课堂氛围，使学生的思维具有自由驰骋的空间，从而主动学习，积极探讨，合作交流，共同进步。教师要鼓励学生对不理解的问题深入思考，大胆质疑，使学生不但提高质疑意识和能力，而且养成善于质疑的学习习惯和学习品质。在教学中，教师要以饱满的热情、良好的情绪感染学生。教师面带笑容和面无表情时课堂气氛截然不同，如果教师情绪高昂、语言精当、语汇丰富，就会使学生以热烈饱满的情绪积极主动地投入学习，踊跃

地质疑问难,从而形成活跃的课堂氛围。

其次,教师要敢于突破思维定式,改革传统教学模式。当前,传统的教学模式显然不利于培养学生的质疑能力,已不适应现代教学。囿于教师先透彻讲解,再让学生依样画葫芦地练习;答错或答不上另请他人,刻意追求课堂的鸦雀无声、循规蹈矩,学生只能老老实实地坐着,规规矩矩地举手,耐心等待发言机会,思维围绕教师的精心设计,按部就班地进行,很少或不能自由思维,展示自己独特的个性思维和创造力。这种"满堂灌""填鸭式"的教学没有给学生留有积极思维的空间和余地,抑制了学生学习的主动性和思考的独立性,窒息了学生的智慧和创造力。因此,教师要敢于突破思维定式,改革传统教学模式。教师可因课而异地采用启发式、自由议说式、全班探究式、小组讨论式、师生答辩式等多种多样的教学模式,在小组成员无拘无束的讨论交流中,学生思维相互撞击、融汇,从而产生新的启发、新的共鸣、新的思索、新的灵感、新的创造性。

再次,教师要积极转变教学方法,努力促使学生实现三个"变":从"要我学"变为"我要学",从"占有知识"变为"追求知识",从"被动接受"变为"主动探索"。教师要压缩讲授时间,增加学生自学时间,鼓励学生将自己置于"发现者""探索者"的位置,通过自己的思考、质疑和探究,提出独到的见解。这就需要教师运用尝试法、发现法、启发法等先进的教学方法,让学生通过自己的观察、思考、调查、推理、判断、抽象、归纳,得出自己的结论,提出自己的看法和设想。这样,学生对学习自然而然产生浓厚的兴趣。

二、善待学生的质疑,培养学生质疑的意识和能力

学生是教学的主人,学生是学习的主人,学生是课堂的主人。教是为学生的学服务的,教师应是学生学习的助手。教师要善待学生的质疑,培养学生质疑的意识和能力,使学生充满兴趣地学习,养成良好的思考和探究习惯。

培养学生质疑的意识和能力,关键在于教师要做教学的有心人,给学生提问题的机会,并能善待学生的质疑。在学生提出的诸多问题中,教师要善于捕捉有价值的问题,及时加以利用,引导学生围绕有价值的问题展开讨论、交流和探究。这样会收到意想不到的教学效果,不仅使学生对教学内容的要点加深了理解,而且激活了学生的思维,诱发了发现问题、提出问题的灵思,提高了质疑的能力。

在教学中，教师应面向全体学生。教师要尊重学生发现和提出的每一个问题，注意每一个学生问题意识的培养。对于学生提出的有价值的问题，教师应及时肯定和表扬，给予激励性评价。对于学生提出的不明确的问题，教师应采取和学生共同思考、探讨的方式加以引导，帮助学生理清问题的思路，抓住关键处提问。如果学生提出的问题不恰当，教师不宜嘲笑，而应肯定其大胆的行为，纠正错误，挖掘闪光点。这样，在教师的鼓励下，学生尝到了发现问题、提出问题的喜悦，满足了学习的成就感，树立了学习的自信心，其质疑的意识和能力随之得以提高。

三、引导学生善于质疑，培养学生的创新精神

教师要鼓励学生质疑问难，提出自己的独立见解，培养学生的创新能力。在教师的鼓励和引导下，学生能够敢于质疑，善于质疑，乐于质疑，是学生自主学习、创新学习的重要标志。

现代教学论认为，学生只有主动学习，才能在掌握知识的过程中有所发现并开发智慧，提高创新能力。陶行知说："发明千千万，起点在一问。"确实，发现、创新都是由疑问开始的。自古以来，每一个发明创造、每一个新思想的提出都是建立在质疑的基础之上的。有了疑问才会去进一步思考问题，才能有所发现，有所创造。有疑才有进步，正所谓"小疑则小进，大疑则大进"。疑是打开知识大门的钥匙。常有疑点，常有问题，才能常有思考，常有创新。质疑的过程实际上是一个积极思维的过程，是发现问题、提出问题的过程，只有善于发现问题和提出问题的人，才能产生创新的冲动。质疑是创新的开始，也是创新的动力，创新来自质疑。因此，在教学中，教师要鼓励学生大胆质疑，引导学生善于质疑，培养学生的质疑能力，进而培养学生的创造性思维和创新精神。

疑胜于学。在新课程理念下，教师应鼓励学生大胆质疑、善于质疑，引导学生探究性学习，提高学生质疑的意识和能力，激发学生的求知欲和学习兴趣，培养学生的创造性思维和创新精神。

名家锦囊

之一：孙双金

学生不会质疑怎么办？我的体会是：首先，要让学生敢提问，要破除学生怕提问、怕师生嘲笑的心理疑虑，让学生大胆地问、毫无顾忌地问，凡是提问，不管好与坏，不管对与错，均应给予肯定和称赞。其次，要教给学生提问的方法，要引导学生抓住重点

词、句提问,抓住关键处提问,不能"浅问辄止",而应刨根问底,多角度地思考,多方位地发问。再次,要在质疑上舍得花时间,绝不能走过场、搞形式,而应实实在在地让学生学习提问,经历由不敢问到敢问,由不会问到会问的全过程。

之二:靳家彦(语文特级教师,国家"人民教师"的金质奖章获得者,享受国务院津贴的有突出贡献的专家。先后被评为"全国教育系统劳动模范""天津市劳动模范""拔尖人才""模范教师""十佳学科带头人"等)

在课堂教学中,靳家彦导读式教学模式还充分体现了"三主"原则,即"以学生为主体,以教师为主导,以掌握方法、形成能力为主线"开展语文教学。其中,"以学生为主体",就是要充分发挥学生的主观能动性,鼓励学生大胆质疑、主动探究,做到"以情励学,以趣激学、调动参与、启迪创造",真正把读书的优先权交给学生,从而使他们具有浓厚的学习兴趣、深入钻研的学习品质、正确的读书方法和良好的读书习惯,最大限度地调动学生学习的积极性,提高学习效率。

之三:窦桂梅

尊重教师是中华民族的传统美德。引导学生超越教师,是富有时代魅力的精神境界的表现。超越教师的目的就是让学生在教师的引领和点化后学会学习、学会思考、学会质疑、学会批判,最终让自己成为学习的主人。课堂上,教师和学生的真正关系应该是活生生的人的关系,应该是教学的相长,双主的互动。师道之尊,可以使学生仿之、效之,但不是不可超越的。我们应该放下架子,蹲下身子,与学生一起去探求真理、发现真理,开创教师和学生真正平等的对话平台。对于学生的成长来说,超越了教师之后,放飞了他们的理想,解放了他们的灵魂,开掘了他们的智慧,语文学习成为学生终生追求"真善美"的友人和伙伴,那才是理想的教育和理想的学习。让学生超越教师,就必须让每个学生找到自己是好孩子的感觉。有了这种感觉,学生才敢和你无拘无束地交流、平等真诚地对话,才会实现超越教师的真正行为。要学生超越教师,就要把思考、发现和批判的权利交给学生。只有这样,我们的眼前才会出现一幅幅生动的画面:学生和你合作共同完成教学任务;学生自己上台当老师;敢和教师对话,敢挑教师的毛病,敢提出和教师不同的见解与观点。

第八讲 活动教学,彰显活力

　　活动教学是一种强调通过增加学生自主参与的各种外显活动来充分发挥学生的主体性、能动性、创造性,培养学生自主探究精神,全面提高学生素质的教学。教师根据教学要求和学生获取知识的过程为学生提供适当的教学情境,根据学生身心发展的水平和特点设置课堂教学方法或过程,让学生凭自己的能力参与阅读、讨论、游戏、学具操作等去学习知识。活动教学可以分为三个层次:浅层的,即所有表象性的与学生学习、教师教学有关的活动;中层的,即教学活动化,活动化教学,主要指师生在课堂上通过开展活动或学生在课外通过教师指导下的活动来学习;深层的,即学生思维的活动,融汇学生课内外的学习,其终极目标是学生通过活动活跃思维,培养实践能力和创新思维。活动教学不仅要求教师善于挖掘利用课内教学资源中的活动因素,还应同社会实践紧密结合,创设出适宜的活动目标、活动内容、活动条件和活动策略,通过"活动场"的培育,着力于"效应场"的生成,实现活动教学化。为适应新课改的要求,广大教师把大量的活动引入课堂,使课堂教学彰显活力,出现了生机勃勃的景象,也极大地激发了学生的学习动机。

肖家芸①:让精彩于学生

　　肖家芸老师是活动教学实验的发起者和坚定执行者。《猫》一课的教学,充分地体现了肖老师活动教学的思想。《猫》选自人教版义务教育课程标准实验教科书七年级下册第六单元。是现代作家郑振铎的一篇散文。文章写的是作者家中曾经养过

---

　　① 肖家芸,语文特级教师,国家级首期培训骨干教师,教育硕士兼职导师,获"省级教坛新星"等表彰两项,获省及国家优秀教育科学成果奖六项。

三只猫,这三次养猫的经历给他带来了不尽相同的感受,有快乐,有辛酸,有愤恨,甚至还有无尽的懊悔……但落脚点还是写人写社会,提升做人,补益社会。在《猫》这堂课中,肖老师设置了五次学习活动,以活动搭建学习平台,让精彩于学生,使课堂教学高潮迭起。

上课伊始,肖老师出示了画有三只猫的情景图后,开展了第一个活动:让学生主动自荐,由语文课代表随机组合为三组,分角色诵读三只猫的描述。A组诵读第一只猫的描述。角色:"我"(男同学),"三妹"(女同学)。B组诵读第二只猫的描述。角色:"我"(男同学),"三妹"(女同学)。C组诵读第三只猫的描述。角色:"我"(男同学),"张婶""夫人""三妹"(均为女同学)。当三组学生诵读完后,肖老师先让学生给予评点,然后自己总结:"不无道理。三个组读得都不错,都值得表扬,掌声祝贺! 相对而言,人物多,故事强,配合默契难度更大,所以第三组更值得祝贺,大家同意吗?"

紧跟着,肖老师开展第二个活动:让学生整理个人感觉"你喜欢哪一只猫",两分钟以后交流。肖老师和学生围绕"你喜欢哪只猫""作者对三只猫的态度""第三只猫的冤在何处,留下什么教训""我的错误在何处,留下什么教训"这几个问题进行交流,学生出现了很多惊人之语,教师也作了精彩的点评,掌声多次响起。这里让学生互相撞击的"喜欢哪一只"的评说就是一个较大的平台,吸引了不少学生参与,这种预设与灵变结合的课堂活动,促成了一个动起来、活起来的课堂,促进了师生共同成长。

对于第三只猫的死,作者是伤心自责的。那么,从作者的伤心中看出作者的哪些品质? 这个问题是教学的重点。为了让学生充分理解这个问题,肖老师开展了第三次活动:前后座位四人一组,讨论热烈。四分钟后交流。学生讨论交流,认为作者"勇于自责""不欺侮小动物""真诚认错""书生气十足"等。对于学生这样的看法,肖老师给予了肯定和赞赏。这里的讨论活动,揭开了作者的写作意图,让学生对课文的理解提升上了一个层次。

一堂课,学生紧紧围绕在教师的活动中进行,课堂做到了收放自如、张弛有度。

【资料来源:肖家芸.《猫》教学实录[J].语文教学通讯,2005(7).本文略有改动】

从教育学上说,教师课堂的一切行为都是为了促进学生的发展,教师的发展体现在学生的发展之上,教师的精彩呈现在学生的精彩之中。让精彩于学生,才能留精彩于自己。活动是构建自主、合作、探究性新型学习方式的平台。让精彩于学生，教师必须借助活动的平台，融通课情与学情，建构教学，通过适时、适量、适度、有序、有效的学生主体性活动，优化课堂教学，激发学生的学习兴趣，带动学生的全面发展。①

一、为课堂教学注入活力

我们的课堂教学以班级授课为主，其有着个别教学和其他集体教学所不可替代的优势。然而，多年实践证明，班级教学也存在局限性，这在一定程度上影响到课堂教学的整体质量。加上我国教育实践长期以来深受"应试教育"的影响，不仅班级教学自身优势得不到应有的发挥，而且其固有局限也被"放大"或"延伸"，存在着重教师的系统讲授、轻学生的探究发现，重间接经验的学习、轻直接经验的获取，重书本知识的学习、轻动手能力的培养等一系列问题。这些问题直接导致了学生学习兴趣下降、探究精神萎缩，师生负担过重，教师厌教，学生厌学等弊端，使课堂教学在很大程度上失去了活力。② 活动教学正是针对这些问题而提出的，其能为课堂教学注入活力。教师在课堂教学中引入活动，不再是单纯地靠口头传授、灌输知识，而是引导学生在实践中领会、发现知识。这样不仅使教师的教学变得轻松而有趣，而且使学生对学习充满兴趣和热情，课堂教学因此不再单调、沉闷。

二、培养学生探索和实践的能力

在课堂上，教师把结论告诉学生，不如让学生自己去探究；把感受告诉学生，不如让学生自己获取体验；将技能要点告诉学生，不如让学生动手实践。杜威说："人们如果发现某种东西，就必须对事物做一点什么事；他们必须改革。这是实验室方法给我们的教训，一切教育都必须学习这个教训。"听和看虽然可以帮助学生获得一定的信息与知识，但远远不如动手操作给人的印象深刻，不如做中学那样牢固，不如活动教学那样能将有关知识转化为实践行为和能力。随着新课程改革的逐步推进，活动教学在学校教学中所占据的比例将越来越大。但是，在实践中，活动教学又经常被扭曲为教师主导下的"表演"、单一的技能训练竞赛，表面上热热闹闹，而实质上流于形式，甚至扭

---

① 肖家芸.让精彩于学生[J].语文教学通讯,2005(22).
② 李臣.我国活动教学的背景与实质之认识[J].教育导刊,1998(1).

曲学生的个性。因此,教师在实施活动教学时,要明确活动教学的意义在于培养学生的探究和实践能力,而不是为了使课堂气氛呈现表面上的热闹。

三、以学生的活动为中心

活动是人发展的动力,其孕育着学生发展的所有倾向。学生的教育总与学生的活动相关联,教育不可避免地在学生的活动中展开,学生的活动经历成了教育的起点,学生的活动经验自然成了教育的背景。这就必然地要求课堂教学以活动为基本形式,教育程序安排和组织实施必须以学生的活动为中心。在活动形式上,活动时间和空间都较以前有所增加,而活动内容更加丰富多彩;但不应仅仅理解为形式的改变,或是为活动而活动。活动的实质是要求把活动作为学生学习的基本途径,借助活动来真正确立学生在教学过程中的主体性,使学生享有更充分的思想和行为的自由,以及发展和选择的机会,最大限度地获得身体与心灵的解放。[①] 因此,教师在课堂上切勿以自我活动为中心,忽视学生是活动的主人;而要给予学生足够的活动的时间和空间,改变过去一贯学生只是被动参与的“接受者”角色,促使学生由消极被动的学习向积极主动的学习转化,使认知和情感得到和谐的发展。

✦ 智慧解码 ✦

活动教学的任务是让学生自己活动和思索去获得知识。学生在活动中充分调动多种器官参加学习,兴趣浓厚,情绪激昂,思维积极,感知丰富,乐学易懂。学生对教学材料产生了兴趣和热情,能把注意、思维、记忆、想象等心理因素都调动起来,使之积极化。活动教学的实施最重要的是具体活动方式的落实,即通过什么样的活动来改变传统学科教学的课堂结构和教学模式。传统学科教学以学生静听为主,活动教学旨在通过学生做一做、看一看、画一画、走一走、写一写、演一演、玩一玩、唱一唱、跳一跳、编一编、比一比、仿一仿、动一动等方式来活跃课堂、改变学生学习方式,以求学生主动发展

---

① 杨莉娟.活动教学浅论[J].教育科学研究,1999(4).

和全面素质的提高，从而实现教育的理想——培养"完整的人"。① 活动教学主要通过设计游戏、开展竞赛和角色扮演三个策略来进行教学，突破传统教学瓶颈，以达到有效优化课堂教学的目的。

策略一　设计游戏，激趣引智

德国诗人席勒曾说："只有当人充分是人的时候，他才游戏；只有当人游戏的时候，他才完全是人。"哪个孩子不好动？哪个孩子不爱玩？游戏是少年儿童非常喜欢的一种趣味性活动。教师将游戏活动引入课堂，可以增添课堂教学的情趣，调动学生学习的积极性，增强学生"学习等于愉快"的情感体验，发展学生的形象思维，激发学生的创造潜能，培养学生团队合作的精神。当然，课堂游戏并不是都适合于每堂课，也并不一定适合于每个学生，只有恰到好处的游戏教学才能收到良好的教学效果。

三张神奇的位置卡片

山东大学校长展涛在谈到数学课程改革时曾说："应该让学生学简单的数学、学有趣的数学、学鲜活的数学。"虽然数学的表达方式是抽象形式的，但在课堂上呈现给学生的数学应该是作为教育形态的数学，而不是学术形态的数学，应该把"冰冷的美丽"转化为"火热的思考"。在徐斌②老师的课堂上，学生们会经常感受到数学是简单、美丽、鲜活的，是富有情趣的。

在教学《确定位置》一课时，徐老师设计了一个找座位游戏，请学生根据教师发的座位卡片找座位。看哪些学生能正确、快速地找到自己的座位。学生兴趣盎然，教室里热闹极了。不一会儿，大部分学生都找到了自己的座位。可是有3个学生拿着手里的卡片发呆，小脸涨得通红。

原来第一个孩子的纸条上只写着第3组第（　）个，他知道应该坐在第3组，可不知道应该坐第几个。而第二个学生的座位号上写着第（　）组第4个，他知道应该坐在第4个，可不知道应该是哪一组的。第三个学生更是疑惑："我的座位号问题最大，上面就写了第（　）组第（　）个。实际上什么也没有告诉我，我怎么知道坐在哪里呢？"

---

① 彭小明.活动教学法初探[J].当代教育论坛,2006(13).
② 徐斌,数学特级教师,苏州工业园区第二实验小学副校长。1999年被评为南通市专业技术拔尖人才，并被江苏省委组织部确定为省"三三三工程"培养对象。

"如果仔细观察,还是可以找到位置的,因为教室里空着3个座位。"同学们纷纷建议。3个学生看看自己手里的卡片,仔细观察了一番,果然找到了自己的位置。看到这里,徐老师小声说:"看来,要正确地找到座位,就应该写明白是第几组第几个。今天我们就一起来学习有关确定位置的知识。"

皮亚杰从发生认识论的角度曾深刻地揭示出:认知源于主体与客体间相互作用的活动。不难发现,在游戏环节中,徐老师精心设计了3张与众不同的位置卡片,提供思维之"源",引起学生的思维冲突。学生产生疑虑之际,教师适时予以启发。寥寥数语便将学生引入本节课的教学重点,学生同时也感觉到即将学习的内容是有实际需要的。

【资料来源:陈惠芳.徐斌教育教学艺术系列报道之四:三张神奇的位置卡片[N].中国教育报,2005-1-06(6).】

徐斌老师在教学中精心设计了一个找座位游戏,将"玩"与"学"有机结合起来,在激发学生学习兴趣的同时,巧妙地启发了学生的思维,使学生在身心愉悦中学有所获。教师因游戏而魅力四射,学生因游戏而激情飞扬,课堂因游戏而精彩纷呈。游戏的设计,使教学达到一个新的境地。

一、根据教学目标设计游戏

现代教学理论认为,任何教学活动的设计都是围绕教学目标进行、为教学目标服务的。课堂游戏活动目的在于促进学生在"玩"中有效地完成教学任务,提高课堂教学效率。因此,游戏的设计要有目的性,必须为教学内容服务,应该是所学新知的趣味操练和巩固练习,更应该是"为用而学,在用中学,学了就用"的真正体现。教师在设计游戏时要注意根据教学目标和教学内容,要充分考虑教学的重点难点和其他教学要求,选择适当的时机进行合理的游戏。如果片面追求形式,"为游戏而游戏",偏离了教学目标,那么再好的游戏活动也不能达到预设的教学效果。作为课堂活动的一种形式,游戏绝对不是让学生玩玩而已。在教学上,游戏体现出"在玩中学"的理念。教师在让学生做游戏时,除了学生"玩好"之外,还要联系所学的知识,使学生玩有所获。开展游戏是为了学习和巩固所学知识,活跃课堂气氛,激发学习兴趣;但也应该在游戏中注意学生智力的开发和能力的培养。教师可以精心设计一些富有创造性和挑战性的游戏,激活学生的创造性思维,使学生能动地进行探究性学习。

二、根据学生情况确定游戏形式

由于学生在认知水平、生活经验、思维方式、知识背景等方面存在不同的情况，因而教师在设计游戏形式时要悉心考虑，充分准备，灵活应对。在课堂教学中，教师要注意游戏形式的多样化，体现出游戏的生动性、趣味性和启发性。俗话说："把戏不可久玩。"再好的游戏，玩过几次之后，学生就没有兴趣了。这便需要教师不断地创新游戏方法，不断地设计新的游戏，不断地翻新游戏的做法，以满足学生强烈的好奇心和新鲜感。不过，教师不管设计哪一种游戏形式，都要保证游戏的可操作性，使每个学生都有参与游戏并从中获得发展的权利，让课堂成为"大家乐"的舞台。毕竟课堂教学的时间是有限的，如果游戏规则太复杂，不易操作，教师讲不清，学生不理解，既费时又费力，效果也不理想。此外，一堂课上教师不可频繁使用游戏，让学生产生疲惫感；而同一种游戏形式也不宜过多使用，使游戏环节失去新意。

三、及时反馈和评价

反馈是对游戏实行控制的一个重要手段。在课堂游戏中，教师应注意观察学生的表现，随时获取学生反馈的具体情况。教师应善于根据反馈信息，随时修正游戏的目标，灵活地调控游戏的时间和方式，真正做到反馈的"适时性""启发性"和"激励性"。教师要通过观察、巡视、提问等方式来反馈游戏效果，对不适合的游戏形式要及时调整，而不必拘泥于原有的形式。当游戏结束后，教师要结合游戏内容进行小结，对游戏是否达到了教学目标、是否获得了良好的学习效果进行反思，以期下次的游戏活动更加有效。此外，教师要及时评价学生在游戏中的表现。评价要客观、公平，并尽量让学生参与，让他们在自我评价中增强学习动机。对于那些在游戏活动中表现好的学生或小组，教师要给予适当的表扬和奖励。教师不但要评价学生在游戏中对知识技能的掌握情况，而且要评价学生在游戏过程中的情感态度、合作精神、智力活动等综合表现。这样，教师在课堂中开展的游戏活动才能体现出应有的价值和意义。

策略二 开展竞赛，调动热情

课堂竞赛是课堂活动的形式之一。开展课堂竞赛活动，是激发学生的学习兴趣、挖掘学生的潜能、训练学生的思维、提高学习效率的有效措施。课堂竞赛还是一种强大的外部压力,当它和学生的自尊心和荣誉感相结合时,可以很快转化为个人的内在动力。实践证明,在课堂教学中适当开展竞赛活动,有利于提高课堂教学效果。

1分钟竞赛

学生一入学,我喜欢把大家吸引到紧张有趣的学习潮流之中,紧张有趣的学习本身便是教育。

我经常在课堂上开展1分钟竞赛。

"请同学们准备好,咱们搞一次1分钟背诵比赛。竞赛办法是我说开始,同学们便把语文教材翻到指定的页数,从第二段开始背,能背多少背多少。背得慢的,可以只记住十来个字的一句话,背得快的,最好能记住几十句话。1分钟后,我说停止,大家立即合上书,开始默写刚才记住的文字,默写后,对照原文,正确的方能计算字数,看谁记住的字数多。"

"大家准备好了吗?"

"准备好了!""老师快点儿开始吧,心都紧张得快跳出来了!"

"好!各就各位——预备——"

学生进入了紧张的状态,向参加百米决赛那样全身心地投入。

"把教材翻到106页,第二自然段,开始背!"

如同听到起跑的枪声,学生记忆的箭飞快地向前,向前!不管平时多么淘气的学生,1分钟有意注意的时间还是有的,何况此刻请学生做的,不是高不可攀的事情,只要努力,人人都可以做,没有会做不会做之分,只有做多做少之分。

"时间到,停!"

有几名学生欲罢不能,我立即予以制止。

"开始默写了。"静静的,只听到笔尖沙沙声。几分钟后,学生兴奋地公布着自己的结果:"我背下来56个字!""我背下来74个字!"

"我背下来88个字!"

"还有没有更多的同学?"

张海英说:"老师,我背下来122个字!"

"赵伟!你呢?"

"老师,我只记住了 24 个字。"

"李建呢?"

"我背下来 26 个字。"

"请同学们记住这次的数字,无论背得多的还是背得少的,都要力争下次超越自己,人最有效的超越是对自我的超越。即使赵伟只记住了 24 个字,也是超越了平常的自我。请赵伟想想,24 个字,将近一首七绝了,以前,你有过 1 分钟时间背下一首七绝的时候吗? 没有吧! 如果你巩固这个成绩,一分钟记住 24 个字,那就不愁背课文、背政治题、背英语单词了,是这样吧!"

学生们无论背得多还是背得少的,都远远超过了自己平时的背诵速度,都品尝到了战胜自我的欢乐。

这次背的是记叙文,效率较高,学生喜欢这种竞赛。又背了几次记叙文后,学生的效率都有所提高,最多的,竟然达到了 1 分钟便背下来 148 字的一段短文。这时,我告诉学生这是背记叙文,倘若背说明文或议论文还要慢一些,学生纷纷要求用说明文或议论文做试验。

好在用时不多,那就试验吧! 刚开学的一个月,我几乎每节语文课,都搞一次 1 分钟记忆力比赛。

我们也搞 1 分钟抄写比赛:"请同学们准备好书,作业本和钢笔。咱们搞一次 1 分钟抄写比赛,我说开始,大家便将书翻到老师指定的段落,1 分钟后,看看抄了多少字。"

学生立即全神贯注,做好赛前准备,一说开始,大家动作一致,迅速把书翻到我指定的第 84 页,从第三自然段开始抄写。

"停!"一声令下,大家停住笔,马上看自己的成果。最快的学生写了 55 字。最慢的写了 25 个字。我鼓励最慢的学生说:"1 分钟 25 个字,20 分钟便是 500 字,每天量化作业,20 分钟不就写完了吗? 1 小时能写 1500 字,每天学习果真都达到这个效率,那完成作业就不费力气了。"

有时,我们也搞默写比赛。默写熟练的课文,没有抄书时头的摆动和笔的间歇,效率还要高,最快的学生每分钟能默写 64 个字,平均每分钟默写能达到 40 个字。

我在外省市给学生讲课,有时学习任务完成了,还差几分钟没到下课时间,怎么度过这段时间呢? 我说:"咱们搞一次 1 分钟抄写比赛怎么样?"一般情况下,学生都热烈赞成。比赛结果,也跟我们班差不多,写得快的学生达到 50 个字以上,慢的,刚超过

20字。我还发现,写得快的,大部分是写字好的学生,而那些字写得东倒西歪、缺胳膊少腿的学生恰恰写得慢。

我们也搞1分钟朗读比赛,声音要大,吐字要清楚,速度要快,像宋世雄担任激烈的足球比赛解说那样,说得又快又清楚,又感人。一般说来,学生1分钟能读450个字,每当此时学生读起书来像打机关枪一样,嗒嗒嗒,争先恐后,射个不停,那真是人声鼎沸。1分钟速读竞赛,也很激动人心。

"各就各位,预备开始,大家速读,1分钟过后,复述读过的课文内容。"经过不长时间的训练,学生速读能力平均便可达到每分钟1000字。一篇3000字的课文,读3分钟之后,不少学生能理清文章的结构层次,复述课文的主要内容。1分钟速读比赛,要求学生每分钟读书速度达到1500字以上。我说:"现代社会,信息量大,尤其需要人们具备跳读能力。才能在大量的报纸杂志中,及时、迅速地筛选适合自己的信息。有的人具有同时注意整版《人民日报》的能力,能在很短的时间内在数版的报纸中将自己需要的两条信息筛选出来,这就是跳读能力。跳读大部分著作时,眼球更多的是作纵向而不是横向运动,不是一行行品味每一句话,而是纵向注意一个或几个句群。"学生们觉得这种训练方式又新颖又实用。

也有时,我们搞1分钟听力比赛。教师在前面用广播速度报告重要新闻,或以每分钟200字的速度读散文,读评论。读的时候,学生不许动笔,只准听,每当这时,大家真是凝神屏息,全神贯注。听过之后,立即默写,看谁写得多,并且和原文一致。

1分钟竞赛,用的时间少,每节课都开展一次,也有条件。经常开展这样的竞赛,集中了学生的注意力,提高了学生的学习积极性,增强了学生的效率观念和竞争意识。

不少学生养成了竞赛的习惯,他们主要是自我竞赛,学习时首先明确目标,确定具体的任务量,然后按照每分钟的效率去确定完成任务的时间,增强了完成任务的紧迫感,提高了学习效率。

【资料来源:魏书生.1分钟自我竞赛[J].家教世界,2006(5).】

魏书生老师喜欢在课堂上搞1分钟竞赛,并乐此不疲,屡试不爽。通过开展这样的竞赛活动,缓解了学生的疲劳,提高了学生的注意力,调动了学生学习的热情,使学生切实地巩固了所学的知识。从中可见,善于开展课堂竞赛活动的教师,必能让课堂增添一份情趣和活力,并走向成功。

一、合理组织各种类型的竞赛

课堂竞赛有多种类型，具体选用哪一种类型，教师需要根据教学目标和教学内容来决定。课堂竞赛主要有以下五种常见的类型。

知识竞赛型。是指以知识为内容的竞赛。知识包括某些词语知识、成语知识、法律知识、历史知识、动植物知识、生活知识等。知识竞赛可以激发学生的参与热情，激活学生的思维，促进学生自觉强化、巩固所学知识。

演讲竞赛型。是指以演讲的形式开展的竞赛。这种竞赛能够进一步提高学生对所学知识的认识，引导学生理论联系实际，还能使学生明辨是非，焕发热情，激发斗志，鼓足干劲。

辩论竞赛型。是指以辩论的形式开展的竞赛。这种竞赛可以锻炼学生运用知识的能力、口头表达能力、辩证思维的能力、应变能力、理论联系实际的能力等。

设计竞赛型。是指以设计、制作的作品为内容开展的竞赛。这种竞赛意在加深学生的情感体验，培养学生的创新能力和实践操作能力。

故事竞赛型。是指以讲故事的形式开展的竞赛。这种竞赛可以使学生进一步理解和体会所学知识，可以锻炼学生的表达能力，提升学生的情感体验，引导学生的行为。

总之，教师要根据教学需要合理地组织各种类型的课堂竞赛。课堂竞赛的内容主要是日常练习的教学内容，是常规性的任务，而不是创造性的、艺术性的内容。保证学生获胜取决于努力，而不是能力高低，运气好坏。

二、灵活运用竞赛方式

在课堂教学中，只要是能激发竞争意识、提高学生学习积极性、提高教学效率的竞赛方式，教师都可以采用，但是要懂得灵活运用。竞赛方式不要千篇一律，要因教材、学生的变化而变化，并且要与其他的教学方法相结合，否则容易让学生感到僵化和单调。课堂竞赛的方式很多，这里介绍三种常用的竞赛方式：小组竞赛、一对一竞赛和自我竞赛。

第一，小组竞赛。教师可根据学生的知识水平、性格爱好、学习态度等方面的差异来划分小组；也可以让学生自由组合，一般每组 6~8 人。每个小组选出一名基础较好且有一定领导能力的学生为组长，其他学生分别担任记录者、发言者、计时者等；但应注意各个职务轮流担任，避免出现总是某学生专门负责某项工作的情况。在课堂教学

中开展小组竞赛,不仅可以通过小组合作,激发学生参与课堂活动的积极性,加强学生之间的学习信息交流,而且可以使学生由学习上的竞争对手转变为相互协作的伙伴,培养集体荣誉感。

第二,一对一竞赛。教师可以依据学生的知识基础帮助学生选定彼此的竞争对手,结成一对一的竞争对子,当然也可以让学生自由选择自己的竞争对手。但要注意一个原则就是对手之间的差距不宜过大,否则容易造成较强一方沾沾自喜、不思进取,而较弱一方气馁的不良后果。一对一竞赛,使学生对所要竞赛的学习内容产生极大的兴趣,也使课堂活动变得刺激而精彩。

第三,自我竞赛。在学生和别人竞赛的同时,教师也可以鼓励学生自己和自己进行竞赛,并多让学生纵比,即和自己的过去比,在竞赛过程中争取超越自己过去的成绩。因为自我的提升可以增加自信心,获得前进的动力。

三、激发学生的好胜心和成就动机

开展竞赛活动,教师要注意激发学生的好胜心和成就感,激励学生克服困难的信心,提高学生的毅力,让每个学生都有成功的体验。教师要尽量避免引发消极作用,增加学生的心理负担,打击学生的自信心;对个别难以取得成功的学困生,可采取提前辅导、单独辅导,根据辅导内容组织竞赛。教师在竞赛中要设立不同的得分档次,从易到难。一定要让那些学困生也能通过自己的努力得到分数。不管怎样,学生都是有进取心和荣誉感的,再差的学生也会有,只是有时候任务太难了,太复杂了,他们易产生惰性。因此,教师要多激励和引导学生,让所有学生都有展示自我风采的机会,体验到通过努力获得成功的成就感。另外,教师要正确运用和解释竞赛中的分数,引导学生学会归因,强调注重所学知识而非竞赛本身,注重活动本身而非谁胜谁败。开展竞赛的结果,无论对谁,都应是积极的、肯定的,是全班的共同胜利。

策略三 角色表演,彰显个性

陶行知先生非常推崇"教、学、做合一"的教学模式,他指出:"做是学的中心,也是教的中心。"心理学认为,学生学习的规律是听过一遍就忘了,看过一遍就有印象了,做过一遍就学会了。可见,若要提高教学的实效性,在教与学的基础上还应该让学生去"做";而让学生去"做"的一个最佳途径,就是让学生参与角色表演。从课堂实践来看,

学生的表现欲强，他们喜欢表演，渴望表演，他们把表演当作一种可以带给自己无穷乐趣的游戏。如果让学生参与角色表演，将有利于学习积极的情感和态度的产生；有利于在思考中理解内容，掌握知识，丰富经验；有利于在表演中发展语言，促进交流；更有利于在多学科的贯通融合中培养创造思维、展示精彩的个性。

形神兼备的说写训练

于永正老师的说写训练课有一个突出的特点，那就是：以练为主。强调练，反复练，但小学生的兴趣稍纵即逝，容易产生厌烦心理。因此，于老师不断变换形式，除采用让学生自己练、当众练、模拟演练等形式外，还特意安排让"第三者"登场，多种多样的观察、说话、写话训练，既体现了循序渐进的原则，又使小朋友感到新奇别致，兴趣盎然。

在"轧面条"的说写训练中，于老师利用角色表演的方法，使学生轻松地掌握了写作技巧，顺利地完成了习作。

第二节课开始，于老师就说："上节课大家练得很认真。相信每个同学都能成为一名好老师。等会我去请孙师傅。"不一会儿，一位年近60岁的身穿炊事员工作服的孙师傅来到讲台前，全班学生鼓掌欢迎。孙师傅说："小朋友，我是食堂的炊事员，姓孙，为了改善老师的伙食，前天我在百货大楼买了一部轧面机。可是我小时候家里穷，没上学，不识字，看不懂说明书，我去请教于老师，于老师便请你们来帮我的忙，麻烦同学们了！"于老师接着说："下面我请两位同学到前面当讲师，其余同学都是助教——你们听着，如果两位讲师讲得不合适，或者漏掉了什么，你们随即站起来纠正、补充。总之，现在大家是老师，我呢，临时退居二线当顾问。"孙师傅的出场，为学生们的演练提供了具体的言语交际的情境。学生走上讲台充当"主角"，同孙师傅面对面地进行言语交际，这有助于培养学生言语交际的能力。在"转述'通知'及写'留言条'"的说写训练中，于老师还特意安排让"第三者"两次登场。第一次是在于老师交代"转述"要注意的问题时，校长走进教室。于老师与校长有一段对话：

师：赵校长，您有事？

校长：于老师，打扰您了。请问邓老师(班主任)在这儿听课吗？

师：上课前有个人找她，她出去了，您找她有什么事？

校长：刚才接到中心校来的电话，通知邓老师明天上午8点，到中心校参加广播操比赛。要求穿红毛衣、白裤子、白球鞋、白袜子，千万别迟到。等会儿邓老师来了,请您转告她。谢谢!

师:好的。(校长走出教室)小朋友,等会儿邓老师来了,谁能把中心校的电话通知转告她?(学生纷纷举手)

在学生反复演练之后,邓老师还没有来,怎么办呢?只好写张留言条了。待学生留言条写好后,于老师一面听读,一面相机评改。刚评改完,邓老师推门而进。这是于老师安排的第二次"第三者"登场。下面请看他们的一段对话:

师:邓老师,您早来一会儿,我们就不必费这么大的事了。

邓:怎么回事?

师:哪位小朋友来告诉邓老师?(学生纷纷举手)

师:现在请杜飞说说看。(杜飞平时不爱发言)

杜:邓老师,校长找您,通知您明天上午8点到中心校参加比赛(师补话:参加广播操比赛),要穿红毛衣、白裤子、白球鞋、白袜子,千万别迟到。

师:杜飞小朋友说得比较清楚,进步不小。谁再说一遍?(又有一名学生说,略)

师:邓老师,我们怕您上午回不来,所以给您写了个留言条。

邓:那好,请读给我听听吧!(邓老师指了两名学生读留言条)

邓:小朋友写得真好!谢谢你们!明天我一定准时参加比赛,争取拿第一!(笑声、掌声)下课请小朋友把写的留言条都交给我,看看谁写得最好。

师:小朋友,学会说话、写话多有用啊!今后要好好学,争取说得更好,写得更漂亮!

于老师做这样的安排是颇具匠心的。校长的出场,不仅为学生的"转述"提供了具体生动的内容,而且使他们感到自己的交际对象是实实在在的。邓老师的出场,让学生与其面对面的言语交际,使他们感到有明确的交际对象和交际目的,从而体会到说写训练的重要意义。于老师精心安排"第三者"出场,这一情境的创设可谓巧妙独到,无矫揉造作之感。小朋友们演练起来也特别专注,特别有兴趣。

【资料来源:李捷.形象直观、具体,形式活泼、多样——谈于永正老师的"创设情境"说[J].小学教学参考,1996(2).】

在课堂教学中,于永正老师经常运用角色表演的方法开展教学活动,带领学生进入体验的新境界,使学生在逼真的情境中轻松地掌握知识与技能。由于于老师出色地运用角色表演的方法，因而他的课堂教学显得富有魅力，课堂气氛十分活跃，学生无不乐于表现，参与学习的兴趣和热情都很大。

一、充分准备，加强指导

在上课前，表演要有充分的准备工作，表演形式、表演道具、表演情感、表演心态、表演分配都应该有一定的提前准备。这样才能保证高质量地完成表演。表演型的课堂气氛往往活跃，课堂常规可能受到冲击，教师的组织指导作用则要加强，既要维护学生的热情，也要维持正常的秩序，使课堂"活而不乱，管而不死"。同时，教师在学生语言上要给予必要的点拨和提升，在学习方法上要作适当的指导，在学生的情感态度和价值观上要给予正确引导。倘若教师放任学生自由发挥，毫无拘束，那么表演就会流于形式，没有教学效益可言。

二、入情入境，多元体验

表演的前提是师生要入情入境。要求学生能走近文本，了解文本所表达的意图和情感；并走近人物，领悟人物的思想感情和精神面貌。同时，还要求学生根据文本所描述的事件，感受场景和场景对人物思想、行为等方面的影响。在表演中深深地融入课文的情境，学生就能在分析和欣赏中体验到文本的丰富意蕴，在品味和运用中体验到语言的艺术魅力，在换位和模仿中体验到人物的情感变化，在亲历和实践中体验到生活的多姿多彩。这样，教师通过采用角色表演的方法，促使学生在学习的过程中实现多元体验，完成新课程要求的"三维"教学目标。

三、发掘潜能，彰显个性

新课程理念强调在教学中要努力促进学生发掘潜能，彰显个性。每一个人的身上都存在着巨大的潜能，如果人的潜能被有效地发掘出来，那么所产生的创造力将是不可估量的，这时最能彰显自己精彩的个性。在课堂教学中引入角色表演，是促进学生发掘潜能、彰显个性的有效手段。教师要面向全体，为每位学生提供演练的机会，使人人都能投入到角色活动中，享受学习、体验、创造的乐趣。教师还要提供选择，让学生选择自己喜欢的表演角色和表演方式，尽可能地激发他们的自主意识以及创造才能，让他们在准确把握文本的基础上演出自己独特的风格，彰显精彩的个性。

四、敢于创新,灵活把握

在课堂教学中,教师运用角色表演的方法带领学生进入体验的新境界,促进了学生从亲近文本、到感悟文本、再到超越文本。教师可根据教学实际情况,敢于创新,灵活把握,使角色表演呈现多样化。学生可以是演员,也可以是编剧、导演和观众;教师可以是导演、评论家,也可以是演员和观众。表演可以是个体表演、小组表演和集体表演,也可以采用单项表演,或综合表演,可以在上课时表演,也可以在上课前、上课后进行表演。

智慧点津

如何进行活动教学,彰显活力

一、活动教学的内涵与特征

(一)活动教学的内涵

"活动"是活动教学的核心概念,要研究活动教学,必须首先明确活动教学意义上"活动"的特定内涵。从哲学意义上讲,活动是指主体与客观世界相互作用的过程,是人有目的地影响客体以满足自身需要的过程。活动教学意义上的活动既具有人类一般活动的特征,更具有自己丰富的内涵和规定性。它既不同于传统教学那种服务于认知目标完成、学生被动参与的、认识活动与实践活动相分离的不完整的活动,也有别于那种"自我活动""自发活动",或者是为了活动而组织的活动。活动教学意义上的活动遍及教学全过程,它强调的是学生主体主动的,有思维积极参与的,观念与行动相统一的,内部和外部并重的,充满改造和创造精神的,能满足学生多方面发展需要的整体的、多样的活动。由此可见,活动教学是指以在教学过程中建构具有教育性、创造性、实践性的学生主体活动为主要形式,以激励学生主动参与、主动实践、主动思考、主动探索、主动创造为基本特征,以促进学生整体素质全面发展为目的的一种新型的教学观和教学形式。① 活动教学以"活动理论"为指导,将学生的学习视为任务驱动、全身

① 田慧生.关于活动教学几个理论问题的认识[J].教育研究,1998(4).

心参与的团队活动过程。教师在学生的自主活动中，只是作为"辅导者"的身份出现，课堂(不局限于教室内)成了以学生为中心的活动情境、活动区域，师生关系主要呈现出以学生自主活动为主导的倾斜模式。

(二)活动教学的特征

1. 以"活动促发展"为教学指导思想

"以活动促发展"是活动教学的立论基础和实践切入点，教师应以此作为活动教学的指导思想进行教学。活动教学重视活动在人的发展中的重要作用，主张活动是实现发展的必由之路。对学生的发展来讲，学生主体活动是学生认知、情感、行为发展的基础，无论学生思维、智慧的发展，还是情感、态度、价值观的形成，都是通过主体与客体的相互作用实现的，而主客体相互作用的中介正是学生参与的各种活动。活动帮助学生实现多种潜在发展可能性向现实发展确定性的转化，发展只有在活动中才有望实现。教育要改变学生，就必须首先让学生作为主体去活动，在活动中完成学习对象与自我的双向建构，实现自我发展。教育教学的关键是要创造出学生的活动，使学生顺利实现发展。[①] 因此，在活动教学中，教师要坚持以"活动促发展"的教学指导思想。

2. 以主动学习为基本习得方式

在教学实践中，活动教学倡导以主动学习为基本习得方式，主张以主动探索和解决问题的方式掌握知识和技能，并在经验重组和交往活动中实现对已有认识的突破和创新，达到情感、行为的升华和提高。从而变被动消极地学为主动积极地学。活动教学认为，学生的学习过程是一个发现问题、分析问题和解决问题的过程。这个过程是学习主体对学习客体主动探索、不断变革，从而不断发现客体新质，不断改进已有认识和经验，建构自己认知结构的过程，而不是如传统教学所认为的是学生通过静听、静观接受现成知识和结论的过程。在学习实践中，主动学习从根本上体现了活动教学所主张的"以活动促发展"的精神实质，保证了学生主体活动、主动发展在教学实践中的具体落实，这种主动学习方式包括研究发现学习、技能操作学习、问题解决学习、合作学习、交往学习、体验学习等多种学习方式。它是建立在学生强烈的学习动机基础上的，通过学习者对学习对象的主动操作、亲身体验、探索、加工、改造和创造等实践性活动来实现和

---

① 田慧生.关于活动教学几个理论问题的认识[J].教育研究,1998(4).

完成的。这类学习的目的不仅在于获得知识,更重要的是通过对知识产生过程的重演、再现、探索和占有镌刻于知识中的人类智慧,即人的价值观、活动方法和认识能力等。①

3. 注重活动过程中的教育价值

在活动教学中,活动的教育价值常常并不在于活动结果上,而在于易被忽视的活动过程中。活动教学将教育目的蕴含于活动过程之中,不只是关注学生获得知识的对与错、完成作业的优与劣这些有形的结果上,而特别关注学生参与活动过程中的态度、解决问题的能力和创造性。活动教学追求培养和塑造具有完美人格的价值理想,不仅使学生在认知方面得到发展,更着眼于每个人的生命多方面发展,注重学生在能力、情感、价值观和行为方式上的整体发展。因此,在活动教学中,教师要注重活动过程中的教育价值,着力培养学生的能力、情感和价值观,促进学生全面发展。

4. 以民主和谐的师生关系作为前提

民主和谐的师生关系,是活动教学成功开展的前提。在师生交往中,学生只有体验到平等、自由、民主、尊重、信任、同情、理解、宽容,同时受到激励、鼓舞、指导、忠告和建议,他们才可能以极大的热情、无所畏惧的心态投入到创造性的学习活动中,从而产生愉快的情感体验,在获得知识的同时,获得精神的陶冶和自我的发展。这就首先要求教师与学生在人格上建立一种相互尊重、民主平等、情感和谐的人际关系,充分尊重和信任学生,尊重学生的自主权,尊重他们独特的思维方式和活动方式,尊重和保证活动的独立性和差异性,真正使学生成为自己学习和活动的主人。教师要改变原有的权威角色,从学生学习活动的主宰者成为学生学习活动的指导者、合作者。

二、活动教学策略

1. 合作交流,在合作中增强理解

在教学中,教师要组织学生顺利地开展活动,就必须引导学生进行合作和交流。通过引导学生合作交流,教师能激发学生的主动性、积极性和创造性,增强学生对知识的理解和掌握,促使学生灵活地运用所学知识;能够锻炼学生辨别是非能力、语言表达能力,有助于培养学生分析问题、解决问题的能力,增强合作意识和合作学习能力;能够增强学生的情感体验,彰显个性,升华情感,提升素质。那么,教师如何引导学生在

---

① 田慧生.关于活动教学几个理论问题的认识[J].教育研究,1998(4).

活动中进行合作交流呢？第一，引导学生明确活动的目标和任务，成立合作学习小组；第二，精选学习内容，使学习内容有针对性，有一定难度、探究和讨论价值，并有一定的开放性；第三，创设良好的合作环境，包括创设宽松的心理环境、自由的时空环境、热情的帮助环境、真诚的激励环境等；第四，指导合作方法、包括指导学生"听""议""说""做"，使学生听有所获，议有所得，说有新意，做有成效。

2. 情境体验，在情境中深化认知

在教学中，教师所开展的活动有时也是一种情境，学生在鲜活的情境中获得深刻的体验，从而深化了自己的理解。教师通过活动教学让学生进行情境体验，能激发学生的学习热情，调动学生参与教学活动的自主性、能动性和创造性，能唤起并丰富学生的情感，完善个性，促进发展。因此，教师要根据活动目标的要求，针对活动内容的特点，开展生动活泼、形式多样的教学活动，创设趣味性、时代性、实效性比较强的体验情境，促使活动教学情境化，让学生在活动中认知，在活动中感受，在活动中体验；使学生受到情绪的感染，引起学生的情感共鸣，引领学生积极主动地参与活动教学，以达到知、情、意、行的统一。

3. 实践操作，在实践中提高能力

在教学中，教师开展活动的宗旨还在于引导学会实践操作，并提高实践能力。也即是说，教师要让学生在活动中亲自动手去操作，切身体验活动内容，感受活动乐趣，而不是只作为一个旁观者在看热闹。通过实践操作，学生能更直接地接受知识、掌握知识，加深对事物的理解，获得真切、深刻的情感体验，认识具体而丰富的现实世界，体会在实践中学习知识的乐趣，激发求知的欲望，提高理论联系实际的能力，能最大限度地拓展学习空间，增进课本知识和实际生活的密切联系。在实践操作中，教师要充分发挥学生的特长，充分挖掘学生的潜能，使每个学生都有参与的机会，并有所收获。

名家锦囊

之一：肖家芸

活动教学法是以学生学习的内在需要为基础，以学生主体能力综合发展为目标，借助学生主动探索的实践活动来构建具有教育性、实践性、操作性和创造性的教学形式。活动教学法以活动为中介或途径，借活动促发展，其基本理念是教学活动化、活动化教学。前者是指变课堂为活动的"场"；后者是指一切活动都要根据教学的长远目标与短期要求,统筹规划,精心设计,使课堂的"活"与学生的"动"具有实践性、实效性。因而,这种活动不是教学的某一环节的活动,也不是单纯的活动课程,而是全程教学中师生多元互动的一种存在形式,活动既是师生本身的存在,又是师生通向语文教学目标的根本途径。

之二:田慧生(研究员,博士生导师,现任教育部基础教育课程教材发展中心主任)

活动教学具有两种存在形态,它既是一种教学观,又是一种教学形式。作为一种教学观,它视教学过程为一种特殊的活动过程,强调活动在学生认知、情感和个性行为发展中的重要作用,提出教学认识的关键就在于建构学生的主体性学习活动,在于通过活动促进学生的主动发展。这一教学观具有普遍适用性,它对一切形式的教学活动有指导意义。作为一种具体教学形式,活动教学则必须更主要地凸显它的个性和特殊性,必须形成一套有自己鲜明主张和特定目标、内容、方法要求的教学规范,以区别于其他教学形式。

之三:魏书生

当学习变成"1分钟朗读、1分钟解说、1分钟默读、1分钟背诵、1分钟抄写、1分钟默写、1分钟速读、1分钟听力、1分钟写作、1分钟归纳"式简单的"体力活"的时候,每个孩子都能够取得成功!(数理化的1分钟速算、1分钟想象、1分钟画图、1分钟证明、1分钟实验、1分钟数学剪纸、1分钟拼图、1分钟手工)。1分钟的兴奋和压力,成了兴奋剂和调味剂。1分钟,调动学生的潜能。1分钟的竞赛,又不会对学生的身体造成压力和伤害。因为自我竞赛,跟自己比赛,没有失败的压力。横向比较,同学之间竞赛,就有失败的压力、失去认同的压力、失去归属的压力。1分钟,循序渐进地培养学生的目标感、专注力、思维能力。

第九讲　精心导入,吸引注意

"好的开端是成功的一半。"导入,是课堂教学的起始环节,是一堂课的开场白,是将学生由非学习状态转入学习状态的准备阶段。生动有趣、富有艺术性的导入,犹如文章的"凤头",能够有效地吸引学生的注意力,激发学生学习的兴趣,产生学习的动机,从而使学生全身心地投入到课堂的学习中来。于漪认为:"课的第一锤要敲在学生的心坎上,或像磁石一样把学生牢牢吸引住。"许多名师都很重视一节课的导入设计。他们用自己的教学智慧,用声情并茂的语言,精心设计了众多别具匠心的课堂导入精品,制造了一个个"兴奋点",激发了学生浓厚的学习兴趣和旺盛的求知欲,并营造了良好的学习氛围,为整个课堂教学的精彩与成功奠定了良好的基础。正如魏书生老师所说的那样,"好的导语像磁石,能把人们分散的思维一下子聚拢起来;好的导语又是思想的电光石火,能给学生以启迪,催人奋进"。精彩的教学导入是有效教学成功的开始,教师对之无不重视。

名师故事

李吉林:精彩导入扣人心弦

要让儿童的情感伴随着学习活动,有一个过程,其间包含着儿童的心理进程。首先需要启动。如果把儿童的情感比作"小河"要它漾起涟漪,泛起微波,需要外力的推动。或是像一只蜻蜓水上轻轻一点,或是像一阵微风悄悄地掠过水面,那它就平静不下来。当走进课堂、教学新课时,李吉林老师觉得自己仿佛来到一条清澈的小河边,那样的明亮、清新。新课伊始,她要放飞一群"蜻蜓",要送过一阵"微风",于是孩子情感的小河水荡漾起来,对新课的学习,形成一种期盼的欲望和关注的心理。为此,李老师常常从课文中选取一个美好的场景、一个或几个角色的鲜明形象、一个引人入胜的结局来考虑组织课堂的导语。

《寒号鸟》是一个民间故事。在揭示课题时,李老师对学生讲:"今天我来讲一个民间故事(一句话就让学生不约而同地端坐好,因为他们最爱听故事)。很早以前,在一座高山的山脚下,有一堵石崖。如果在冬天的夜晚,你从这山脚下经过,你会听到在石崖里传出来小鸟哭叫的声音'哆嗦嗦,哆嗦嗦',叫声十分凄惨(小鸟为什么会哭,这哭声开始牵动学生的心),人们给小鸟取了个名字叫'寒号鸟'(就着板书的课题,教学'号'读第二声,是'号哭''号叫'的'号')。你们一定觉得这小鸟的叫声多么难听,又多么可怜。(犹如微风掠过小河,学生情感的波纹动起来了)。那寒号鸟为什么在严寒的冬夜哭号呢? 我们可以去问它的邻居喜鹊。喜鹊就住在石崖对面的大杨树上。"(随手用粉笔勾勒出石崖和大杨树,然后贴上剪纸的寒号鸟和喜鹊)

这一段起始课的导入,帮助学生搞清楚课文的主要角色、居住的空间位置,并且以角色的特点触动了学生的情感领域。他们的学习动机在不知不觉中被激起,关注寒号鸟悲惨的命运究竟是怎么造成的。于是,伴随着内心的情感去初读课文。

【资料来源:李吉林. 在初读课文、激发动机中入情[EB/OL]. 老百晓在线,http://www.lbx777.net/. 有改动】

教学艺术表现在教师的设计和教学过程中,而教学导入的设计是一堂优秀课堂不可缺少的重要一环。教学导入艺术是在教师熟悉和理解教学内容的基础上,在较短的时间内引导和帮助学生进入新课学习,激发学生学习的兴趣和积极性,启发学生的思维,使其燃起智慧的火花。如果教师不想方设法使学生进入兴奋状态,而直接地进行新课讲授,这样的教学会令学生产生厌倦情绪,大大地降低了学生的学习效率。

一、让学生在导入时入情

教师应根据教材的特点,让学生在新课导入时就入情。学生在导入时对教材内容入情,也是学习动机的形成。这已激起的动机本身,便是一种期待欲,期待着事件如何发生,又如何一步步发展。教学因为学生的入情而进入积极的状态。教师在导入时要用情感感染自己,感染学生。如果教师只是敷衍了事,即使是再好的导入设计,也无济于事。导入必须让学生入情,否则导入就会变成冷冰冰的东西,没有一点生气,只能成为表演的"道具"。

二、根据学生的认知结构进行导入

布鲁纳认为："学习是学习者认知结构的组织与重新组织。"教师要顺利地完成教学目标，必须根据学生原有的认知结构来设计导入。如果新课的导入作用仅仅表现为完成教学任务，或激起学生的学习兴趣，而不注重导入设计的基础——学生的认知结构的话，便难以使学生的知识和认知水平得到提高。教师应该树立"以生为本"的意识，使教学切合学生的实际，以学生已有的知识和经验为基础确立教学方式，设计导入，让学生感到轻松愉快而不是机械枯燥，以增强他们学习的自信心。那么，教师如何在学生原有的认知结构上进行导入呢？首先，教师要熟悉学生已掌握的知识。更重要的是，教师要努力提高自身的素质修养，包括文化修养和品德修养，这样才能更好地帮助学生建立新旧知识之间的联系。其次，教师要精选复习材料进行提问。要根据学生要学的新知识与旧知识的联系设计导入的提问，使之与新的知识有密切联系，并把握好新知识与旧知识之间相互联系的"支点"，以便从复习到讲授新课的过渡变得连贯自然。由于复习材料起到承上启下的作用，因此选准复习材料是至关重要的一步。

三、根据教学内容有针对性地导入

了解教学内容是上好一节课的基础。根据教学内容有针对性地导入，有利于教学活动的展开。如果脱离了教材，随意发挥地进行导入，只为追求创新进行导入，便会与教学内容分离，不仅不能达到预期的教学效果，反而会事倍功半，误导了学生，影响了学生的学习兴趣和求知欲。导入并没有固定的方式和方法，不能生搬硬套，必须针对不同的教学内容和教学对象采用不同的方式。即使是同一教学内容，如果教学对象不同，也要设计不同的导入。面对同一教学对象、同一教学内容，导入方式也要不断地变换，以保持学生的高度兴趣。总之，导入要视实际情况找准教学内容的切入点，紧密地联系实际，因此教师一定要深究教材、理解教材和吃透教材，把握课程目标中的知识和能力、过程和方法、情感态度和价值观三个维度。把三个维度与教材内容相结合，从而设计出既有现实意义，又具有审美价值的导入。导入不仅是一种教学技能，也是一种具有创造力的教学艺术。

四、设计精彩的导语

新课的导入犹如一场舞台剧的序幕,也像是一曲乐曲的前奏、一座宫殿的前庭。好的导入,精彩纷呈,出神入化,富有艺术性;而导入的语言,即导语,是导入最关键的部分。一段好的导语就是一堂课成功的重要条件,是教师精心为学生打造的金钥匙,带领学生打开智慧之门,达到"立片言以居要"的境界,发挥着激发学习动机的作用。导语,重在"导",必须声声击到学生的心扉上,能紧紧扣住学生的思维,把学生的心"紧扣"在课堂上,消除其他课程的延续思维或心理杂念的干扰,把学生的注意力集中起来,使他们饶有兴趣地投入到新的学习状态当中。由于学生对某些知识的了解和理解也往往与教材内容有明显的差异,因而新课的导入必然要新颖有趣,具有启发意义,而设计导语时要考虑到趣味性和启发性。

◆—◆◆ 智慧解码 ◆◆—◆

导入,是课堂教学的一个重要环节,是课堂教学不可或缺的一部分。"施教之功,贵在引导。"一堂课成功与否,导入的好坏至关重要。好的导入如同桥梁,联系着旧课和新课;如同序幕,预示着后面的高潮和结局;如同路标,引导着学生的思维方向。好的导入能迅速把学生的注意力集中起来,使他们饶有兴趣、全身心地投入到学习中去,提高学习效率。清人李渔在《闲情偶寄》中说:"开卷之初,当以奇句夺目,使之一见而惊,不敢弃去,此一法也。"在课堂教学中,要培养学生的学习兴趣,教师首先要抓住导入这一环节。导入新课时要有针对性,要有启发性,要新颖有趣,要简洁巧妙,要联系旧知,这样才能收到事半功倍的教学效果。教师应该根据不同的教材、不同的课型,针对学生的实际,设计不同类型的导入方法,以求教学扣人心弦,使学生欲罢不能。

策略一 设疑导入,激发求知

设疑导入,就是针对教材的特点和学生的实际情况,巧妙设置具体、明确且难易适中的问题导入新课。苏霍姆林斯基说:"求知欲、好奇心——这是人永恒的、不可改变的特性。哪里没有求知欲,哪里便没有学校。"学生天生充满着好奇心,对周围事物都很热忱,对解决问题、探究问题都十分热衷。新课伊始,学生的注意力和思维常常处于分散松弛的状态中,学习兴趣也很难自发产生,因此,教师要精心设计疑问,提高学生对输入信息的注意度,在短时间里把学生注意力和思维中心聚集到教师所提出的学习目标上,激起学习的兴趣,使之产生强烈的学习动机,积极展开思维,产生一种探新觅胜的求知欲望。

于漪①妙语导《孔乙己》

凡是读过鲁迅小说的人,几乎没有不知道孔乙己的;凡是读过《孔乙己》这个短篇小说的人,无不被鲁迅先生所塑造的那个受到社会凉薄的苦人儿的形象所感动。鲁迅自己也这样说:"我最喜欢的作品就是《孔乙己》。"为什么鲁迅创作了许多小说,而最喜欢《孔乙己》呢? 鲁迅究竟用怎样的鬼斧神工之笔,来塑造孔乙己这样一个形象呢? 我们学习课文以后,就可以得到正确的答案。过去有人说,希腊的悲剧是命运的悲剧,莎士比亚的悲剧是性格的悲剧,而易卜生的悲剧是社会的悲剧,鲁迅的《孔乙己》写的是孔乙己一生的悲剧。读悲剧时人们的心情往往很难过,洒下同情的眼泪;但读《孔乙己》时,你的眼泪流不出来,心里阵阵绞痛,眼泪往肚子里流。那么《孔乙己》究竟是命运悲剧、性格悲剧,还是社会悲剧呢? 读课文以后我们就可以找到正确的回答。这篇文章是举世闻名的著作,情深,意深,含蓄,深沉,必须认真研读,积极思索,好好领会。

【资料来源:夏熔亮.名师精彩课堂导入赏析[J].语文教学与研究:综合天地,2008(5).】

于漪老师这则导语紧扣课文个性,给孔乙己定位,是一个"受到社会凉薄的苦人儿";给课文定位,是一出悲剧,使学生对课文和孔乙己留下了第一印象。于老师从学生的最近发展区出发,巧布疑阵,提出与课文息息相关的三个问题,还明确告诉学生答案就在文中,这就留下了悬念,使学生注意力高度集中,产生探究问题的强烈愿望,全身心投入到学习中去。②

---

① 于漪,长期从事中学语文教学,形成独特的教学风格。1978 年被评为语文特级教师。曾任全国语言学会理事、全国中学语文教学研究会副理事长等职,现任上海杨浦高级中学名誉校长、上海市教师研究会会长。
② 夏熔亮.名师精彩课堂导入赏析[J].语文教学与研究:综合天地,2008(2).

一、设置悬念，激发思考

悬念可以造成一种急切期待的心理状态，具有强烈的诱惑力，能激起探索、追求的浓厚兴趣。在教学中，若能根据教材，恰如其分地制造"悬念"，同样可以激发学生的学习兴趣，提高教学质量。朱熹说："群疑并兴，寝食俱废，乃能骤进。"设置悬念是激发思维的良方妙药，使学生产生疑惑，引起认知的矛盾冲突，从而很好地激发思考的兴趣，进入乐学状态。教师在导入新课时，巧妙地设置悬念，有意使学生暂时处于困惑状态，使学生积极投入地揭开谜底，把学生的思维推向"心求通而不能，口欲言而非达"的境地，激起他们探究新知识的欲望，从而达到吸引学生注意力、激发听课热情的目的。一个小小的悬念，会让学生对一节新课的内容产生浓厚的兴趣，从而认真听课，积极思考，促成高效率的教学。

二、深浅适度，有启发性

教师在导入时设置问题，能激发学生的学习兴趣，但是并不是任何问题都能激发学生的兴趣。有一些简单的或较难的问题，不仅不能激发学生的兴趣，往往还会抑制学生思维的发展。设疑导入是教师利用学生已学过的知识和经验对教师所提出的问题进行猜测、分析和推理。由于导入环节处于新旧知识衔接处。新知识往往是在旧知识的基础上引申和发展的，在新旧知识过渡的时候，教师通过设计铺垫性提问，启发学生运用迁移规律，沟通新旧知识之间的联系，达到旧知识向新知识过渡的目的。在教学过程中，教师要防止所提的问题含糊不清、过难、过偏或过于简单；而要根据教材的重点和学生的认知水平及学习能力，提出深浅适度、具有启发性的问题，做到问而生思，答有所得，这样才能激发学生兴趣、开拓学生思路，达到理想的教学效果。

三、问题情境，诱发探究

在课堂教学中，教师通过设置问题而创设问题情境，有利于活跃课堂气氛，提高课堂教学效率。问题情境可以充分利用新奇、疑惑、矛盾等因素去引发学生的思维冲突，诱发思维动机，确立积极的探究心态，并使学生努力从原有的知识结构中选择与问题情境有关的知识，通过组合、改变、分析等进行思维加工，建构新的知识。在新课导入时，教师如能成功地创设问题情境，便能有效地诱发学生探究的欲望，调动学生思维的主动性和积极性，使学生进入最佳的学习状态，充分地体验到学习的乐趣。创设问题情境导入新课,要注意问题与情境两者是紧密相连的。一个好的情境若没有了好的问题做导向,会迷失方向;而好的问题若缺少了情境的映衬,则会显得呆板单调,缺乏活力。如果说情境是导入过程中想象出的一个虚拟环境的话,那么问题则是这个环境中的指南针。所以在创设问题情境时,首先要紧扣教学目标进行创设,在此前提条件下再考虑趣味性与有效性的结合。另外,问题之间的连接要自然,要让学生在解决问题的同时能够自发地提出问题,真正让学生从自主探究学习中得到发展。①

策略二 故事导入,引人入胜

故事导入,就是指运用故事进行新课导入。这种导入法是调动学生学习积极性的最佳方法之一。学生好奇心强,求知欲旺盛,他们喜欢有趣的故事。教师要根据学生的这一特点,针对所学内容,在导入新课时,用艺术性语言讲述一则引人入胜的故事,激发学生对所学新课的浓厚兴趣,让他们在听故事的过程中愉快而自然地进入学习新课的状态中。运用这种方法,学生的情感更容易投入,积极性也更容易被调动,思维也更活跃。

钱梦龙幽默导《词义》

把课讲得生动形象、深入浅出,始终是衡量教师教学艺术水平的标准之一。而采取寓意深刻、幽默轻松的故事导入新课,不仅可以引发学生的学习兴趣,而且可以使学生对所学内容有一个更深的理解。

钱梦龙老师在讲知识短文《词义》时,为了使抽象的"词义"知识能迅速地为学生所接受,一开始就给学生讲了一个阿凡提理发的小故事:阿凡提为了整治一个只理发而不付钱的阿訇,先是给他剃了个光头,然后在刮脸的时候,阿凡提问他:"眉毛要不要?"阿訇说:"当然要!"阿凡提就把眉毛刮下来给了他。那人虽气,但又不好怪阿凡提,因为他确实说过"要眉毛"的。阿凡提接着问:"您的胡子要不要?"那人忙说:"不要! 不要!"阿凡提又哗哗两刀把他的漂亮大胡子给剃掉了,结果阿訇的头像一个剥光的鸡蛋。

听了这个故事,同学们都大笑起来,钱老师马上因势利导地问学生:"阿凡提究竟

---

① 周星宇.从创设问题情境的角度谈课堂导入环节的有效性[J].生活教育,2011(10).

玩了什么花样让那个阿訇上当的?"学生立即领悟到阿凡提是运用"要"这个词的多义性来捉弄阿訇的。于是自然引到对词义的理解上了。

【资料来源:佚名.浅谈课堂教学技能之导入技能[EB/OL].中国现代教育网,http://www.30edu.com/.】

钱梦龙老师讲授新课时巧妙地采用了故事导入的方法,使"词义"这一抽象难懂的教学内容顿时显得形象具体起来,强烈地激发了学生学习词义的兴趣;并且,学生听了这个幽默诙谐的故事后,身心放松,精神迅速集中起来,听课自然用心多了。

一、所选故事要与教学内容相关

教师要成功地运用讲故事的方法导入新课,关键在于所选讲的故事必须与所教学的某个内容、某个问题、某个情节、某个对象或者教材的作者"具有一定联系"。教师还可以根据教学内容"编织"出一个个与教学内容有着"全方位"联系的小故事。对于那些叙事性或故事性虽强,而对学生来说又普遍感到很吃力的教学内容,如文言文,教师可首先根据课文内容"克隆"出一个与课文几乎是一个"嘴脸"的小故事,接着"顺水推舟"地进入新课。或者,首先由课文的作者或主人公"扯"出一个与课文内容密切相关的故事,接着顺势而为地进入新课。①

二、运用故事导入要有"度"

教师运用故事导入新课,要注意"度"的问题,也就是要有"度"。首先,故事导入要注意灵活多样。"导入有法,导无定法。"故事导入虽然有诸多优点,但不可一味地使用,否则就会导致学生的审美疲劳;其次,故事导入法切不可屡次使用同一故事。这样也会导致学生的审美疲劳,不但不能增强教学效果,反而会起到事倍功半的作用;再次,故事导入的时间不宜过长。导入的时间应该控制在5分钟之内,如果时间过长,那么不但会影响和弱化整堂课的教学效果,而且会减少上新课的时间。②

---

① 李方松."故事导入法"例说[J].中学语文,1998(11).
② 刘然.浅析故事导入法在中学思想政治课教学中的应用[J].科技信息,2011(6).

三、平时要积累大量的素材

由于运用故事导入新课，需要大量的故事素材，因而教师平时就要大量积累这方面的素材，为教学做好充分的准备。实际上，运用故事导入新课时，教师可选的故事是十分广泛的。古今中外的故事数不胜数，涉及教育、科学、文化、卫生、历史、政治、经济、军事等各个领域，分为传说、神话故事、名人故事、历史故事、寓言故事、成语故事、童话故事。因此，如果能灵活地运用故事导入的方法，将课外知识与课堂知识有机地结合起来，在提高学生的积极性的同时，还能丰富学生的课外知识。这里值得一提的是，教师要特别选取那些具有较强哲理性的故事，因为这样的故事更有启发性，更能激起学生的探究兴趣。

策略三 复习导入，温故知新

在课堂教学中，教师可通过带领学生复习旧知识，引导学生发现新问题，从而巧妙地引入新课的学习内容。这种导入法就是复习导入法，是教师在新课讲授中常用的导入法。这种导入法，既复习巩固了有关旧知识，又为学习新知识奠基铺路。在新旧知识的过渡中导入新课，温故而知新，极大地调动了学生的兴趣，使学生的思维处在最佳发展区，便于学生在头脑中形成系统的、完整的知识体系。

朱乐平巧用旧知导新课

朱乐平[①]老师在教学"相遇问题"一课时，课一开始就直接问："同学们以前学过相遇问题吗？是啊，肯定是学过的，有谁能说一下，在解决一个行程问题的时候，我们可能会用到哪些知识？"

学生有一个短暂的思考，相继有两个学生举手："时间×速度＝路程，路程÷速度＝相遇的时间。"

朱老师直接说："我相信同学们这方面的记忆，能够解决这种问题"。

投影出示问题：1.小明与小华在一条笔直的公路上行走，小明每小时走3.5

---

① 朱乐平，中学高级教师，数学特级教师，国家义务教育《数学课程标准》研制专家组核心成员，浙江省和杭州市基础教育课程改革专家工作组成员；浙江省第三届中小学教材审查委员会委员，被浙江省师资培训中心聘任为国家级小学数学学科带头人导师，被浙江教育学院聘任为兼职教授。

千米,小华每小时走4.5千米。两人从同一地点同时出发,2小时后两人相距多少千米?

当朱老师提出问题后,学生有一个短暂的互相张望的过程,其实这时学生一方面在回忆,一方面又希望试图从同学的表情中找到些什么。这样的回忆是十分必要的,一个简单的问题为学生搭桥铺路,立刻把学生的思维牵引到需要解决的问题上来。

朱老师在执教"找次品球"一课时,是这样引入的:"我们在上科学课的时候用到过天平吗?""你还能想起来,天平是什么样子吗?""天平就是这样子,这边有一个盘,这边也有一个盘,这里有一个东西连在一起,下面有一个台子。是不是这样子?""是的,像跷跷板的样子。还有一些砝码。如果我们把东西放上去,比方说一边放一盒牛奶,那这边重了,另一边就轻了,那就倾斜了。"

这样的新课导入平凡而简约,但一切又非常自然、平和,非常到位。

朱乐平老师为了让学生顺利地进入新课的学习,运用了复习导入的方法,显得自然而又贴切。在朱老师的点拨和启发下,学生认真地回忆旧知识,并积极地思考新问题,打开了思维之门,激起了求知欲望。

一、注重新旧知识的密切联系

巴甫洛夫指出:"任何一个新的问题的解决都是利用主体经验中已有的旧工具实现的。"由迁移规律可知,当新知识与旧知识联系紧密时,教师就可以把与新知识有关的旧知识抽出来作为新知识的生长点,为引进新知搭桥铺路,形成正迁移。复习导入最主要的用法是利用学生已经掌握的、较为熟悉的知识作为铺垫,进而引出了新知识,建立新旧知识之间的联系。有了这种联系,学生便能明确学习目的,遵循认知发展的规律,由已知过渡到未知,由已接触过的知识过渡到未接触过的知识。复习导入必须注重选取与新课内容有密切联系的知识点,且对新知识具有启发作用。这种导入法不仅使学生巩固了已学的知识,加强了新旧知识之间的联系,而且还更易于提高学生的学习自信心。

二、复习内容要具有趣味性

在课前,学生的注意力尚未完全集中,因而复习导入新课就必须要求教师尽快将学生的注意力集中起来。那么,教师在复习导入新课的过程中,如何才能使学生的注意力集中起来呢？这就要求复习导入的内容具有趣味性，也就是说教师所复习导入的内容要能引起学生的兴趣，这样才能尽快地集中学生的注意力。实践证明，学习是一种积极思维的活动，而兴趣则是学习知识的动力，是发展思维的前提。对学生来说，兴趣的浓淡、心情的好坏，产生的学习效果截然不同。浓厚的兴趣、愉悦的心情，能使学生精神振奋，学习效果倍增。

三、遵循学生的认知规律

复习导入的目的是让学生更容易地学习新课，而不是单纯对旧知识进行重复。它不但担负着铺路架桥的使命，而且更是为了学生学习新课而准备的。因此，在复习导入新课时，教师要注意复习的内容一定要符合学生的认知规律，并结合学生实际，设置难度适中的问题。这样学生才会主动地探究新课，学习也就容易得多了。相反，如果复习的内容违背了学生的认知规律，脱离了学生的实际，学生自然而然就会感到索然无味，甚至挫伤了学生学习的积极性，这对学生的主动学习是极其不利的。[①]

策略四 媒体导入，异彩纷呈

媒体导入，是指利用多媒体手段导入新课。多媒体集文字、图形、音频于一体，具有直观性、多变性、知识性、趣味性等特点，能为学生提供丰富多彩的教学资源，为学生营造一个色彩缤纷、图文并茂、动静相融的教学情境。利用多媒体导入新课，可调动学生的各种感官的参与，诱发学生强烈的求知欲，激发学习的动机和兴趣，使他们在轻松的课堂氛围中愉悦地投入学习。

身 临 其 境

朱乐平老师善于运用多媒体，常常能恰到好处地、巧妙地利用多媒体导入新课，使学生产生浓厚的学习兴趣和强烈的求知欲望，从而帮助学生形成更高级的概念和能力。

朱老师在执教"排列与组合"一课时，上课一开始就播放每个学生都喜欢的《西游记》片段，学生犹如身临其境，心里个个乐滋滋的，那兴奋的表情无以言表。这样的童话情节，学生百看而不厌，不需要课前组织，学生已经全身心地投入，心里早已喜欢上

---

① 姚伟桓.浅谈复习法在导入新课中的应用[J].课外阅读：中旬,2011(3).

了这个老师。然后,朱老师让学生说一说刚才播放的《西游记》片段。并引出问题:

问题:用"孙""行""者"这三个字排一排,可以排出哪些姓名?

这里动画的巧妙运用,生动直观地让学生感悟排列的特点,引领学生体味童话故事中的"数学问题"。朱老师走进童心世界,精心巧妙的安排激活了学生的思维,奏响了课堂教学的主题曲。

朱乐平老师成功地采用了多媒体导入新课的方法,有效地激发了学生学习数学的兴趣,也使课堂教学变得丰富多彩。一般而言,利用多媒体导入新课有以下四种方式。

一、文字输入

文字输入是多媒体教学中一项最基本的功能,也是最普遍的一种手段。在导入新课时,教师可以采用直接输入问题、提供背景资料等方式。其中较为有效的一种是通过文字输入,采取"头脑风暴式"活动。所谓"头脑风暴"是根据一个主题或某个问题,引导学生发表个人的见解或意见,任何观点都可接受,不作任何评论或分析,当所有的观点或意见都发表完之后,教师可引导学生对所提出的意见和观点进行分类、分析和选择,引入正题,导入课文。由此,也可训练学生的发散性思维。

二、图像展示

心理学认为,图像可唤起和组织学生原有的知识经验中的感性材料,帮助学生确定所学文字的意义,进行语言和形象双重联系,便于学生理解和记忆教学内容。教师利用图画导入新课,创设了生动的教学情境,使教学内容具有形象性和直观性,迅速地吸引学生的注意力,并给学生留下十分深刻的印象。在多媒体手段中,幻灯片、投影仪都是图像的形式,教师可根据教学的需要进行展示,让学生深切地体验到图像所带来的美妙情境,饶有兴趣地进入新课的学习。

三、音乐欣赏

音乐是一种极富感染力和内涵的艺术形式,它向我们展示了一幅幅优美动人的画卷,它能像磁铁石般吸引学生的注意力,能发展学生的想象力,提高他们的思维能力,还可以锻炼他们的观察力、记忆力等。平时,学生就非常喜欢音乐,不仅喜欢欣赏,而且喜欢歌唱。音乐的魅力是极大的,对于教师的课堂教学必然发挥着奇妙的作用。在导入新课时,教师如能恰当地运用音乐,通过多媒体让学生尽情地欣赏音乐,那就会使他们置身于音乐所营造的特殊氛围中,调动学生的情绪,陶冶学生的身心,激起学生的兴趣。

四、视频播放

心理学家认为,感知是认知事物的首要准备。视频导入是通过播放电影或录像片段,客观地直接刺激学生的感知,从而激活他们的求知思维。视频能给学生提供真实的语言材料和创设良好的学习情境,极大地激发学生的学习兴趣。但是,运用视频导入新课,视频播放不宜过长。因为教师所选择的视频大多来自一些电影文件,而从这些电影中剪裁出一部分视频对于一些教师来说却是个难题,有些教师甚至把整部电影带到课堂上。在导入新课时,才临时地滑动时间轴来寻找所需的片段,这样一来,视频播放的时间就难以得到控制,以至于影响整个新课的导入计划,甚至拖慢了整节课的进程。因此,教师若要运用视频导入新课,就要掌握相应的软件操作技巧,学会对电影、电视片段进行剪切,使所剪切的视频适合新课的导入。

策略五 诗词导入,调动情感

诗词导入,是指利用诗歌或词来导入新课。这里的诗歌可以是中国古代诗歌,也可以是现当代中外诗歌。诗词是文学中的精灵,具有独特的魅力。运用诗词导入的方法,除了能起到激趣作用之外,还能起到净化心灵、陶冶情操、启迪智慧的作用。师生共同营造一种诗词氛围,共同去追寻诗意人生,共同建筑一个放飞心灵的诗意家园,这或许不失为提高中小学生人文底蕴的一种好方法。

以 诗 引 情

李吉林老师教学《荷花》时,运用了诗歌导入的方法,营造了充满温情的课堂氛围,充分地调动了学生的情感,深深地感染了学生的心灵。

师: 小朋友们,我们学过一首古诗,里面赞美过荷花,我们把这首古诗背诵一下。

(师生一起背古诗——宋朝杨万里的《咏荷》)

毕竟西湖六月中，

风光不与四时同。

接天莲叶无穷碧，

映日荷花别样红。

师：荷花还会结果呢，它的果实就是"莲蓬"。从诗歌中，我们知道荷花是一种很美的花，有个小姑娘非常爱荷花，她在公园里仔细观察了荷花后，写了一篇文章，这就是我们书上的《荷花》。（板书课题）

【资料来源：李吉林.《荷花》教学实录[EB/OL].语文网,http://yuwen.chazidian.com/xiangxi-211250/.本文略有改编】

李吉林老师利用诗词导入新课，增强了教学的韵味和吸引力，引发学生的情感共鸣，使学生在愉悦的状态中进入新课学习。下文主要介绍利用我国古代诗词导入和利用现代诗歌或当代诗歌导入两种方式，为诗词导入新课作一个新的尝试。

一、利用古代诗词导入

我国浩若烟海的古代诗词，内容生动，含义丰富，意境优美，语言精练，富有哲理，散发着无穷的魅力，启迪着莘莘学子，陶冶着代代读者。特别是耳熟能详的诗词名句，有一层近乎神秘的面纱，更能激发学生思古的幽情，煽起学生涌动的激情，营造出浓烈的课堂氛围，激发学生的学习兴趣。如教学苏轼的《水调歌头·明月几时有》时，教师在导入时可先介绍这些诗词名句："欲把西湖比西子，淡妆浓抹总相宜""不识庐山真面目，只缘身在此山中""日啖荔枝三百颗，不辞长作岭南人""枝上柳绵吹又少，天涯何处无芳草""竹外桃花三两枝，春江水暖鸭先知""蒌蒿满地芦芽短，正是河豚欲上时""春色三分，二分尘土，一分流水。细看来，不是杨花，点点是离人泪""但愿人长久，千里共婵娟"，接着提问："这些名句都出自谁的笔下呢？"从而引出作者苏轼。每次在背诵这些名句时，学生的声音总是那么高亢。由此导入，学生自然而然便进入学习状态之中。

二、利用现当代诗歌导入

利用诗词导入新课，其中所选用的诗歌除了我国古代诗词外，还可以是中外的现代诗歌或当代诗歌，也可以是自己编写的诗歌。相对于古代诗词而言，现代诗歌或当代诗歌的形式较为自由，内容较为丰富，情感较为浓烈，很容易引发学生的情感共鸣，触动学生的心灵。大凡名师，都喜欢在新课导入时引用富有情感的诗歌，借以感染学生，带领学生走近洋溢着温情的学习情境。如王崧舟老师在《一夜的工作》一课的导入中，就引用了当代诗人宋小明写的诗歌《你是这样的人》，通过自己富有感情的朗诵，让学生充分地体会到人们对周恩来总理崇高的敬意、热烈的爱戴和无限的怀念，披文入情，感染学生。当然，教师在利用现代诗歌或当代诗歌导入新课时，注意不要选取那些过于抽象难懂的诗歌，而最好是那些学生容易理解的、容易引起情感共鸣的诗歌。

如何精心导入，吸引学生注意力

导入又叫开讲，与导言、引言相比，其性质、目的基本相同，但内容更丰富，形式更多样。导入是教师在一个新的教学内容或教学活动开始，运用一定的方式恰如其分地吸引学生的注意力，关注上课主题内容，从而引导学生进入学习状态的行为方式。课堂教学中的导入环节，是整个课堂教学的有机组成部分，其重要意义不可忽视。于漪老师说："在课堂教学中要激发、培养学生的兴趣，首先应抓住导入新课的环节，一开始就把学生牢牢地吸引住。"导入乃是整个课堂教学的"准备动作"，为师生即将进行的思维活动做好心理准备。教师应当重视课堂教学的导入艺术，精心设计导入环节，提高教学效果。

一、导入的作用

导入是教师经验、学识、智慧和创造的结晶。它好比一把钥匙，开启学生的心扉，营造愉悦的学习氛围，激发学生的求知欲和学习兴趣，达到"课未始，兴已浓"的"愤悱"状态。导入作为一堂课的起始环节，具有如下的作用。

（一）吸引学生的注意力

在课间，学生的身心处于放松的状态，要把他们的心情在短时间收拾回来，进入上课状态，靠的就是教师精巧的导入设计。精巧的导入设计，可以起到先声夺人的效果，紧紧地吸引住学生的注意力，使学生一上课就把兴奋点转移到课堂上来。这样，教师的教学就变得得心应手，学生的学习也变得轻松愉快。为进一步的学习打下一个较好的心理基础。

(二)激发学生的兴趣

精彩的导入会使学生如沐春风、如饮甘露，进入一种美妙的境界。教育家第斯多惠曾说："教育成功的艺术在于学生对你所教的东西感到有趣。"巧妙的导入会使学生产生浓厚的兴趣，能带领学生进入一个奇妙的世界。这一切都归因于教师的智慧。教师只有做生活的有心人，挖掘生活中的丰富资源，使之与课堂教学相结合，才会让学生感觉到导入的有趣。如"开拓进取品质来源"这节政治课的教学，教师可先利用教室已有的挂图，让学生讲述科学家爱因斯坦的故事。当学生讲到爱因斯坦对科学的浓厚兴趣达到入迷、狂热的程度时，教师再顺势穿插爱因斯坦忘记自己住处的趣事，从而激发了学生的浓厚兴趣。

(三)启发学生的思维

新课的导入，如果设计得精致巧妙，富有创意，不仅能激发学生的学习兴趣，而且还能开阔学生的视野，启发学生的思维，培养他们善于思考的能力，乐于创新，学会创新。此外，精彩的导入，能够有效地抓住教学重点和难点，并且使学生的思维迅速地定向，让学生进行集中的知识探索，为进一步学习打好基础。如一位教师在讲"平面直角坐标系"时这样设计导语："同学们，昨天咱班有一位同学做了一件好事，他是第3排的一个同学，大家知道是谁吗？"学生都回答不知道。教师接着说："他就是第3排第4行的这位同学。"（此时全体同学眼光一齐射向这位同学）教师接着说："为什么只说第3排，大家不能确定是哪个同学，而说第3排第4行时，大家就会立刻知道是谁了呢？这涉及一个新的数学知识——平面直角坐标系。今天我们就学习平面直角坐标系。"这样的导入，有效地启发学生的思维，促进学生积极地思考问题。

(四)作为新课的铺垫和拓展

导入是课与课之间的"桥梁"和"纽带"，具有承上启下的作用，既是先前教学的自然延伸，也是本节课教学的开始。好的导入，能为整堂课的顺利进行奠定良好的基础，使新旧知识之间建立一种非人为的、实质性的联系，为下一步的教学做好铺垫和拓展。

如在学习因式分解中的"提取公因式法"一节时,与新知识有紧密联系的是"整式的乘法",教师可引导学生复习公式,再将这个公式反过来运用,就自然地导入了新课。这同时也使学生认识了新旧知识的内在联系。

(五)促进师生情感沟通

导入既是传授知识的开始,又是沟通师生情感的过程,师生的情感会在导入中得到交流和升华。课堂教学任务的完成,是在学生密切配合下完成的,离开了学生的配合,就谈不上课堂教学。课前,教师利用导入拉近师生关系,促进师生情感的沟通,从而使学生在和谐轻松的气氛中学习。如"生物是怎样呼吸的"内容的教学,有位教师以学生憋气比赛的活动来导入,让学生先站着憋气,等憋不住了就坐下,看谁憋得时间长。教师记时间,全班学生兴高采烈地参与这个活动,随着一个个学生坐下,还站着的学生充满自豪感。整节课中,学生对呼吸作用的探究积极性极高,学生在整节课中都处于兴奋的学习状态。这节课的成功应归功于教师成功的导入。通过导入,教师拉近了与学生的情感距离,充分地调动了学生学习的情绪。

二、导入的特点

在课堂教学中,教师应根据导入的特点来精心设计导入环节,力求导出兴趣、导出重点、导出新意,调动学生的心智,把学生引向新知,以实现教学质量的最优化。一般来说,导入主要有以下四个方面的特点。

(一)导入要有针对性

导入要有针对性,主要体现在两个方面:一是指要针对教学内容而设计,使之建立在与所授教材内容的有机内在联系的基础上,而不能游离于教学内容之外,使之成为课堂教学的赘疣。二是指要针对学生的年龄特点、心理状态、知识能力基础、爱好兴趣的差异程度。例如,对于小学生,最好多从讲故事、寓言和做游戏入手;而中学生最好多从联想类比、启发谈话、设置疑难入手等。如果新课导入时,教师的态度和蔼可亲,所讲内容是学生喜闻乐见的日常事例,学生听起来一定能如入胜地而流连忘返。可见,具有针对性的导入才能满足学生的听课需要,实现有效的课堂教学。

(二)导入要有新颖性

赞科夫认为:"不管你花费多少力气给学生解释掌握知识的意义,如果教学工作安排得不能激起学生对知识的渴求,那么这些解释仍将落空。"可见,新课导入要具备新意,不能落入俗套。教师应巧妙挖掘课程资源,立足创新,才能使学生对所学的知识产生兴趣,吸引学生的注意力。一般说来,导入所用的材料与教学内容的类比点越少、越精,便越能留下疑窦,越能吸引人。心理学研究表明,令学生耳目一新的"新异刺激",可以有效地强化学生的感知态度,吸引学生的注意指向。《孙子兵法》云:"水因地而制流,兵因敌而制胜。故兵无常势,水无常形;能因敌而取胜者,谓之神。"因此,课堂教学没有固定的套路,导入也不能千篇一律。导入的千篇一律,实际上是教师思维的陈腐、刻板、僵化。长此以往,则会直接或间接地束缚学生的思维。而导入的新颖,则是教师思维开拓性、灵活性和创造性的体现。它不仅有利于一课的讲授,还能潜移默化地影响学生,有利于培养开拓性人才。

(三)导入要有趣味性

巴班斯基认为:"一堂课上之所以必须有趣味性,并非为了引起笑声或耗费精力,趣味性应该使课堂上掌握所学材料的认识活动的积极化。"在设计导入时,教师要注意在"趣"字上下工夫,做到引人入胜,使教材内容以新鲜活泼的面貌出现在学生面前。这样能最大限度地引起学生的兴趣,激发学生学习的积极性,有利于引导和促进学生去接受新内容,防止学生产生厌倦心理。心理学研究表明:如果强迫学生学习,学生对所学的东西是不会保留在记忆里的。如果学生对所学的内容感兴趣,就会主动、积极和自觉,学习时轻松愉快,不会造成心理上沉重的负担,学习效率自然会高。因此,教师精心设计导入使学生处于渴望学习的心理状态,以便引发学生的思维,使他们以最佳的心理状态投身到学习活动中,为整个课堂教学过程打下良好基础。值得注意的是,导入的趣味性包含"情趣"和"意味"两种特定的意义,只是具有"情趣"尚嫌不足,还要具有"意味"。所谓趣味,要既有情趣,又有意味才好。学生笑过之后,教师应进一步引之深思,才是趣味性导入的妙处。

(四)导入要有启发性

导入对学生接受新内容具有启发性,以便使学生实现知识的迁移。富有启发性的导入能激发学生的求知欲,能引导学生去发现问题、解决问题,调动学生思维活动的积极性,促使他们更好地理解新内容。启发性的关键在于启发学生的思维活动,而思维往往是从问题开始,又深入问题之中,它始终与问题紧密联系。学生有了问题就要去思考去解决,这便为学生顺利地理解新内容创造了前提条件。因此,能否引起学生的积极思维,能否使学生创造出思维上的矛盾冲突,能否使他们产生"新奇"感,是导入成败的关键所在。但是,启发性的导入设计应注意给学生留下适当的想象余地,让学生能由此及彼、由因到果、由表及里、由个别到一般,收到启发思维的教学效果。

三、导入的原则

导入在教学中的作用毋庸置疑。同时应当注意的是,导入是艺术也是科学,它不仅要求教师具备敏锐的眼光、灵活的思维、创造的头脑,而且要求教师在设计过程中必须遵循以下原则。

(一)服务于教学目标

导入一定要根据既定的教学目标来精心设计,服务于教学目标,必须有利于教学目标的实现,使之成为完成教学目标的一个必要而有机的部分。也就是说,导入要有助于学生了解与掌握本节课的教学目标,明确学习本节知识的目的及对学习后续知识所起的作用。

(二)从学生的实际出发

学生是教学的主体,教学内容的好坏,要通过学生的学习来体现。因而导入的设计要从学生的实际出发,抓住学生年龄特点、知识基础、学习心理、兴趣爱好等特征,做到有的放矢。

(三)导入内容准确无误

导入设计应该建立在科学的教学理论系统基础之上,要确保导入内容的本身的科学性,即做到导入内容准确无误。导入的科学系统要素包括人的要素(教师和学生)、物的要素(导入材料)、操作要素。导入材料与教学内容之间的逻辑关系是联系以上各要素的主线,是决定整个导入设计的关键因素。因此,导入要具有科学系统性。

(四)从课型的需要入手

导入的设计要因课型的不同而不同。新授课要注意温故知新、架桥铺路,讲授课要注意前后照应、承上启下,复习课要注意分析比较、归纳总结。不能用新授课的导语去讲复习课,也不能用复习课的导语去应付新授课,否则就起不到导语应起的作用。

(五)导入的时间不宜过长

导入的设计必须简洁、短小精练,力争用最少的话语、最短的时间,迅速而巧妙地缩短师生之间的距离以及学生与教材之间的距离,将学生的注意力集中到听课上来。导入的时间不宜过长,应控制在5分钟以内。如果导入时间过多,就会使导入显得冗长,喧宾夺主,占据了学生的最佳学习时间,使学生的注意力发生转移,而不能达到预期目标。

名家锦囊

之一:吴正宪

一节课的开始就像整台戏的序幕,也仿佛是一首优美乐章的序曲。开始的情境创设得好,就会引人入胜,燃起学生求知的欲望,收到先声夺人、一举成功的奇效。导入新课有时可以创设认知冲突的思维情境,使学生徘徊在思维的矛盾中,从疑问中产生"探个究竟"的想法;有时可以创设悬念,紧扣学生心弦,造成求知若渴的状态;有时可以把鲜活的生活引入课堂,让学生一开始就感受到数学的价值,产生非要学习的愿望;有时还可以用故事或猜谜语等形式开讲。不论是以"情"、以"境"、以"疑"、以"趣"来开讲,都是为了调动起学生学习的兴趣,激发起学习数学知识的欲望。它体现了教师对教学全过程的匠心思考,熔铸了教师运筹帷幄、高瞻远瞩的智慧。它表现出教师创造性教学艺术的设计。

之二:于漪

研究课的起始,抓住导入课文的环节,为后面的课铺路、搭桥,是有价值的。就好比提琴家上弦、歌唱家定调,第一个音定准了,就为演奏或歌唱奠定了良好的基础。导入的方法可多种多样,如直观演示、开拓想象、激发感情、制造悬念、展现意境、运用成果等,调动学生的学习热情,让他们求知的细胞活跃、跳荡起来,积极主动地获取知识,锻炼语文能力。然而,采用任何一种方法须牢记:①把握课文的个性和要实现的目标。引用资料,拓展知识,要贴近、贴切,做到"无缝焊接"。②目中有学生。对学生学习某篇课文的知识基础、学习心理、学习需求，考虑得细一些、深切一些、周到一些。适合的，才是最佳的。

之三：**王崧舟**（中学高级教师，特级教师，系国家级学科带头人、全国五一劳动奖章获得者、浙江省小语会副会长、杭州市小语会会长。现任杭州市拱宸桥小学教育集团理事长兼拱宸桥小学校长）

细数导入的方法有：谜语导入、故事导入、歌曲导入、游戏导入、问题导入、讨论导入、朗读导入、想象导入、复习导入、语言渲染导入、音乐渲染导入、图文渲染导入、音像渲染导入……每节课根据所教内容的不同，所呈现的课堂的基调也是不一样的，课堂的主调一般是从课堂的开始就定下来了，因此导入也是各有不同。恰当的开头可以一下子抓住学生的注意，使学生从一开始就抓住课堂的节奏，顺畅地走入相应类别的学科学习。

第十讲　巧用语言,润物无声

　　语言,是人与人之间传递信息、交流思想、表达情感的一种工具。没有语言,人类就只能活在迷惑与猜测之中;没有语言,人类就无法创造如此灿烂的社会文明。同样,教学语言是教学活动中师生之间信息传递的工具,它是知识、心理和情感互相交织、互相促进的一种综合交流。古罗马美学家朗基努斯说:"语言是伟大心灵的回声,它将对其他心灵产生深远的震撼。"苏霍姆林斯基说:"教师的语言修养在很大程度上决定着学生在课堂上脑力劳动的效率。"在教学活动中,学生是主体,教师是主导,而联结二者的则是教学语言。教师优美的语言本身就是学生的审美对象,它不仅可以对学生产生美的感染,使学生获得审美享受,丰富审美情感,对学生有着"润物细无声"的深远影响;而且可以激发学生的学习兴趣,提高学生的学习效率。总而言之,教学语言是教师开启学生心灵的门扉,引导学生打开知识宫殿的钥匙,它既是一门高深的学问,又是一门内涵深厚的艺术。

名师故事

徐斌:追寻有魔力的课堂语言

　　"小朋友,你们好! 今天徐老师到你们班来上课感到特别高兴。有没有谁也姓徐呀? 来,我和你握一下手!(一学生上台来,底下全是美慕的目光。)下面,让老师来认识你们……请你把你好朋友的座位号悄悄告诉你的同桌,把你喜欢的小动物也告诉你的同桌……"随着徐斌老师的提问,学生或大声回答,或同桌间窃窃私语,或点头微笑,或挥手致意。学生一定想:这个老师上课挺有趣。

　　"现在,谁能告诉老师,你每天早晨什么时候起床? 你怎么知道的……我们要是学习了看钟表的方法,就能正确地掌握时间、科学地安排时间,做时间的主人了。今天,我们就学习时间单位——时、分。"迎着徐老师亲切和蔼的目光,学生拿起桌上的玩具钟表，开始了操作探索。

"书架上的书从哪面开始数啊？""请第四组 4 号同学回答。""从左到右……从右到……"学生嗫嚅着，似乎有些紧张，眼里闪过几丝胆怯，怕说不好。"没有关系，再想一想，你习惯从哪边数就从哪边数。"徐老师仍旧微笑着、期待着，眼里满含着鼓励。"嗯，我经常从左到右。"学生从老师信任的眼神里找到了自信，终于鼓足勇气答了上来。

在徐老师的数学课上，这样的场景经常会出现。学生总能与老师微笑的目光相遇，怯生生的小手因老师赏识的眼神而举得更高，低沉的声音因老师的鼓励而变得洪亮……课堂里，总有一种关爱感染着他们，一股热情激发着他们，一种包容温暖着他们。全新的理念、巧妙的设计，加之循循善诱、充满磁性和魔力的语言，徐老师的课堂往往引得学生乐不可支。

许多人知道课上的徐老师，教态亲切自然，教学语言娓娓动听，绘声绘色的讲解引人入胜，能很快紧紧抓住学生的童心。但是，人们很难想象他为修炼这一身"武艺"而付出的艰苦努力。盛大启、孙丽谷、张兴华等老一辈特级教师曾经几次为徐斌的参赛课会诊，并指出徐老师的教学语言过于书面化、成人化，过分讲求抽象逻辑性，连表扬都是硬邦邦的，不够通俗亲切，不符合低年级学生的心理特征和年龄需求。是啊！教师教小学低年级本来就有难度。要在这么短的时间内改变自己多年形成的语言习惯，又谈何容易？

为此，徐斌找来儿童电视节目主持人鞠萍、上海青年播音员陈燕华和"故事大王"孙敬修的节目磁带，规定自己每晚至少用耳机听两个小时。这对他的帮助很大，在倾听揣摩中，徐老师找到了语言动听的诀窍——这些语言短句子多，描述性强，生动形象、清新亲切、如话家常。如果自己上课也能这样，肯定也能吸引学生。此外，他还找来省内外知名特级教师的上课录像，反复看、仔细学。

功夫不负有心人，大量的强化训练使他的课堂教学语言风格发生了较大的变化。1993 年 4 月，徐老师去南昌参加全国第一届小学数学课堂教学观摩比赛，年仅 24 岁的他凭借自己的强劲实力，获得了二等奖，令评委和其他省市参赛选手对这位年龄最小的江苏选手刮目相看。

从此以后，徐斌操练起教学基本功来也更加刻苦自觉。在平时的数学教学中，在每次公开课和比赛课时，徐老师特别注意自己的课堂教学语言，他努力追寻一种充满魔力的课堂语言。"你的办法真好！""你真聪明！""你的结果离结论已经不远了。""你想的办法老师还没有想到。"……这些启发性、激励性很强的语言在他的课上使用频率很高,学生自然喜欢他的数学课了。

为了取得更好的教学效果,徐老师在课堂上总是以学生"大朋友"的角色出现。伴随着亲切柔和的儿童化语言,设计种种游戏,与学生平等对话,以开放的形式,带领学生在玩中学习,在活动中领悟,充分调动他们的学习积极性。学生的自信心增强了,创造欲望得到了满足,合作意识和个性也得到充分发展,课堂上常常会出现未曾预料的精彩!

"现在,老师想跟大家一起来玩一个猫抓老鼠的游戏,有兴趣吗?先看好,图上有猫和老鼠,但老鼠很狡猾,在途中设置了不少的障碍物,猫只能横着走或竖着走。你能帮助猫设计一条合理的路线吗?快动手试着画画看……"如今,每每走进徐老师充满魅力、清新自然的课堂,我们都会被徐老师的教学艺术深深吸引,尤其被他从容不迫的大家风范、平易近人的教学态度、随机应变的教学机智而深深折服。

【资料来源:陈惠芳.徐斌教育教学艺术系列报道之三:追寻有魔力的课堂语言[N].中国教育报,2005-08-30.】

教师的教学语言艺术是课堂教学艺术的核心,也是一个优秀教师必须具备的基本功。教师应正确认识和深度思考体现教师教学机智和风格的语言素质,以达到激发和培养学生的学习动机、提高课堂教学效率的宗旨。

一、教学语言要有充分的预设准备

在备课时,教师如果忽视教学语言的设计,忽视课堂教学意外的预设,那么在课堂上就会出现语言表达不流畅、教学思路不清晰甚至失语现象。经验不足的年轻教师只好绕着弯子向教案靠拢,甚至照本宣科;或索性放纵开去,偏离教学内容和目标。写好教案,固然是上好课的前提。但教案是静态的教学语言表达方式,课堂教学则是动态发展的。因此,教师备课时要重视教学语言的预设准备。教师要联系自己的教学特点和学生的实际情况,在教案边角处设计好教学的程序化语言,如各环节的小标题、简单的过渡语,有必要时要把教学思路设计成图表式的,至少也要在头脑中有一个大概的想法。①

---

① 林晓蓉.谈"言"——关于课堂教学语言的反思[J].现代教育科研论坛,2011(12).

二、教学语言要准确规范、简洁精练

教学语言是每个教师开启学生心灵、引导学生打开知识大门的钥匙。要培养学生的语言表达能力，教师在授课的过程中必须使用标准的普通话，千万不要随意使用方言。具有准确规范、简洁精练的教学语言，是对教师教学基本功最起码的要求。教师在课堂教学上不要信口开河，而要注意用语的规范性、准确性和简洁性，这样才能轻松自如地讲解教学内容。有位教师学识丰富，但他爱在学生面前显示自己的"才华"，讲起课来不是满口"之乎者也"，就是学生听不懂的专业术语。久而久之，他班上的学生都不喜欢上他的课，起初只是不听课，后来发展到部分学生不上课。这时，这位教师才明白事情的严重性。优秀教师的教学语言大都精练严谨、环环相扣，做到"加一句嫌多，减一句嫌少"，因而他们的课堂教学十分精彩生动，深深地吸引学生上课。

三、教学语言要注意激励性

在课堂上，有些教师对学生的评价性语言，有时就一个"好"字了之，有时干脆不作评价，有时又把学生挖苦一番，等等。这样的教学语言无疑直接伤害了学生的自尊心和学习积极性。久而久之，学生就会对这门学科失去兴趣和信心。因此，教师在课堂上要充分发挥语言的功能，特别是通过激励性的语言对学生进行评价，不失时机地给不同层次的学生以充分的肯定、鼓励和赞扬，使学生在心理上获得自尊、自信和成功的体验，诱发学生的学习兴趣，培养学生的学习动机。尤其在评价学生的回答时，教师要学会倾听，以正面激励、引导为主，努力挖掘学生回答中的亮点。即使学生回答错误，也要帮助学生分析思维的陷阱所在，切不可用过激的语言全盘地否定学生的回答。

四、教学语言要有节奏感

演戏要有舞台节奏，上课应有教学语言节奏。这里所讲的教学语言节奏，主要是快慢疏密、轻重缓急。检验教学语言是否达到最佳节奏，就看教师的"讲"和学生的"听"是否协调同步。遗憾的是，许多教师在教学中忽视了这一点，没有好好地把握教学语言的节奏。教学语言速度过快，就会导致学生应接不暇，听课感到吃力，容易产生消极情绪。教学语言速度过慢，讲解的内容满足不了学生的需要，使他们的思维活动不能有效展开。另外，教师要注意语调的变化，既不能过高，又不能过低。语调过高，语言的刺激性太强，会使学生感到疲劳，影响注意力的保持。语调过低，学生听课吃力费劲，提不起精神。因此，在教学过程中，教学语言一定要有节奏感，注意快慢适中、高低适宜。戏剧念白的十六字诀就是一个很好的借鉴，即"快而不乱、慢而不断、高而不喧、低而不闪"。①

❖ 智慧解码 ❖

　　语言是教师传授知识、传递信息的载体，是教师与学生交流思想感情的主要工具之一。在课堂教学的整个过程中，无论是与学生进行知识信息的传递反馈，还是师生之间的情感表达与交流，还是引导学生观察、记忆、思维、想象乃至进行创造性活动，都离不开教师的语言。教师的教学语言是学生获取知识、提高能力的桥梁，教师语言表达能力的高低，往往直接影响着课堂教学的质量。语言的魅力是无穷的，形式也是多样化的，充满着艺术性。对于教学语言来说，仅力求规范清晰、准确严密是不够的，更应该是艺术性的、优美的，如此才能够感染学生的心灵，进而调动其学习的积极性，以达到较高的课堂效率。夸美纽斯说："教师的嘴，就是一个源泉，从那里可以发出知识的溪流。教师通过生动的表述、鞭辟入里的分析、恰到好处的点拨、简洁凝练的概括，引导学生游览知识的殿堂，从而让他们的心智成长起来、情操高尚起来。"可见，在课堂教学中，教师必须特别重视教学语言艺术，把握好教学语言，抓住语言艺术化的特点，进而抓住教学艺术的关键，激活课堂，使教学活动充满无限魅力。

策略一　亲切自然，春风化雨

　　苏霍姆林斯基说："学校里的学习不是毫无热情地把知识从一个头脑装进另一个头脑里，而是师生之间每时每刻都在进行心灵的交流。"凡是受学生欢迎的教师，他们的教学语言必定是亲切自然的，教态总是让学生感到和蔼可亲的，他们十分善于启发引导学生学习，总是为学生创造一种和谐融洽的学习氛围，使学生在这样的氛围中学

---

① 黎巧.如何运用教学语言[J].新课程(教师版),2007(9).

习知识,掌握技能。由此可见,教学中能否引起学生的学习兴趣、使学生乐学,与教师的教学语言是否亲切自然有着密切的关系。

窦桂梅深情教授《珍珠鸟》(第一课时)

一、引出人与鸟的话题

(学生课前朗读苏轼的《题西林壁》、白居易的《忆江南》、李白的《赠汪伦》……)

师: 听到刚才白居易的《忆江南》,让我们想起他的另一首《鸟》,我愿意与同学们一起诵一诵。

生: 莫道群生性命微,一般骨肉一般皮。劝君莫打枝头鸟,子在巢中盼母归。

师: 那嗷嗷待哺的鸟儿,呼唤人啊千万不要打鸟,它们在等待母亲赶紧回家呢。好在我们有爱心,不会再打鸟了,还经常把鸟带回家养着。真好!(板书)恰巧前几天,朋友就送"我"一对珍珠鸟。放在——(引读)

生: 一个简易的竹条编成的笼子里,笼内还有一卷干草,那是小鸟舒适又温暖的巢。(教师同时板书"珍珠鸟")

师: (解题)珍珠鸟又叫锦花鸟,应了成语"锦上添花",这花儿就是——

生: 珍珠。我想珍珠鸟一定很好看,很讨人喜欢。

师: 想看看吗?(出示图画,学生情不自禁说:"好小啊!")我愿意听到同学们看到之后再读题目的感觉。

(学生读题目《珍珠鸟》,读得很美、很轻)

师: 让我们打开课文,看看作家冯骥才是怎么写珍珠鸟的。

(生开始默读,之后在教师的鼓励下开始举手发言)

生: 我发现了,珍珠鸟胆子小! 课文说"它是一种怕人的鸟"。

师: 你读书真细心。好,你领着我们再读这句。

生: 珍珠鸟啼叫的声音也很小,又细又亮,一定很清脆——"从中传出笛儿般又细又亮的声音显得格外轻松自在了"。

师: 谢谢你给同学们借鉴。我们提示刚才那位同学找到相关句子读读,你呢,不用提示,就这么做了,真好。介绍珍珠鸟的特点,能直接用课文的句子读给大家,不失为一种好方法。当然,你读的声音也像笛儿一样好听呢。

生: 珍珠鸟长得的确很小。我发现课文写珍珠鸟"小"的词语很多,也找出句子读给大家听——"小红嘴儿"。(师引导读出"儿"化的"小")

师：你真会体会这儿化音。听起来很舒服，感觉它小得好可爱。

（学生陆续找出"小脑袋""小红爪子"等词语，并在教师的指导下朗读相关句子，读出了小珍珠鸟的活泼可爱）

二、人是如何赢得信赖的

师：通过读书，我们了解到的珍珠鸟可以用一个字形容——（生：就是"小"）瞧这一个个"小"，我们会想到好多形容小的成语——（生：小巧玲珑）

生：还可以换一个成语叫娇小玲珑。而且胆子还小，那就可以说"胆小如鼠"。

师：意思一样，但就是不美了。（学生领悟，换成"谨小慎微"）

师：你们发现没有，课文还有一句——（课件出示）"渐渐，它胆子大了。"俗话说"本性难移"，自然也可说"鸟性难移"。从怕人，到胆大，怎么反差这么大呢？

（几位学生发言，一学生说这里关键是文中的"我"努力的结果，让这本来怕人的鸟变得胆子大了起来）

师：那好，现在就让我们看看作者"我"是怎么赢得小鸟的信任，使它"渐渐胆子大了"的。读读课文，找出具体的语句，用自己的话来说也可以。

（学生读书，找出："我呢，决不掀开叶片往里看……""我不动声色地写……""我不管它……"等句子，即兴精彩短评）

师：感谢你们的发现，可以让我们更进一步去体会语言里的滋味。那我们就从你们读到的或者谈到的地方具体品味品味。比如同学们谈到的这句——

生：（读）"我便用吊兰长长的、串生着小绿叶的垂蔓蒙盖在鸟笼上……"

师：采访你（指刚才读的学生），"我"为什么要这样做？

生：就是让它感觉有安全感，"我"故意用吊兰来让珍珠鸟感到这笼子跟以前的巢差不了多少。

师："我"用吊兰来打扮笼子，实际用的是那颗——

生：用吊兰不如说是用心。所以作者要想办法用长长的、串生着小绿叶的垂蔓蒙盖在鸟笼上……

师：请你再读这句，注意啊，它可是胆小的，不要吓着它们，你该怎么读？

（学生朗读，教师指导并范读，读得"小心翼翼"，而后学生读，掌声响起）

师：三个月后，听！（播放珍珠鸟的叫声）

生：这声音，和它的爸爸妈妈叫得一样，笛儿般又细又亮的叫声，还更娇嫩，真好听。

师：(出示画面)快看，它钻出了笼子。你看到了吗？看到了吗？

生：看到了！"雏儿，更小哟，正是这个小家伙！"(教师指导学生朗读)

师：至此，课文称珍珠鸟为"小家伙"。让我们再找出几句读读。

(学生找出："起先，这小家伙只在笼子四周活动，随后就在屋里飞来飞去""我不动声色地写……""……这小家伙竟趴在我的肩头睡着了"等句子，读得很小心)

师：把"小家伙"换成"珍珠鸟"，再读读，看看有什么不同？

生：(读了一句)用"珍珠鸟"可没有用"小家伙"这样生动，没味道。

师：这是对人的称呼，不是珍珠鸟吗？为什么称为小家伙？

生：一定是特喜欢的，比自己小的人，一般称"小家伙"，表示心里特别喜爱。

(连续有三五个学生发表自己的看法)

师："我"不仅把它们的笼子装扮成家的模样，还要对这珍珠鸟"客客气气"的，当作家里的小孩子、小朋友、小宝贝。真好！

师：刚才你们谈到"我决不掀开叶片往里看……""我不管它……""我不动声色地写……"这一个个"不"，可以用一个成语概括——

生：那就是"不动声色"。

师：假如去掉一个个"不"，把这几个句子连起来，变成一段话："假如我大动声色，掀开叶片往里看、管它，小家伙就会——"

(学生补充"受到惊吓""吓得逃跑""不敢从笼子里出来了")

师：然而，这都是"假如"。我这么喜欢它，怎么会这样做呢？所以，"我决不……不……不……"(带领学生又把刚才这几句读了读)，如果说装扮笼子，感到作者的用心，这里真可谓——(师生一起说出)用心良苦。

三、如何理解小鸟的信赖

师：原来鸟怕人，人不怕鸟，现在我怕鸟害怕，怕鸟担心，怕鸟飞走，结果呢，鸟却不怕人了，信任人了。那小鸟对人的信任表现在哪儿？让我们再次回到课文中，结合具体文字谈谈。

生：(读)"起先，这小家伙只在笼子四周活动，随后就在屋里飞来飞去，一会儿落在柜顶上，一会儿神气十足地站在书架上，啄着书背上那些大文豪的名字；一会儿把灯绳撞得来回摇动，跟着跳到画框上去了。"(教师出示刚才学生说出的这

段话,但把三个"一会儿"去掉了)

生:老师,这句话不完整了,您把"一会儿"丢了。

师:意思没有改变啊,用与不用究竟有什么不同呢?

(学生说,这个词重复用了三次,表现了小家伙的调皮,让人好喜欢;这三个"一会儿",一个比一个程度深,把小家伙的调皮写得活灵活现了)

生:注意这句话中有一个成语"神气十足"。去掉这三个"一会儿",小家伙顶多也就"神气",谈不上"十足",可用上这三个"一会儿",那可真叫"神气十足"!(该生朗读这段,表现了小鸟的"神气十足")

师:我愿意和大家一起读,女同学读第一个"一会儿",男同学读第二个"一会儿",我读第三个"一会儿",大家读了以后一定要像小家伙一样神气十足哦!

(师生合作读,读得很精彩。然后师生结合文本继续品味小珍珠鸟的可爱以及作者细腻生动的描写,教师不时肯定学生的精彩表现)

师:作者把珍珠鸟的调皮和淘气写得的的确确——(生:神气十足),(引读)因此,白天,它这样淘气地陪伴我。夜晚——

生:(读)"天色入暮,小家伙才在父母的再三呼唤声中飞向笼子,扭动滚圆的身子,挤开那些绿叶钻进去。"

师:(引读)以至于有一天,"我伏案写作时——"

生:(读)"它居然落到我的肩上。……这小家伙竟趴在我的肩头睡着了……"

(课件打出这段话,进一步引导学生品味"趴在我的肩头睡着了"这一人鸟和谐相处的状态,然后配乐朗读)

师:看,这就是小鸟趴在"我"肩头做梦的情景,请给画面题词。

生:和谐。

生:信赖,往往创造出美好的境界。

师:呵呵,你用了课文的最后一句话,让我们把这句话画下来,读读。(教师板书这句话)

生:我想用一个成语概括——小鸟依人。

师:你和我的题词一样啊。那这"依"就是——(生答:依靠,依赖)

师:从刚才细致的品味中,感觉到:一个不动声色,一个神气十足,这两个截然不同的表现却换来了一个共同的境界——(生:信赖)如果说小家伙一点一点地和

人亲近，正像同学们说的心里放松了，行为上就——（生：就变得有些放肆了）

师：嗯？再想想，怎样才能更准确地形容此时的小珍珠鸟，别忘了它是那么可爱。

生："放肆"这个词用得过了，应该是"放纵"比较合适。（掌声）

师：真正的放松，还有点儿放纵，这是撒娇的表现，呵呵。至此，才可以说是完全的——

生：放心。把那颗"怕"着的、竖着的心彻底平放在心里了，再也不会提心吊胆了。（掌声）

师：那就请同学们说说人获得信赖的原因是：（句式训练）"信赖，就给它——"。

生：信赖，就给它在屋子里撒欢的自由。

生：信赖，就给它趴在人肩头睡觉的幸福。

生：信赖，就给它更多的关心，甚至是关怀。

生：信赖，就给它更多的关爱，让它感到人的温暖。

师：你们说的这些不正是因人的努力而和小鸟创造的这信赖的美好境界吗？把课文开头的"真好"和结尾的一段话连起来，再朗读。

生：真好！信赖往往创造出美好的境界。（朗诵中已经明显带着阅读后的体验了）

师：把黑板上这两句再颠倒过来说——

生：信赖往往创造出美好的境界。真好！

【资料来源：刘海涛，王林发. 小学语文：名师魅力教学设计艺术[M]. 重庆：西南师范大学出版社，2009：199.】

窦桂梅老师的课堂有一种独特的魅力，原因之一就在于她的教学语言亲切自然，在不知不觉间深深地迷住了学生，使学生在结课后依然陶醉于课堂的美好情景之中。可见，教师在运用教学语言时，应追求自然亲切的特点，摒弃那种咬文嚼字、堆砌辞藻、追求词语时髦的现象。教师要让自己的教学语言达到亲切自然的境界，关键靠自己在长期的教学实践中不断提高自身的语言修养和道德情操，不仅要精心锤炼自己的语言，而且要培养自己对学生亲近和热爱的情感。

一、控制语调，使其变得亲切自然

教学语言的语调控制除了要求教师讲话的音量强度适当、语音清晰外，还要求教师在教学过程中的语调要亲切自然。从心理学观点看，亲切自然的语调，能给人一种悦耳、轻松的愉悦感，能唤起学生积极的情绪，激发他们浓厚的兴趣，促使他们精神振作，注意力集中，产生强烈的求知欲望，并积极有效地进行思维。另外，教师亲切自然的语调能使学生体验到快乐、惊奇、赞叹等感情，营造一种"乐学"的课堂氛围。目前，教学语言的语调存在的弊病是"命令调""报告调"，教师居高临下，拉腔拉调，一副冷面孔，一口"首长"腔，语气生硬，语调冷涩。这样的情形显然不利于学生在课堂上轻松愉悦地学习。因此，教师有必要掌控语调的技巧，使自己的语调变得亲切自然。

二、亲切热情，多用鼓励性的语言

亲切热情，就是教学语言要有亲切感，充满感情，多用鼓励性的语言。这样，学生才会产生踏实感和安全感，心情放松地去学习。教师让学生回答问题，学生这时一般都比较紧张，教师应用亲切柔和的声音告诉他："不要慌，胆子大些，错了也没关系。"这样学生就不紧张了。当学生回答不准确、词不达意时，教师应肯定他的优点及正确的地方，并鼓励他说："我知道你心里明白了，可就是语言还没有组织好，请坐下再考虑一下。"对于没有回答出来的学生，教师应委婉地告诉他："如果你再仔细考虑一下，我相信你一定会答上来，下次我再给你一个机会，你会回答得很好的！"特别是对那些基础较差学生更要多些鼓励，绝不能使用伤害他们自尊心的粗言恶语。如果他们答对了，教师应用高兴的语气给予赞扬："你能回答得这么好，真了不起！"这样就能让学生感到教师亲切、可敬，也就乐于学习了。

三、尊重学生，使用礼貌文雅的语言

礼貌文雅的语言，不仅应在社交中运用，在教学中更要运用。教师不能因为自己是教育者，就可以动辄训人。在课堂上，教师应尊重学生，与学生说话也要讲礼貌。如"请你读读课文""对不起，我听不清，请再大声复述一遍""这个读音我读错了，谢谢你给我纠正"等话语，都显得很有礼貌。教师使用礼貌文雅的语言，学生既感到与教师之间是平等的，又感到教师亲切自然，谦虚可敬。在教学中，教师还可引用一些名人诗句、格言或成语来表达自己的意思，这样学生就会感到教师词汇丰富、生动、文雅，从中受到熏陶，他们的语言也就变得礼貌文雅了。此外，教师应尽量采用商量的口气，采取

与学生谈心的方式讲话。因为这种表达口气和方式，能给人以亲切自然的感觉，容易缩短与学生之间的距离，收到"声入心道"的功效。

策略二 激情洋溢，感染心灵

苏霍姆林斯基说过："有激情的课堂教学，能够使学生带着一种高涨的激动的情绪从事学习和思考。"激情是点燃学生热情的火炬，是激发学生情趣的酵母，是促进学生学习的动力。在课堂教学中，教师的情感对学生有着直接的感染作用。讲台虽然不是舞台，教师也不是演员，但教师在这三尺讲台上务必要饱含深情地尽心演绎，做到情动于衷，形之于外。教师应该以激情洋溢的语言投入教学，感染学生的心灵，激起学生情感的共鸣，诱发学生渴求知识、努力学习的欲望，激发学生的想象思维，拓展学生的思路，使学生更好地掌握知识。

王崧舟激情上《草船借箭》(第一课时)

一、自由谈论：诸葛孔明，何许人也

师：今天我们要学的《草船借箭》这个故事出自《三国演义》。哪些同学看过《三国演义》？可以是小说，可以是连环画，可以是电视连续剧。

（自由举手应答。绝大多数学生表示看过）

师：能说说你对诸葛亮的印象吗？

生1：诸葛亮是个足智多谋的军师。

生2：诸葛亮是个很讲情义的人，刘备三顾茅庐，诸葛亮十分感激，就帮助刘备打天下，鞠躬尽瘁，死而后已。

师：说得好！"鞠躬尽瘁，死而后已"这八个字写尽了诸葛亮的一生。

生3：诸葛亮上知天文，下知地理，他的学问非常大，被人称为"卧龙先生"。

师：不仅上知天文，下知地理，诸葛亮更知人心。

生4：诸葛亮跟周瑜斗智，最后把周瑜给活活气死了。周瑜临死前说："既生瑜，何生亮？"意思是说，既然生了我周瑜，又为何生诸葛亮。

师：哟！你知道得还真多！当然，周瑜之死不能全怪诸葛亮。等会儿学了《草船借箭》这个故事，你就会明白的。

生5：诸葛亮神机妙算，他能借东风，会八卦阵，我觉得他是《三国演义》中最聪明的一个人。

师：好！看来大家对诸葛亮都有一定的了解和判断。今天学《草船借箭》这个故事，大家就多了一份亲切感，因为故事的主人公就是诸葛亮。学《草船借箭》就等于是会会诸葛亮这个老朋友。是吧？

生：（齐答）是！

二、各抒己见：风云人物，谁是英雄

师："有朋自远方来，不亦乐乎？"请同学们打开书本，赶紧去见见诸葛亮这个老朋友。读完课文以后，老师请你从智慧的角度，给故事当中的四个人物排一排名次，你觉得可以怎么排？明白吗？

生：（齐答）明白。

（学生开始自由朗读课文，教师做现场巡视）

师：好！读完课文，对诸葛亮、周瑜、曹操、鲁肃这四个人应该有了大致的印象，是吧？这四个人，如果从谋略和智慧的角度，给他们排排队，你会怎么排？

生1：我认为诸葛亮排第一位，周瑜排第二，曹操排在第三，鲁肃第四。

师：诸葛亮最聪明，鲁肃最笨。有不同意见吗？

生2：我觉得鲁肃应该排在第三，曹操排在第四。前面两个不变。

师：哦！诸葛亮排第一，周瑜排第二，曹操变成最笨，鲁肃排第三。还有不一样的吗？

生3：我觉得诸葛亮排第一，曹操排第二，周瑜排第三，鲁肃排第四。

师：周瑜排第三了，鲁肃还是最笨。还有不一样吗？

生4：我觉得诸葛亮第一，曹操第二，鲁肃第三。

师：好嘛，鲁肃第三，周瑜最笨。哈哈，还有吗？

生5：我觉得诸葛亮第一，鲁肃第二，周瑜第三，曹操第四。

师：你认为曹操最笨，有意思。从谋略和智慧的角度，每位同学都给四个人物打了分，是吧？尽管答案不同，但同学们发现没有，有一点是毫无异议的。

生：（齐答）诸葛亮排第一。

师：对，诸葛亮排第一，诸葛亮是最聪明的。这是同学们读了课文之后取得的共识。非常好！这篇课文写了诸葛亮的很多内容，现在老师请你们仔细读一读，你觉得这篇课文写诸葛亮的智慧，什么地方写得最精彩？把它们找出来，然后仔仔细细地读一读。

(学生大声读课文,寻找写得精彩之处。教师做现场巡视)

三、师生合作:反复诵读,培养语感

师:咱们交流一下,你觉得这篇文章当中写诸葛亮的智慧,什么地方最精彩?

生1:我觉得写诸葛亮的谋略和智慧在第七和第八自然段中写得最精彩。

师:你先把写得最精彩的地方读给大家听,咱们注意听。

(生1朗读课文第七、第八自然段)

师:不错。这两段话如果多读几遍,可能对你的帮助就更大。谁也觉得这个地方写诸葛亮的智慧得最精彩? 再请一个同学读一遍。

生2:(朗读)这时候大雾漫天,江上连面对面都看不清。天还没亮,船已经靠近曹军水寨。诸葛亮下令把船头朝西、船尾朝东一字儿排开,又叫船上的兵士一边擂鼓一边呐喊。鲁肃吃惊地说:"如果曹兵出来怎么办?"

师:停! 停! 鲁肃怎么说?

生2:吃惊地说。

师:对呀! 吃惊地说! 再读一读,体会鲁肃的吃惊。

生2:(朗读)鲁肃吃惊地说:"如果曹兵出来怎么办?"

师:好! 这样读才有吃惊的味道。继续。

生2:(朗读)鲁肃吃惊地说:"如果曹兵出来怎么办?"诸葛亮笑着说:"雾这样大,曹操一定不敢派兵出来,我们只管饮酒取乐,天亮了就回去。"

师:注意! 诸葛亮笑着说,得有笑容,得有笑声啊。谁来读读"诸葛亮笑着说"这句话?

生3:(朗读)诸葛亮笑着说:"雾这样大,曹操一定不敢派兵出来,我们只管饮酒取乐,天亮了就回去。"

师:这是微笑着说。谁还愿意读读这句话?

生4:(朗读)诸葛亮笑着说:"雾这样大,曹操一定不敢派兵出来,我们只管饮酒取乐,天亮了就回去。"

师:这是大笑着说。你也想读? 来,请你读。

生5:(朗读)诸葛亮笑着说:"雾这样大,曹操一定不敢派兵出来,我们只管饮酒取乐,天亮了就回去。"

师：你这笑，真是出自内心的笑！请你接着往下读。

生5：（朗读）曹操在营寨里听到鼓声和呐喊声，就下令说："江上雾很大，敌人忽然来攻，我们看不清虚实，不要轻易出动，只叫弓弩手朝他们放箭，不让他们近前。"

师：这个令可没下好！电视上见过大将军下令吗？那个威严，那个响亮，那个果断！这样，大家先自由读一读，体会体会。

（学生自由练读）

师：来，请曹操下令！咱们先叫一个"女曹操"。曹操在营寨里听到鼓声和呐喊声，就下令说——

生1：（朗读）江上雾很大，敌人忽然来攻，我们看不清虚实，不要轻举妄动，只叫弓弩手朝他们放箭，不让他们近前。

师：活灵活现一曹操。稍有一点遗憾，那个曹操说的是不要"轻易出动"，你这曹操说成了不要"轻举妄动"，两个曹操，哪个说得更准确？自己体会体会，好吗？叫一个"男曹操"，曹操本来就是男的嘛。曹操在营寨听到鼓声和呐喊声，就下令说——

生2：（朗读）江上雾很大，敌人忽然来攻，我们看不清虚实，不要轻易出动，只叫弓弩手朝他们放箭，不让他们近前。

师：好一个威风凛凛的大将军！你继续往下读。

生2：（朗读）他派人去旱寨调来六千个弓弩手到江边支援水军。一万多个弓弩手一起朝江中放箭，箭像下雨一样。诸葛亮又下令把船调过来，船头朝东，船尾朝西，仍旧擂鼓呐喊，逼近曹军水寨去受箭。

师：还有同学觉得别的哪些什么地方写诸葛亮的智慧是最精彩的？

生3：我觉得最精彩的是第四自然段。诸葛亮说："希望你借给我二十只船，每只船上要三十个兵士，船要青布幔子遮起来，还要一千多个草把子，排在船的两边，我自有妙用。第三天管保你有十万支箭，不过不能让都督知道，他要是知道了，我的计划就完了。"

生4：我觉得第二自然段写诸葛亮的谋略比较精彩，因为周瑜说："现在军中缺的是箭，想请先生赶造十万支箭。"

师：等等，老师请你把第二段话都念一遍，好吗？

生4：有一天，周瑜请诸葛亮来商议军事，对诸葛亮说："我们现在就要和曹兵交战，水上交战用什么兵器最好？"

师：注意啊，周瑜说这番话的时候，他实际上——

生4：心怀不轨，他很嫉妒诸葛亮，他想用这个造箭的名义把诸葛亮害死。因为他死前曾说过"既生瑜，何生亮"，所以看得出来他非常恨诸葛亮，想利用造箭的借口害死诸葛亮。

师：对啊，所以说，周瑜说这话的时候一肚子坏水，你得把这种感觉读出来。你刚才读得那个周瑜是光明磊落的周瑜，不是心怀鬼胎的周瑜，你得心怀鬼胎呀！试一试，行吗？（读开头的话）有一天，周瑜请诸葛亮来商议军事，对诸葛亮说——

生4：（朗读）"我们现在就要和曹兵交战，水上交战用什么兵器最好？"诸葛亮说："当然是弓箭最好。""先生和我想得一样，现在军中缺的是箭，想请先生赶造十万支箭，这是公事，希望先生不要推辞。"诸葛亮说："都督委托，当然照办，不知这十万支箭什么时候用？"周瑜说："十天造得好吗？"诸葛亮说："既然就要交战，十天造好必然误了大事。"

师：注意！诸葛亮这个时候嘴上这样说着，心里想到的是什么呢？

生5：他想到了周瑜肯定是使的诡计，干脆就来个将计就计。

生6：他想到周瑜肯定要给他出难题，十天造十万支箭肯定是比登天还难。

生7：我首先和他一样，而且我知道诸葛亮他熟知天文地理，他已经观过天象，知道再过三天就有一场特别特别大的雾，也想到周瑜会用造箭来威胁他。所以他肯定想到了借箭这回事。

师：尽管诸葛亮知道周瑜想要害他，尽管诸葛亮知道三天后这场大雾，将计就计能把这十万支箭借来。但是我就觉得很奇怪，诸葛亮为什么不推托、不推辞呢？明明知道周瑜要害他，要他的身家性命，他干吗还要替周瑜借十万支箭呢？

生1：我觉得诸葛亮想：既然你想害我，我就将计就计，我就和你斗智。

生2：我想是这样，周瑜就是想专门找一个难题难倒诸葛亮，如果诸葛亮不去借箭的话，正好中了人家圈套，就证明周瑜比诸葛亮强。

师：同学们，诸葛亮是刘备的军师，周瑜呢，是孙权的都督。刘备和孙权可是两家呀。周瑜这样刁难诸葛亮，诸葛亮完全可以回到刘备那里去呀。

生3:因为魏军当时非常强大,诸葛亮提出要东吴和蜀汉相联盟,来攻打魏军,这样才能获得胜利。因为这个时候需要箭,诸葛亮使计,如果把魏军的箭"借"来我方使用的话,魏军的兵力就会大大减弱,而我军的实力会大大增加,这样就可以使刘备的蜀汉、孙权的东吴取得胜利。所以,诸葛亮是从大局来考虑借箭的。

师:看得出,你读过不少书,对当时的历史情况很了解。你讲得很对,孙刘两家只有联合抗曹,才能战胜曹操,保住自己的领地。但是,刚才你的发言有一个小小的错误,指出来你不生气吧?其实,那时三国还没有建立,东吴、蜀国、魏国还没有建立,孙权和刘备还是各地的一方霸主。所以是孙刘联合,而不是吴蜀联合。请你接着读。

生3:(朗读)诸葛亮说:"既然就要交战,十天造好必然误了大事。"周瑜问:"先生预计几天能够造好。"诸葛亮说:"只需三天。"周瑜说:"军师你可不能开玩笑。"诸葛亮说:"我怎么敢和都督开玩笑,我愿立下军令状,三天造不好甘受惩罚。"周瑜很高兴,让诸葛亮当面立下军令状,又摆了酒席招待他。诸葛亮说:"今天来不及了,从明天起到第三天,请派五百个兵士到江边去取箭。"诸葛亮喝了几杯酒就走了。

【资料来源:刘海涛,王林发.小学语文:名师教学目标设计艺术[M].重庆:西南师范大学出版社,2009:209.】

王崧舟老师的一课,让人见识到了激情洋溢的教学语言。他的教学语言是一种载体、一座桥梁,是点化学生思维的魔杖。一堂好课需要教师有一颗充满激情的心灵,更需要教师充满激情的语言。只有教师充满激情的生命活力在课堂中不断涌动,才能真正有助于学生的培养和成长,才能让生命之花在课堂上尽情绽放,才能使课堂成为师生共同成长的生命历程。教师在课堂上富有激情的语言,源于他对文本的入情,源于他对学生的动情,更源于他对课堂教学的热爱。

一、入情于文本

于漪说:"汉语言文字负载着中华民族数千年的古老文化,它不是没有生命的符号,而是蕴含着中华民族独特性格的精灵。"情感性在我们的文本中常常是这样的一个

"精灵"，它璀璨夺目、熠熠生辉，却不易被学生发现。教师作为一个知识的引导者，应该引领学生去感悟文本的情感内涵；而教师的教学语言就要从文本的情感内涵处获得。教师要努力入情于文本，也就是要努力把文本的情感内涵融于自己的话语中去，使"情动于衷而言溢于表"，从而打动学生的心，使学生产生强烈的情感共鸣。教师获得情感性语言的过程，其实也是在欣赏、研读文本，也是以一种积极的审美心态集中全部的心智去感受、理解、欣赏、评价文本中的人与事、景与物、情与理，不仅观其"言"，还要品其味、悟其神。如此，教学过程便成为一次审美体验和一次发现美的旅程。

二、动情于学生

教师用激情洋溢的语言，拨动学生的心弦，唤醒学生的生命潜能，于是学生与教师一起动情。如果教师总是不动声色地讲，语言缺乏情感，学生是不买账的。苏霍姆林斯基说过："只有当情感的血液在知识的机体中欢腾跳跃的时候，知识才会融入人的精神世界。"教师的教学语言应该是饱含深情的。但是，教师的教学语言要传情，要能感动学生，先得感动教师自己。因此，教师自身必须具备千变万化的感情，必须具备"兴奋豪迈之情，崇敬赞美之情，辛酸痛苦之情，憎恶愤慨之情"。只有这样，教师才能让学生体会鲁迅在《纪念刘和珍君》中的愤怒；才能感受辛弃疾在《永遇乐·京口北固亭怀古》中所表达的悲壮；才能了解苏轼在《念奴娇·赤壁怀古》中的豪放，才能以饱含感情的语言使学生动容，才能激发学生动情。

三、倾情于课堂

特级教师叶澜曾在《让课堂焕发出生命活力》中指出："课堂教学应被看作师生人生中一段重要的生命经历，是他们的生命的有意义的构成部分。"对于教师而言，课堂教学是其教育事业中最基本的构成部分，它的质量直接影响教师对教育事业的情感态度和生命价值的体现。当教师热爱自己的教育事业、倾情于课堂教学时，正是他实现生命价值的一刻。那么，教师就必须努力地提高自身的语言修养，平时多用一些时间锤炼语言，使自己的教学语言充满激情，能够做到"悲的地方，讲得学生落泪；乐的地方，讲得学生忍俊不禁；美的地方，讲得学生心向往之；丑的地方，讲得学生憎恶讨厌"，这样的课堂才富有感染力和吸引力。

策略三 幽默风趣，点石成金

幽默风趣的教学语言是教师个性的展现，是哲理和情趣的统一，是与教师独到的看法、深刻的见解分不开的。教师在自觉或不自觉地运用幽默风趣的教学语言的同时，也在和学生一起感受语言的魅力，学生从中获得的不仅仅是知识，更是一种良好的情感，一种乐观为人处世的态度。有时，教师运用一些幽默风趣的"点化语"或"插入语"，会使课堂化平淡为神奇，点石成金，从而产生意想不到的魅力，使学生在欣赏美中获得知识，受到教育。另外，教师用幽默营造了一种轻松愉悦的氛围，让学生的精神获得了自由，在这样的课堂中学生才能开出绚烂的智慧花朵。

支玉恒幽默妙摆尴尬

支玉恒老师在上公开课《第一场雪》时，要求学生闭上眼睛，倾听指定学生朗读雪后美景一段，并微笑着说："看看谁的朗读能带着大家进入美丽的雪景中。"学生朗读完毕，没有达到预期的效果。

这时，支老师诙谐地说："他把我们带进去没有？"

学生小声回答："没有。"

"只是把我们带到边上，是不是？"

学生和听课老师一齐笑了起来。支老师接着用鼓励的语气提出："谁能再试一试？把大家带进去。"

另一个学生又站起来朗诵，比较之下，还不如第一个同学。此时，下面的老师和学生都非常紧张不安，不知道支老师怎样应付这样的尴尬场面，全场寂静。

只见支老师神色泰然，风趣地开了一句玩笑："哦，他不但没有把我们领进去，反而又将我们领了出来。"

霎时，严肃、紧张的气氛一扫而光，课堂气氛立刻活跃起来。

【资料来源：蔡夫泽. 支玉恒老师幽默教学案例［EB/OL］. 三人行网. http://www.17xing.com/class/diary/detail.html？diaryid＝2576130＆id＝518151.】

当学生的表现不理想时，特别是公开课，教师难免紧张、尴尬，这时候如果教师没有良好的心理素质，急躁、发火，必然导致课堂僵场，不用说，课堂效果自然也就差。教师机智幽默的语言会扭转乾坤，让课堂愉快、轻松、和谐地进行，达到最佳效果。

支玉恒老师的课堂妙趣横生，充满欢声笑语，这都是得益于他擅长运用幽默风趣的教学语言，教学过程是一个非常复杂的过程。由于教育对象的多变性，使课堂潜藏着许多不稳定因素。假如教师能够根据实际情况巧妙地运用幽默风趣的语言，往往能够化被动为主动，含而不露地启发学生思维，出神入化地推动学生对知识的领悟，达到较好的教学效果。

一、谐音复意，振作精神

谐音复意，是一种相对简单的常见幽默语言方式。它是以音同而意不同的表达特色和对语言惯性结构的利用和反驳，造成一种语言复意，产生出一种陌生化效果。在教学中，教师如果能适当地使用谐音复意的技巧，可以显示出教师幽默风趣的一面，增添课堂的情趣，振作学生的精神，吸引学生的注意力，激发学生的学习兴趣。如有位数学老师讲一道求最大公约数的例题(求 75,125,200 三个数的最大公约数)，当讲到用 5 除后，他发现学生精神疲惫，注意力涣散，就灵机一动，大声问道："同学们，请看我们还有没有用武(5)之地？"学生先是一怔，继而在笑声中答道："没有了。"一句谐音妙语引出一阵笑声，给沉闷的课堂打了一支强心针。

二、以退为进，化解矛盾

以退为进，是指以退让的姿态作为进去的表达手段，它表面上退却，实际上是为下一步的进攻创造条件。在教学中，教师与学生不可避免地会发生一些摩擦。当摩擦发生的时候，教师倘若严词厉色，死抱着所谓"师道尊严不可侵犯"的观念不放的话，往往会使学生产生厌恶的情绪，影响原来和谐的师生关系。在这个紧张的时刻，教师不妨采取"以退为进"的幽默方式来化解即将爆发的矛盾。如有一位教师在课堂上批评错了一位学生，引起了这位学生的不满和其他学生的不平，为消除这一失误的影响，他幽默地说："同学们，谁都不是圣人，教师也会出错，这次真的是我错了。"学生听罢，心中的不满立刻减少一半。接着他又说："在我上小学的时候，有一次老师错批评了我，我当时气坏了，很想上去揍老师一拳。但愿我刚才批评错了的同学不会产生我这样的想法，因为我相信他比我更加有宽容心。"一席话使那位学生转怒为喜，其他学生也为这位教师的风度和幽默所折服，心悦诚服地笑了。

三、先抑后扬，加深印象

先抑后扬，指的是教师在说明问题之前先营造一个严肃的氛围，引起学生高度的紧张和重视，然后再用轻松诙谐的方式说明所强调的问题，使学生在释怀中发笑，在笑声中受到启发。这样一"抑"一"扬"所造成的情感落差，能把幽默的作用发挥到极致，会给学生带来特别深刻的印象，从而对学生的无意注意产生积极的作用。演讲家雷曼麦有句名言："用幽默的方式提出严肃的真理，比直截了当地提出更易让人接受。"教师运用幽默的方法来揭示教学内容，会使学生更好地理解和掌握所学内容。如在一次作文讲评课上，有位教师劈头盖脸就是一句批评的话："我四岁的儿子都会写议论文，可是你们这群中学生写不好！"这突如其来的一句话惊得学生目瞪口呆，他们颇为不满。这时教师又说："有一天，我儿子说：'我最喜欢姥姥了（论点），姥姥对我好，不骂我，买巧克力给我吃，还带我去公园玩（四个论据），所以我特别喜欢姥姥（结论，与开头呼应）。'你们看，我儿子这篇议论文写得有模有样吧？可我手中的这些议论文，有的论点不鲜明，有的论据不充分，有的论证不严密，结构不完整，可以说连最基本的议论文写作要求都未达到，这不是自己把自己降到幼儿园水平了吗？"学生听完都笑了，对议论文的要素记忆得更深刻了。

四、旁敲侧击，含蓄纠错

旁敲侧击，是指不从正面直接点明，而是从侧面曲折地加以指出。由于教师的教育对象是心智尚未成熟的孩子，他们辨别是非的能力、心理承受能力是有限的。如果教师直接指出和批评出学生的错误，往往会挫伤学生的学习积极性，伤害他们的自尊心。作为教师，能够及时纠正学生的不良行为固然重要，但是保护学生的自尊心，让他们健康快乐地成长更为重要。那么，怎样才能在"纠正"与"保护"中找到平衡点呢？这就需要教师转变策略。表达同一个意思，可以采取一个易于让学生接受的说话方式，把批评的话语用幽默加以润色，再间接地提出来，让学生在笑声中领悟教师含蓄的用意，达到"润物细无声"的效果。例如，一位教师上课时看到几个学生昏昏欲睡，于是便在黑板上写上"暖风熏得学生醉，直把教室作卧室"的诗句，使全班学生都笑了，那几个打瞌睡的学生心领神会，立即坐直身子，认真听起课来。

策略四　机智巧妙，化解尴尬

课堂千变万化，具有偶然性和不可预测性。课堂教学不可能完全像教师预先设计的那样顺利，常常会出现意外，或是教师的提问无人应答，或是学生突然插入自己的问题，或是发生突发事件。这些意外的干扰有可能打乱正常的教学秩序，甚至形成尴尬局面。然而，意外情况不一定都会对教学产生负面影响。如果教师能够及时、巧妙和灵活地处理，意外情况反而能够对教学起到烘托、补充和增效的作用。课堂意外情况的处理无疑是对教师教学智慧的考验，它需要教师因势利导，从容应对，运用机智巧妙的语言化解尴尬的局面，从而使课堂教学顺利进行，并增添几分乐趣。

唐爱华[①]巧妙解读"7.05 减 4.7"

北师大版四年级上册教材中有这样一道习题：有两摞同样的纸。第一摞500张，厚4.7厘米；第二摞厚7.05厘米，有多少张？

唐爱华老师授课中，班上数学水平一般且不爱发言的小玉也把手举了起来，于是唐老师赶忙请她发言。

"7.05 减 4.7，等于 2.35。"小玉回答道。

原本安静的教室里，立时传来了"错了，错了"的议论声。小玉的脸腾地红了，垂下头不安地站在那里。

看着小玉可怜兮兮的样子，唐老师心里一颤，如果这一次批评打击学生，会将学生好不容易聚集起来举手回答的勇气都打散吧？再看看随着她的发言自己写下的板书，2.35？哎呀，2.35不正好是4.7的一半吗？

唐老师眼前一亮，满怀深情地对小玉说："孩子，你没有说错，只是没有说完。"小玉和其他学生都瞪大眼睛，愣愣地看着唐老师。接下来，唐老师便和学生展开了交流："看图，想一想，2.35 表示什么呢？"

小玉答道："第二摞比第一摞多出来的（纸的）厚度。"

唐老师继续引导："非常好！善于观察的同学们，你们难道没有发现，2.35 和 4.7 有什么关系吗？"

---

① 唐爱华，河北省秦皇岛市海港区教师进修学校小学数学特级教师，省级骨干教师，从教20余年。

一学生激动喊道："哦，我发现了，2.35是4.7的一半。"

另一学生也紧接着道："我知道了！第二摞比第一摞多一半，多250张，有750张。"

唐老师再次发问："为什么第二摞比第一摞多一半呢？"

学生也不甘示弱："都是一样的纸，2.35是4.7的一半，厚度多一半，纸也就多一半。"

"这种方法怎么样？"唐老师又问。

学生连连说"好"！

最后唐老师总结："通过大家的讨论，我们找到了如此巧妙的方法，想一想，这种方法我们是怎样获得的？"

全班学生不约而同地把目光集中到小玉身上，教室里响起了热情的掌声。小玉脸上泛起了红光，眸子里闪烁着喜悦与自信。

【资料来源：唐爱华. 孩子，你没有说错，只是没有说完. [EB/OL]. 成长论坛，http://www.cedu.cn/bbs/dispbbs.asp? boardid=58&id=72928，本文略有改动】

苏霍姆林斯基说："教育的技巧并不在于能预见课的所有细节，而在于根据当时的具体情况，巧妙地在学生中不知不觉中做出相应的变动。"课堂教学是动态的，又是情境化的。教师的教学语言很容易受周边情境和自己情绪的影响。当一些意外情况发生时，教师情绪很激动，语言表达就显得十分随意，甚至不注意身份和场合，乱发一通脾气。因此，在处理意外情况时，教师要显得冷静一些，学会运用机智巧妙的语言去应对，化解尴尬局面，创造新的课堂精彩。总之，言语不能过激，要极力维护学生和自己的尊严，又能给对方一个台阶下。

一、化解无人应答的尴尬局面

有时，教师提出的一个问题，会出现学生无人应答的尴尬局面。你不说，他不讲，我也不回答。课堂气氛就有紧张。这时教师越是追问，学生就越发紧张，这种尴尬就会僵持。究其原因有二：一是问题很突然，较难理解。学生接触文本的时间太短，对教材的具体内容不够熟悉，要回答教师颇有挑战性的问题显然是难为学生了；二是自我"保护"的意识。学生不想、也不敢回答自己心中不能确定的问题，否则换来的可能是老师的质疑和同学的嘲笑，所以他们不得不"保护"自己。面对这样的意外情况，教师如何处理呢？首先是教师要降低问题的难度，可以将它分解为几个小问题，分层解决；其次是控制僵局，课堂是"心理场"，学生回答不出问题并不可怕，可怕的是学生怕回答问题。这时教师要给一段时间让学生思考，确实无人回答，教师就不要死死地追问，应该打破尴尬的场面，机智地说："这个问题很难，老师换一种问法大家肯定能回答！"①

二、化解突然插话的尴尬局面

由于有的学生比较活跃，具有较强的表现欲，有时对教师所讲的内容突然产生兴趣，便想在课堂中积极展示自己所懂的知识，于是在教师的讲解时脱口而出地提出问题，插入自己的想法。如果学生的问题比较简单，还好解决；但如果学生的问题比较离奇，教师一时不知如何回答，表现得迟疑不决、捉摸不定，那么就会造成尴尬的局面。面对这样的意外情况，教师首先要适时给予表扬，保护学生发言的积极性，对于插话的学生，教师应及时表扬他勤思好问的学习态度。其次是及时表态，把握最佳的调控机会，或让学生解释自己的想法，或引导其他学生参与讨论解决，或把问题留到课后作进一步的探讨。再次是果断转移学生的注意力，如果问题与教学无关，则建议学生课后解决。总之，教师不要将课堂学习的重点放在学生无关的争论上。

三、化解突发事件的尴尬局面

在课堂上，有时会发生与教学无关的突发事件，这有可能使课堂陷入尴尬的局面。因此，教师要善于处理课堂教学中的突发事件，因势利导，冷静处理，随机应变，运用机智的语言巧妙地点化，使其为课堂教学服务。如有位教师主持"一分钟讲演"，由于是初次进行，学生都很紧张，没人愿"打头炮"，只好点名。那位被点名的学生犹豫了片刻，鼓足勇气"嗖"地站了起来，"呼"的一声把邻座桌上的一瓶宣传色瓶碰到了地上。顿时，教室里鸦雀无声，他尴尬地愣在那儿。看到这种局面，这位教师灵机一动，说："哈！我们的第一炮打响了———鸣惊人！好！请大家用掌声欢迎他上台演讲！"气氛扭转过来了，那位学生在学生热烈的掌声和善意的笑声中稳定了情绪，从容地走上了

---

① 李伟忠.机智化解课堂"四大尴尬"[J].小学教学参考，2007(5).

讲台。这个突发事件面前,教师能因势利导,借题发挥,机智地把与演讲无关的宣传色瓶落地与演讲联系起来,恰到好处地使尴尬局面变成了热烈的气氛,一起突发事件于教师机智巧妙的话语中得以化解。

如何巧用教学语言,润物细无声

　　教学语言指的是教师向学生传授知识和培养能力所使用的课堂语言形式,是教师在课堂教学中为准确、清晰地传达教材信息及有效地启发学生思维、培养学生能力而采用的口头语言。可以说,没有教学语言,教学活动就难以进行。在课堂上,教师只有懂得运用教学语言,言之有理,言之成序,言之动情,言之生趣,才能消除师生之间的心理距离,牢牢吸引学生的注意力,激发学生的学习兴趣,增进学生的求知欲望,获得教与学的高效益。苏霍姆林斯基说:"教师高度的语言修养,在很大程度上决定着学生在课堂上脑力劳动的效率。"那么,教师如何运用教学语言才能收到预期的效果呢?

一、讲求教学语言优美动人

　　优美的语言,才会吸引人,才能行得远。优美的教学语言犹如春风化雨,让学生产生如沐春风的感觉,身心愉悦地投入学习之中,取得良好的学习效果。因此,教师应讲求教学语言优美,并为达到这样的水准而不懈努力,进而使自己的课堂教学彰显独特的魅力。优美的教学语言体现在四个方面:一是文明、健康而富有哲理,耐人寻味;二是言出由衷,真切笃实,不哗众取宠、不炫耀自己,能经得起学生的揣摩,引起学生的共鸣;三是要言简意赅,清楚明白,不拖泥带水,不颠三倒四,不吞吞吐吐,不模糊含混;四是言而有文,用词贴切,修辞精当,语句明快,声调和谐,抑扬顿挫,不堆砌辞藻、不装腔作势。

　　于漪素以教学语言优美著称。她认为:"语言不是蜜,但可以'粘'东西。"于老师正是用自己优美的语言去"粘"住学生的。在她的课堂上,优美的词汇、生动的导语、精妙的比喻、丰富的想象层出不穷,学生往往听得如痴如醉,久久回味,达到"润物细无声"的教育境界。特级教师薛法根的身上弥漫着一种浓郁的书卷气息,他优美的教学语言中透出的是丰厚的人文底蕴、无限的情思、深邃的哲理。长期在这样的语境中,学生怎会不耳濡目染？"卖火柴的小女孩死了"这句话只是陈述了一个事实，而王燕萍老师能换一种方式表达："卖火柴的小女孩，这位和我们同龄的小姑娘，就这样在爆竹声之中，在阔人家喜气洋洋、辞旧迎新的氛围之外，在经历了生之绝望和死之恐惧的折磨之后，像一片树叶那样被无情的风雪悄无声息地卷离了人世。"如此优美的语言，使文章的表达效果顿时增色不少，也使课堂彰显了独特的魅力。[①]

语言是思维的外壳，是表情达意的工具。而优美的教学语言对学生产生不可忽视的影响，能直接打动学生的心灵，激发学生学习的主动性和积极性。作为一名教师，不但需要有渊博的知识，更需要的是借助优美的语言把知识传授给学生，使学生乐于接受，乐于学习。这就要求教师不断地锤炼教学语言，掌握和运用大量的词汇、句子、修辞手段等，并掌握发声的技巧。

二、讲求教学语言以情感人

教师的教学语言要使学生有所领悟，有所感动，只重视语言中的内容和技巧是不够的，重要的是教师以自己的情绪感染学生，以深情的教学语言感动学生。如果教师为讲课而讲课，视情感的作用于不顾，绝不会引起学生的感情共鸣，效果当然就不可能好。托尔斯泰说："艺术起源于一个人为了要把自己体验过的感情传达给别人。"对于教师而言，教学就是要把自己体验过的情感传达给学生，使学生受到这些情感的感染，从而体验到感情。因此，教师应讲求教学语言以情感人，在自己的课堂上营造出浓浓的情感氛围，形成强烈的感染力。

于漪教《周总理，你在哪里》时，倾注了真挚而感人的深情。她的教案是用泪水写出来的，她备课时就怀着对周总理无限崇敬、无限怀念的心情，想了很多很多，她想到了周总理伟大的人格、非凡的才能，想到了周总理几十个春秋南征北战、戎马倥偬，想到了周总理为人民为国家出尽了力、操碎了心，特别是想到周总理的临终嘱咐，把自己的骨灰撒在祖国的大江南北，真是悲恸欲绝。于漪运用极富真情的教学语言引导学生品读诗句，并把自己的所感所悟表达了出来，引领学生的心跟随自己一道起伏激荡，泪珠在眼眶里滚动、闪烁，以致当一个学生朗读到全诗的高潮部分时，师生们再也抑制不住奔涌的情感，课堂上响起了一片悲痛的哭声。于漪用感情丰富的语言营造了浓浓的情感氛围，使

---

① 王燕萍.运用语言的艺术魅力，提高课堂效率[J].新课程(教研)，2010(5).

课堂形成了强烈的感染力,丰富了学生的情感体验,真正地做到了言之有情,以情感人。

情真意切的教学语言,不论对于培养学生的认知能力,发展学生的智力,还是激励学生的意志,提高学生的思想认识,都有重要的作用;特别是对培养学生的审美兴趣、审美理想和审美能力,更具有重要意义。在课堂教学中,教师运用教学语言时必须考虑其中的情感因素,努力让自己的语言具有情感美。

三、讲求教学语言辅以恰当的体态语言

体态语言,是人际交往中一种传情达意的方式。体态语言是教学内容的有机组成部分,与语言文字构成完整的教学信息。任何教学内容的传授和人际间的来往交流,都不可能由单一的语言形式进行,总要有灵活多样的体态语言来辅助。教学是人类一种特殊的交流沟通。在教学过程中,正是通过教师的抑扬顿挫、行云流水般的有声语言和各种体态语言的有机结合,将科学的内容和知识传授于学生。因此,在运用教学语言时,教师辅以眼神、表情、手势等恰当的体态语言,能增强语言的表现力和感染力,使教学内容显得直观形象。一个理解的眼神、一个亲切的微笑、一个形象的手势,犹如催发灵感的酵母,激发了学生的学习动机,达到"此时无声胜有声"的奇妙效果。

例如,教师在提出问题让学生回答,看到学生对自己的答案感到不自信时,就马上走到他的面前,用手拍拍他的肩膀或用手抚摸他的头说:"没关系,大胆地说,你很聪明,这个问题一定难不倒你。"这里教师的评价语言配合了鼓励的手势,尊重了学生的意见,保护了学生的自尊心,并且让学生倍感亲切,深受鼓舞,满怀信心地投入探究学习之中。再如,教师在教学中倘若遇到内容的不同表达方式、问题的不同解答策略、应用的方法多样化等问题,就应该提出富有挑战性的问题:"你想知道它的答案吗?你想怎样解决这个问题?"同时用眼神对全体学生说:"老师相信你们能自己想出办法来,请试一试!"这使每位学生都感到自己是教师的"注意中心",都感到自己不是"被冷落的人",从而获得自信心,促使学生有更大的热情去探求新知的奥秘。同时,教师可以用严肃和警告的目光去批评课堂中的违纪学生。与大声训斥相比,这种无声的批评让学生更容易接受,且不影响大部分学生的注意力。

教师运用教学语言时辅以恰当的体态语言,引导学生入情入境,增加学生对教学内容的形象感受和直观体验,促进学生的理解,同时给沉闷的课堂带来了活力,更好地激发学生学习的兴趣。

名家锦囊

之一：贾志敏（上海市特级教师，"浦东名师"，现任上海金苹果学校小学部校长）

作为教师，一走进教室我就有种感觉，我就是语文。平时我看电影、听戏、看话剧、逛马路，甚至与人交流，都处处意识到是在学习语言，运用语言。听到一句好的台词，在报纸上看到一个好的词语，我都要掏出本子，把它记下来，随后牢牢地记住它，在以后的教学中巧妙地把它们运用进去，久而久之，我就掌握了语言。因为我是小学语文教师，因此我千方百计走近孩子，了解他们的喜怒哀乐，哪些是他们喜欢接受的，哪些是他们感兴趣的，我常常揣摩学生的心理。因此，我的语言很容易被学生所接受。再有，我是南方人，普通话常说不好，我就虚心向他们请教，请教配音演员，请教电台的播音员，请教北京的徒弟，请教自己的学生，更多的是查字典。

之二：魏书生

音量、音调、语速的变化能影响人的兴趣，但这些都是声音的形，而不是声音的神，声音的神的变化才具有更大的感染人的力量。什么是声音的神呢？就是说话的感情。比如"要与人为善"这句话，就可以用喜、怒、哀、乐、热情、冷漠、挚爱、厌恶等几十种不同的感情说出来，感情不同，产生的效果当然不同。我经常要求自己用不同的感情去读同一段文章，经过比较，选择那种符合文章实际的感情，去感染学生，激发学生的兴趣。

之三：于漪

教师的教学语言虽属日常口语，但又不同于"大白话"，应该是加工了的口头语言，与随想随说的日常交谈有区别。教学用语既要有人民群众经过锤炼的活泼的口语，又要有优美严密的书面语言，让学生置身于浓郁的文化氛围和优美的语言环境中，受到教育与感染。

后　　记

在学习名师中自我发展

一直以来,广大教师乃至家长都被一个教育难题所困扰,并且苦苦地探寻有效的解决之道。这个教育的难题是什么呢? 就是如何消除学生的厌学情绪,让学生喜欢上学习。消除厌学情绪,解决厌学现象,不能仅仅靠减轻学生学业负担,因为这只是触及了厌学的表面,不能解开学生的厌学心结。而解决这一问题的关键,在于激发与培养学生的学习动机。

何谓学习动机? 学习动机指的是学习活动的推动力,又称"学习的动力"。学习动机是推动学生进行学习活动的内在原因,是激励、指引学生学习的强大动力,是引起学生学习活动、维持学习活动、并指引学习活动趋向学习目标的心理倾向。但是,我们不能简单地把学习动机等同于学习兴趣,两者是有所区别的。学习动机并不是某种单一的结构。学生的学习活动是由各种不同的动力因素组成的整个系统所引起的,其心理因素包括:学习的需要,对学习的必要性的认识及信念;学习兴趣、爱好或习惯等。学习动机的激发与培养,具有非凡的作用与意义。实际上,一个人的学习动机一旦被激发和培养起来,就会爆发出惊人的潜能,取得可观的学习成果,甚至创造出奇迹。这样的例子不胜枚举。战国时期的苏秦"头悬梁,锥刺股",晋代的车胤"囊萤映雪",汉朝的匡衡"凿壁偷光",等等,都是我国古代读书人刻苦求学的经典案例。他们的学习为什么会达到如此"疯狂"的境界? 原因就在于他们非常渴望通过读书改变自己的命运,这一强烈的学习动机始终激励着他们奋进在求学的路上,使他们勇于克服一切困难,最终创造出人生的辉煌。

在激发与培养学习动机上,名师们怎样看、怎样想、怎样做? 本书试图挖掘名师的教育智慧,并以独特的视角进行全面、深入地阐述,提炼出激发与培养学习动机的理念与策略、规律与方法。于漪、魏书生、钱梦龙、于永正、李镇西、窦桂梅、王金战、王崧舟等名师,他们的教育智慧或是来自自身专业发展的独特经历,或是来自教育学生的成功案例,无不闪耀着难以掩盖的光芒,在教育的时空中留下深深的痕迹,为人所津津乐道。"每个学生的才能和天赋都可在教育过程中得到发展。"苏霍姆林斯基如是说;"没有教不好的学生,只有不会教的老师。"陶行知如是说;"我的眼中没有差生。"王金战如是说。他们的底气从何而来?这既来自于他们对教育事业的激情,更是来自于他们的教育智慧。从他们的身上,我们一定会有所启发,有所感悟,有所收获。

本书将学习动机的激发与培养的主题整合为一个全面、系统、深入、实用的体系,有以下四个特点:

一是实用性。本书着眼于切实、可行,从"实战"出发,注重教育教学理论的实践应用,介绍激发与培养学习动机的策略,具有可操作性,并且都经过名师们的教学实践检验,具有较强的实用性。

二是新颖性。本书以实践的眼光审视学习动机的激发与培养,涉及教育学、心理学理论,融入新课程理念,叙事说理,化抽象为形象,化深奥为简明。

三是针对性。本书从激发与培养学习动机的层面探究教育教学中的难点和热点问题,力图解析学生学习动机的深层因素,引导学生快乐学习。

四是启发性。本书所引用的名师教育案例凝聚了名师多年的教育智慧,富有启发性;而寄寓于名师智慧的理论阐述,能让人获得有益的启示,对于进一步的理论研究具有借鉴价值和意义。

在撰写本书的过程中,我们参阅了大量的相关资料,吸收了其中的最新研究成果。在此,我们表示衷心的谢意!

撰写本书我们付出了很多的时间和精力,力图让本书具有更优的质量;但心有余,力不能逮,囿于学识,不足之处,恳请各位读者不吝指正!

王林发　陈秀凤

2012 年 10 月

摆渡者教师书架

丛书名称	主编或作者	书 名	定价(元)
大师背影书系	张圣华	《陶行知教育名篇》	24.90
		《陶行知名篇精选》(教师版)	16.80
		《朱自清语文教学经验》	15.80
		《夏丏尊教育名篇》	16.00
		《作文入门》	11.80
		《文章作法》	11.80
		《蔡元培教育名篇》	19.80
		《叶圣陶教育名篇》	17.80
教育寻根丛书	张圣华	《中国人的教育智慧·经典家训版》	49.80
		《过去的教师》	32.80
		《追寻近代教育大师》	29.80
		《中国大教育家》	22.80
杜威教育丛书	单中惠	《杜威教育名篇》	19.80
		《杜威学校》	25.80
		《杜威在华教育讲演》	29.80
班主任工作创新丛书	杨九俊	《班集体问题诊断与建设方略》	19.80
		《班主任教育艺术》	22.80
		《班级活动设计与组织实施》	23.80
新课程教学问题与解决丛书	杨九俊	《新课程教学组织策略与技术》	16.80
		《新课程教学现场与教学细节》	15.00
		《新课程备课新思维》	16.80
		《新课程教学评价方法与设计》	16.80
		《新课程说课、听课与评课》	16.80
新课程课堂诊断丛书	杨九俊	《小学语文课堂诊断》(修订版)	18.60
		《小学数学课堂诊断》(修订版)	18.60
		《小学综合实践活动课堂诊断》	23.60
		《小学品德与生活(品德与社会)课堂诊断》	22.80
名师经验丛书	肖 川	《名师备课经验》(语文卷)	25.80
		《名师备课经验》(数学卷)	25.60
		《名师作业设计经验》(语文卷)	25.00
		《名师作业设计经验》(数学卷)	25.00
个性化经验丛书	华应龙	《个性化作业设计经验》(数学卷)	19.80
		《个性化备课经验》(数学卷)	23.80
	于永正	《个性化作业设计经验》(语文卷)	20.60
		《个性化备课经验》(语文卷)	23.00

丛书名称	主编或作者	书　名	定价(元)
深度课堂丛书	《人民教育》编辑部	《小学语文模块备课》	18.00
		《小学数学创新性备课》	18.60
课堂新技巧丛书	郑金洲	《课堂掌控艺术》	17.80
课改新发现丛书	郑金洲	《课改新课型》	19.80
		《学习中的创造》	19.80
		《多彩的学生评价》	26.00
教师成长锦囊丛书	郑金洲	《教师反思的方法》	15.80
校本教研亮点丛书	胡庆芳	《捕捉教师智慧——教师成长档案袋》	19.80
		《校本教研实践创新》	16.80
		《校本教研制度创新》	19.80
		《精彩课堂的预设与生成》	18.00
		《让孩子灵性成长:青少年野外活动教育创新》	20.00
		《联片教研模式创新:一题一课一报告》	23.00
美国教育新干线丛书	胡庆芳	《美国学生课外作业集锦》	35.80
美国中小学读写教学指导译丛	胡庆芳　程可拉	《教会学生记忆》	22.50
		《教会学生写作》	22.50
		《教会学生阅读:方法篇》	25.00
		《教会学生阅读:策略篇》	24.80
提升教师专业实践力译丛	胡庆芳　程可拉	《创造有活力的学校》	22.50
		《有效的课堂管理手册》	24.00
		《有效的课堂教学手册》	32.80
		《有效的课堂指导手册》	24.80
		《有效的教师领导手册》	25.80
		《提升专业实践力:教学的框架》	30.80
		《优化测试,优化教学》	22.50
		《有效的课堂评价手册》	26.80
中小学教师智慧锦囊丛书	费希尔	《初为人师:教你100招》	16.00
	奥勒顿	《把复杂问题变简单——数学教学100招》	17.00
	格里菲思	《精彩的语言教学游戏》	17.00
	墨菲	《历史教学之巧》	18.00
	沃特金 阿伦菲尔特	《100个常用教学技巧》	16.00
	扬	《管理学生行为的有效办法》	16.00
	鲍凯特	《让学生突然变聪明》	17.00
	库兹	《事半功倍教英语》	17.00
	鲍凯特	《这样一想就明白——100招教会思考》	17.00
	海恩斯	《作文教学的100个绝招》	15.00
教育心理	俞国良　宋振韶	《现代教师心理健康教育》	25.80

丛书名称	主编或作者	书　名	定价(元)
教师在研训中成长丛书	胡庆芳　林相标	《校本培训创新:青年教师的视角》	21.80
		《教师专业发展:专长的视野》	21.60
		《听诊英语课堂:教学改进的范例》	31.60
		《提升教师教学实施能力》	22.00
中小学课堂教学改进丛书	胡庆芳　王　洁	《改进英语课堂》	32.80
		《改进科学课堂》	26.00
		《改进语文课堂》	28.00
		《改进数学课堂》	31.00
		《点评课堂:博览教学改进的智慧》	28.00
新课堂教学的理论研究与实践探索丛书	刘连基　徐建敏	《和谐高效思维对话——新课堂教学的理论研究》	36.00
		《和谐高效思维对话——新课堂教学的实践探索·小学语文》	22.00
		《和谐高效思维对话——新课堂教学的实践探索·小学数学》	34.00
		《和谐高效思维对话——新课堂教学的实践探索·小学英语》	29.00
		《和谐高效思维对话——新课堂教学的实践探索·小学科学》	30.00
		《和谐高效思维对话——新课堂教学的实践探索·小学品德》	35.00
		《和谐高效思维对话——新课堂教学的实践探索·信息技术》	31.00
		《和谐高效思维对话——新课堂教学的实践探索·初中语文》	31.00
		《和谐高效思维对话——新课堂教学的实践探索·初中数学》	30.00
		《和谐高效思维对话——新课堂教学的实践探索·初中英语》	31.00
		《和谐高效思维对话——新课堂教学的实践探索·初中思想品德》	27.00
		《和谐高效思维对话——新课堂教学的实践探索·初中物理》	28.00
		《和谐高效思维对话——新课堂教学的实践探索·初中化学》	31.00
		《和谐高效思维对话——新课堂教学的实践探索·初中生物》	28.00

丛书名称	主编或作者	书　名	定价(元)
新课堂教学的理论研究与实践探索丛书	刘连基　徐建敏	《和谐高效思维对话——新课堂教学的实践探索·初中历史》	25.00
		《和谐高效思维对话——新课堂教学的实践探索·初中地理》	21.00
		《和谐高效思维对话——新课堂教学的实践探索·高中地理》	23.00
		《和谐高效思维对话——新课堂教学的实践探索·高中数学》	34.00
		《和谐高效思维对话——新课堂教学的实践探索·高中英语》	31.00
		《和谐高效思维对话——新课堂教学的实践探索·高中思想政治》	30.00
		《和谐高效思维对话——新课堂教学的实践探索·高中物理》	31.00
		《和谐高效思维对话——新课堂教学的实践探索·高中生物》	27.00
		《和谐高效思维对话——新课堂教学的实践探索·高中化学》	31.00
		《和谐高效思维对话——新课堂教学的实践探索·高中历史》	31.00
		《和谐高效思维对话——新课堂教学的实践探索·高中语文》	28.00
义务教育课程标准(2011年版)案例式解读丛书	杨九诠　李铁安	《义务教育课程标准(2011年版)案例式解读·小学语文》	32.00
		《义务教育课程标准(2011年版)案例式解读·小学数学》	34.00
		《义务教育课程标准(2011年版)案例式解读·小学英语》	32.00
		《义务教育课程标准(2011年版)案例式解读·小学品德与生活(社会)》	33.00
		《义务教育课程标准(2011年版)案例式解读·初中语文》	29.00
		《义务教育课程标准(2011年版)案例式解读·初中数学》	32.00
		《义务教育课程标准(2011年版)案例式解读·初中英语》	32.00
		《义务教育课程标准(2011年版)案例式解读·初中物理》	32.00

丛书名称	主编或作者	书　名	定价(元)
义务教育课程标准(2011年版)案例式解读丛书	杨九诠 李铁安	《义务教育课程标准(2011年版)案例式解读·初中化学》	32.00
		《义务教育课程标准(2011年版)案例式解读·初中地理》	34.00
		《义务教育课程标准(2011年版)案例式解读·初中历史》	30.00
		《义务教育课程标准(2011年版)案例式解读·初中思想品德》	32.00
		《义务教育课程标准(2011年版)案例式解读·初中生物学》	32.00
其他单行本	胡庆芳	《美国教育360度》	15.80
	徐建敏 管锡基	《教师科研有问必答》	19.80
	杨桂青	《英美精彩课堂》	17.80
	陶继新	《教育先锋者档案》(教师版)	16.80
	单中惠	《西方教育思想史》	59.80
	孙汉洲	《孔子教做人》	27.90
	丰子恺	《教师日记》	24.80
	陶　林	《家有小豆豆》	27.00
	徐　洁	《教师的心灵温度》	26.50
	赵　徽 荆秀红	《解密高效课堂》	27.00
	赖配根	《新经典课堂》	29.00
	严育洪	《这样教书不累人》	27.00
	管锡基	《中小学综合实践活动课程资源包》	39.80
	孟繁华	《赏识你的学生》	29.80
	申屠待旦	《教育新概念——教师成长的密码》	27.00
	严育洪　管国贤	《让学生灵性成长》	28.00

"新课程教学问题与解决丛书"荣获第七届全国高校出版社优秀畅销书一等奖!

《陶行知教育名篇》荣获第八届全国高校出版社优秀畅销书一等奖!

"大师背影书系"荣获第八届全国高校出版社优秀畅销书二等奖!

《名师作业设计经验》(语文卷)、《名师作业设计经验》(数学卷)、《名师备课经验》(语文卷)荣获第17届上海市中小学幼儿园优秀图书三等奖!

《西方教育思想史》荣获全国第二届教育科学优秀成果二等奖(1999)!

在2006年全国教师教育优秀课程资源评审中,"新课程教学问题与解决丛书"中的《新课程教学组织策略与技术》《新课程教学现场与教学细节》《新课程备课新思维》和《新课程说课、听课与评课》被认定为新课程通识课推荐使用课程资源,《陶行知教育名篇》被认定为新课程公共教育学推荐使用课程资源,《课改新课型》被认定为新课程通识课优秀课程资源,《小学语文课堂诊断》被认定为新课程语文课优秀课程资源,《小学数学课堂诊断》被认定为新课程数学课推荐使用课程资源!

向名师借智慧丛书

丛书主编：刘海涛

高效学习的策略与方法

教学设计的构建与生成

课堂教学的意外与应变

情感教育的体验与引导

学习动机的激发与培养

摆渡者教师书架

网址：http://www.msyd.cn

策划：蚂蚁王

学习动机的激发与培养

广东省普通高校人文社科重点研究基地粤西教师教育研究中心项目

"基础教育课程改革与教师专业成长研究"（11JDXM88001）研究成果

广东省哲学社会科学"十二五"规划项目"基于'实践性学习'创新型

教育人才培养模式的实践与研究"（GD11XJY07）研究成果

定价：34.00元

ISBN 978-7-5041-7292-1

9 787504 172921 >

出 版 人：所广一

责任编辑：何　蕴

封面设计：

上架建议：教育教学